Nuevos Destinos:

A Student Manual

for Intermediate Grammar Review Courses

Cynthia B. Medina
York College, Pennsylvania

Ana María Pérez-Gironés
Wesleyan University

José Luis Suárez
Colorado State University, Fort Collins

Boston   Burr Ridge, IL   Dubuque, IA   Madison, WI   New York   San Francisco   St. Louis
Bangkok   Bogotá   Caracas   Kuala Lumpur   Lisbon   London   Madrid   Mexico City
Milan   Montreal   New Delhi   Santiago   Seoul   Singapore   Sydney   Taipei   Toronto

McGraw-Hill Higher Education
A Division of The McGraw-Hill Companies

This is an EBI book.

Nuevos Destinos: A Student Manual for Intermediate Grammar Review Courses

Copyright © 1998, 2003 by the WGBH Educational Foundation and the Corporation for Public Broadcasting. All rights reserved. Printed in the United States of America. Except as permitted under the United States Copyright Act of 1976, no part of this publication may be reproduced or distributed in any form or by any means, or stored in a data base or retrieval system, without the prior written permission of the publisher.

1 2 3 4 5 6 7 8 9 0 CUS/CUS 0 9 8 7 6 5 4 3

ISBN 0-07-249315-1

Grateful acknowledgment is made for use of the following.

Realia: *Page 71* Alacer/Semana; *108* Alacer/Semana; *115* Quo, no. 7, 1996; *165* Airtel; *203* © Quino/Quipos; *220* © Quino/Quipos; *260* © Quino/Quipos.

Readings: *Page 58* From *Body in Flames* by Francisco X. Alarcón, © 1990. Published by Chronicle Books, San Francisco, LLC. Used with permission; *98–99* From *Rimas* by Gustavo Adolfo Bécquer (Madrid: Cátedra); *138–139* Excerpts from "Nosotros No" by José Bernardo Adolph. Used by permission; *176–178* From *Terrazo* by Abelardo Díaz Alfaro (San Juan, Puerto Rico: Instituto de Cultura Puertorriqueña, 1967). Reprinted with permission of Gladys Meaux de Díaz Alfaro; *212* "Madre" in *Piedra pulida*, 1986 by Nancy Morejón used courtesy of Letras Cubanas del Instituto del Libro; *253* From *Cantos de vida y esperanza* (Madrid: Espasa-Calpe, 1967); *291 El espejo enterrado* (pp. 377–379 and 384) by Carlos Fuentes. © Carlos Fuentes 1992.

http://www.mhhe.com

Tabla de materias

A los estudiantes vii

Capítulo preliminar 1
El vídeo 1
Práctica oral y auditiva 1
  Enfoque léxico 2
  Enfoque estructural 3
Práctica escrita 6
  Enfoque léxico 8
  ¿Cuál se usa? 10
  Enfoque estructural 11
  Ampliación estructural: La concordancia de los adjetivos 16
¡Manos a la obra! 18
  Actividad: Un formulario de turista 18

Capítulo 1 Dos abogadas 21
El vídeo 21
  Más allá del episodio: La carta de Teresa Suárez 22
Práctica oral y auditiva 23
  Enfoque léxico 23
  Enfoque estructural 26
Práctica escrita 28
  Enfoque léxico 28
  ¿Cuál se usa? 31
  Enfoque estructural 32
  Ampliación estructural: Expresando *to be*: **estar, haber, ser, tener** 35
¡Manos a la obra! 36
  Actividad: ¿Cómo son? 36

Capítulo 2 Encuentros 39
El vídeo 39
  Más allá del episodio: Raquel Rodríguez 42
Práctica oral y auditiva 42
  Enfoque léxico 42
  Enfoque estructural 44
Práctica escrita 46
  Enfoque léxico 46
  ¿Cuál se usa? 48
  Enfoque estructural 49
  Ampliación estructural: Hablando de las percepciones usando **estar** 55

¡Manos a la obra! 56
  Actividad: ¿Cómo son los miembros de la familia Castillo? 56

Lectura 1: «Una pequeña gran victoria», por Francisco X. Alarcón 57

Capítulo 3 El viaje comienza 61
El vídeo 61
  Más allá del episodio: Lucía Hinojosa 64
Práctica oral y auditiva 64
  Enfoque léxico 64
  Enfoque estructural 66
Práctica escrita 69
  Enfoque léxico 69
  ¿Cuál se usa? 72
  Enfoque estructural 73
  Ampliación estructural: Más usos de **por** y **para** 75
¡Manos a la obra! 76
  Actividad: ¿Cómo son los mejores profesores? 76

Capítulo 4 Datos importantes 79
El vídeo 79
  Más allá del episodio: Don Fernando y Rosario 81
Práctica oral y auditiva 82
  Enfoque léxico 82
  Enfoque estructural 84
Práctica escrita 85
  Enfoque léxico 85
  ¿Cuál se usa? 89
  Enfoque estructural 90
  Ampliación estructural: Usos especiales de **lo** 94
¡Manos a la obra! 96
  Actividad: Fue un día típico 96

Lectura 2: Rimas de Gustavo Adolfo Bécquer 97

Capítulo 5 Más datos   *101*
El vídeo   *101*
   Más allá del episodio: Martín Iglesias   *103*
Práctica oral y auditiva   *104*
   Enfoque léxico   *104*
   Enfoque estructural   *107*
Práctica escrita   *110*
   Enfoque léxico   *110*
   ¿Cuál se usa?   *111*
   Enfoque estructural   *113*
   Ampliación estructural: Más sobre los verbos reflexivos   *117*
¡Manos a la obra!   *119*
   Actividad: Una comida especial   *119*

Capítulo 6 La búsqueda   *121*
El vídeo   *121*
   Más allá del episodio: Arturo Iglesias   *124*
Práctica oral y auditiva   *125*
   Enfoque léxico   *125*
   Enfoque estructural   *126*
Práctica escrita   *129*
   Enfoque léxico   *129*
   ¿Cuál se usa?   *131*
   Enfoque estructural   *132*
   Ampliación estructural: Usos del infinitivo   *136*
¡Manos a la obra!   *137*
   Actividad: En aquel entonces   *137*

Lectura 3: «Nosotros, no», por José Bernardo Adolph   *138*

Capítulo 7 Consejos   *143*
El vídeo   *143*
   Más allá del episodio: Ángel Castillo   *146*
Práctica oral y auditiva   *146*
   Enfoque léxico   *146*
   Enfoque estructural   *148*
Práctica escrita   *150*
   Enfoque léxico   *150*
   ¿Cuál se usa?   *153*
   Enfoque estructural   *154*
   Ampliación estructural: Más usos de **ser** y **estar**: Cambios de significado   *156*
¡Manos a la obra!   *159*
   Actividad: Vamos de viaje   *159*

Capítulo 8 Malas noticias   *161*
El vídeo   *161*
   Más allá del episodio: Ángela y su tía Olga   *164*
Práctica oral y auditiva   *164*
   Enfoque léxico   *164*
   Enfoque estructural   *165*
Práctica escrita   *166*
   Enfoque léxico   *166*
   ¿Cuál se usa?   *169*
   Enfoque estructural   *169*
   Ampliación estructural: Más sobre los usos de **se**   *172*
¡Manos a la obra!   *175*
   Actividad: Las metas profesionales y personales   *175*

Lectura 4: «Santa Clo va a La Cuchilla» (fragmento), por Abelardo Díaz Alfaro   *176*

Capítulo 9 ¡Imposible!   *181*
El vídeo   *181*
   Más allá del episodio: Luis Villarreal   *183*
Práctica oral y auditiva   *184*
   Enfoque léxico   *184*
   Enfoque estructural   *185*
Práctica escrita   *186*
   Enfoque léxico   *186*
   ¿Cuál se usa?   *188*
   Enfoque estructural   *188*
   Ampliación estructural: Usos del artículo definido e indefinido   *192*
¡Manos a la obra!   *194*
   Actividad: El regalo del cual nunca me olvidaré   *194*

Capítulo 10 Pistas   *197*
El vídeo   *197*
   Más allá del episodio: Jorge Alonso   *201*
Práctica oral y auditiva   *201*
   Enfoque léxico   *201*
   Enfoque estructural   *202*
Práctica escrita   *204*
   Enfoque léxico   *204*
   ¿Cuál se usa?   *206*
   Enfoque estructural   *207*

Ampliación estructural: Usos del infinitivo como mandato *209*
¡Manos a la obra! *210*
  Actividad: Consejos para un(a) estudiante de intercambio en los Estados Unidos *210*

Lectura 5: «Madre», por Nancy Morejón *211*

Capítulo 11 Entre hermanos *215*
El vídeo *215*
  Más allá del episodio: Roberto Castillo Soto *218*
Práctica oral y auditiva *219*
  Enfoque léxico *219*
  Enfoque estructural *221*
Práctica escrita *224*
  Enfoque léxico *224*
  ¿Cuál se usa? *227*
  Enfoque estructural *228*
  Ampliación estructural: Los pronombres relativos *230*
¡Manos a la obra! *232*
  Actividad: Un folleto medioambiental *232*

Capítulo 12 Asuntos de familia *235*
El vídeo *235*
  Más allá del episodio: Juan y Pati *239*
Práctica oral y auditiva *240*
  Enfoque léxico *240*
  Enfoque estructural *241*
Práctica escrita *243*
  Enfoque léxico *243*
  ¿Cuál se usa? *246*
  Enfoque estructural *247*
  Ampliación estructural: La posición de adjetivos *249*
¡Manos a la obra! *251*
  Actividad: Relaciones *251*

Lectura 6: «Lo fatal», por Rubén Darío *252*

Capítulo 13 Medidas drásticas *255*
El vídeo *255*
  Más allá del episodio: Carlos y Gloria *258*
Práctica oral y auditiva *258*
  Enfoque léxico *258*
  Enfoque estructural *260*
Práctica escrita *261*
  Enfoque léxico *261*
  ¿Cuál se usa? *264*
  Enfoque estructural *266*
  Ampliación estructural: Expresando probabilidad: El futuro y el condicional *270*
¡Manos a la obra! *272*
  Actividad: Mis actividades favoritas *272*

Capítulo 14 Voces del pasado *273*
El vídeo *273*
  Más allá del episodio: Los padres de Raquel *277*
Práctica oral y auditiva *278*
  Enfoque léxico *278*
  Enfoque estructural *279*
Práctica escrita *280*
  Enfoque léxico *280*
  ¿Cuál se usa? *284*
  Enfoque estructural *284*
  Ampliación estructural: Expresando lo que hubiera pasado si… : El pluscuamperfecto de subjuntivo *286*
¡Manos a la obra! *289*
  Actividad: Celebraciones y tradiciones *289*

Lectura 7: «El espejo enterrado» (fragmentos), por Carlos Fuentes *290*

Capítulo 15 Pasado, Presente, Futuro *295*
El vídeo *295*
¡Manos a la obra! *298*
  Actividad: ¿Qué habrán hecho? *298*

Clave de respuestas *301*

Sobre los autores *323*

A los estudiantes

Welcome to *Nuevos Destinos: A Student Manual for Intermediate and Grammar Review Courses!* In the *Nuevos Destinos* video episodes, you will witness an exciting story full of travel, mystery, intrigue, romance, and fun. You will also review and expand upon your knowledge of Spanish vocabulary and grammar through the engaging activities and exercises found in your *Nuevos Destinos* textbook and in this *Manual*.

If you are reading this preface, then you have embarked on a course of study that will enable you to review most first-year Spanish grammar topics. As an important part of your continued proficiency in Spanish, the *Nuevos Destinos* text and this *Manual* will help to strengthen and solidify your knowledge of Spanish grammar before moving on to a more intermediate or advanced level of study.

USING THE *STUDENT MANUAL FOR INTERMEDIATE GRAMMAR REVIEW COURSES*

This *Manual* is designed to expand upon your abilities in the four basic skills of language learning: listening, speaking, reading, and writing. In this *Manual* and in the accompanying Audio CD program, you will encounter practice of basic vocabulary and grammatical structures found in the Textbook. In addition, you will have further opportunities to

- review the *Nuevos Destinos* video episodes and find out more about the characters than is told in either the video or the main text
- expand on your ability to comprehend spoken Spanish
- learn and practice additional grammar *not* found in the Textbook
- learn the difference between and practice the use of "problem words," words that often have one meaning in English but several meanings in Spanish
- improve your reading and writing skills in Spanish

CHAPTER STRUCTURE

- Each chapter begins with a section called **El vídeo,** a set of activities (both written and listening-based) that serve to assess your comprehension of the *Nuevos Destinos* story line. At the end of this section, in **Más allá del episodio** (*Beyond the Episode*), you will listen to additional information about the characters and related aspects of the video.
- In **Práctica oral y auditiva,** you will have the opportunity to complete listening-based activities that focus on the vocabulary **(Enfoque léxico)** and grammar **(Enfoque estructural)** from the Textbook. Many of the answers to the listening-based activities can be heard directly on the tape. Whenever you are asked to write additional information about what you hear, you will find answers at the back of the *Manual* in the **Clave de respuestas** (*Answer Key*). Activities or parts of activities whose answers are found in the **Clave de respuestas** are denoted with an asterisk (*).
- In **Práctica escrita,** you will find additional written practice of vocabulary and grammar from the Textbook. This section contains a balanced combination of both form-focused and more open-ended activities, in which you will have the opportunity to express aspects of your own life.
- In **Ampliación estructural,** you will practice additional grammar topics not found in the Textbook. The grammar topics included in this section generally expand upon a grammar theme found in the chapter. In general, these topics are not traditionally presented in first-year Spanish courses but are presented here in order to prepare you for more advanced levels of study.
- In the **¿Cuál se usa?** (*Which One Is Used?*) section, you will review the words introduced in the Textbook that can be problematic for English-speaking learners of Spanish, such as **volver/devolver, hora/tiempo/vez,** and so on.

- In **¡Manos a la obra!** (*Let's Get to Work!*), you will complete a writing task or series of tasks that expand on the current chapter theme. These activities serve to further develop your writing ability in Spanish within a structured framework.
- At the end of every even-numbered chapter is a **Lectura** section, in which you will read poetry, short stories, or excerpts of longer works from important literary figures of the Spanish-speaking world. All of these readings are different from those found in the Textbook. Pre- and post-reading activities are also included.

ACKNOWLEDGMENTS

The authors would like to gratefully acknowledge the following people for their contributions to various aspects of this *Manual*.

- Vanisa Sellers, for her engaging and thoughtful activities that accompany the **Lectura** sections
- Mayanne Wright and Pennie Nichols-Alem, for their careful attention to detail as they edited the activities and exercises of the *Manual*
- Christa Harris, for her management of the development of the *Manual*
- Roger Geissler, for his excellent project management during the production phases of the *Manual*
- Laura Chastain, who reviewed the manuscript for language level and authenticity

We hope that your review of Spanish grammar is a pleasant and exciting one, full of discovery and mastery as you move toward improving your abilities in the four basic skills of language learning.

CBM

AMPG

JLS

Nombre _____ Fecha _____ Clase _____

CAPÍTULO
PRELIMINAR

EL VÍDEO

Actividad Dictado: Una carta de Raquel Rodríguez

Escucha la siguiente parte de la carta de Raquel Rodríguez. Vas a oír la narración dos veces, la segunda vez con pausas. Llena los espacios en blanco con las palabras que oigas.

Hace _____¹ años, trabajé en un caso muy _____² para la _____³ Castillo. Resulta que un señor _____,⁴ quien se llamaba Fernando Castillo Saavedra, había recibido una _____⁵ con unas noticias sorprendentes e inquietantes. Don Fernando consideró que era _____⁶ importante para él y para _____⁷ familia verificar si la _____⁸ en la carta era _____⁹ o no. Su hermano, Pedro, era abogado, pero como ya no era _____,¹⁰ no quiso hacer él mismo la investigación. Pedro admiraba mis habilidades como investigadora y me pidió que yo hiciera ese _____.¹¹ Nunca me imaginé que esa investigación iba a ser tan complicada y que me llevaría a _____¹² lugares... ¡y que me traería tantas sorpresas también!

PRÁCTICA ORAL Y AUDITIVA

Enfoque léxico: ¡Hola!

*Actividad A. Saludos

Lee los fragmentos de cada uno de los siguientes diálogos. Luego, escúchalos y llena los espacios en blanco con las palabras o frases que oyes. Después, vas a oír dos afirmaciones (*statements*) sobre cada diálogo. Indica si cada una de las afirmaciones es cierta (C) o falsa (F).

I. RAQUEL: Buenos días. Habla la abogada Raquel Rodríguez de la oficina de Los Ángeles.

   LUCÍA: Hola, licenciada. Gracias por llamar. Pensaba llamarla esta misma tarde.

   ¿_____¹?

   RAQUEL: Bien, ¿y usted?

   LUCÍA: _____.²

   a. C F   b. C F

---

*Asterisks denote that answers to activities or parts of activities may be found in the Apéndice: Clave de respuestas, in the back of this *Manual*.

II. PROFESORA PÉREZ: _____.¹ Soy Lidia Pérez.

¿_____²?

STAN: _____³ Stan Goldstein.

PROFESORA PÉREZ: _____,⁴ Stan.

STAN: El gusto es mío, profesora.

a. C F   b. C F

III. STAN: ¡Hola, Anita!

ANITA: ¡Hola, Stan! ¿_____¹?

STAN: Muy bien. ¿Y tú?

ANITA: _____.² Oye,ª vas esta noche a la fiesta de Susan, ¿no?

STAN: ¡Claro que sí!ᵇ

ANITA: Pues, entonces, nos vemos esta noche. _____.³

STAN: ¡Chau!

a. C F   b. C F

ªHey   ᵇ¡Claro... *Of course!*

Actividad B.   El primer día de clases

Imagínate que es el primer día de clases y conoces (*you meet*) a un compañero de clase. Escucha las preguntas de tu compañero y contéstalas oralmente con información verdadera (*true*) para ti.

MODELO: (oyes) Buenos días. ¿Cómo estás?
(dices) Hola. Muy bien, gracias.

1. ...   2. ...   3. ...   4. ...   5. ...   6. ...

Enfoque léxico: En el salón de clase

Actividad A.   Descripciones

Paso 1. Escucha las descripciones de algunas cosas que se encuentran (*are found*) en una clase. Escribe la letra de la descripción al lado del (*next to the*) dibujo correspondiente. (Las respuestas se dan [*are given*] en el CD.)

1. _____   2. _____   3. _____

Nombre _____ Fecha _____ Clase _____

4. ____   5. ____   6. ____

Paso 2. ¿Qué hay en tu salón de clase de español? Vas a escuchar algunas preguntas sobre tu clase de español. Contesta las preguntas con oraciones completas, usando **hay** o **no hay**. Para (*Stop*) el CD para escribir tus respuestas.

    MODELO: (oyes) ¿Hay pizarras en la clase de español?
              (escribes) Sí, hay pizarras en la clase de español. (No, no hay pizarras en la clase de español.)

1. _____
2. _____
3. _____
4. _____

Actividad B. ¿De qué color son?

Vas a oír algunas preguntas relacionadas con los colores. Primero, contesta cada pregunta, escribiendo *el nombre* del color apropiado. (Vas a escribirlo en forma masculina.) Luego, repite cada descripción que oigas en el CD.

    MODELO: (oyes) ¿Cuál es el color de un limón?
              (escribes) amarillo
              (oyes) Un limón es amarillo.
              (dices) Un limón es amarillo.

1. _____   4. _____
2. _____   5. _____
3. _____   6. _____

Enfoque estructural

P.1 LOS SUSTANTIVOS Y LOS ARTÍCULOS: GÉNERO Y NÚMERO

Práctica **Los artículos**

Escribe el artículo apropiado para cada sustantivo que oigas a continuación. (Las respuestas se dan en el CD.)

    MODELOS: (ves) Los artículos definidos
               (oyes) libro
               (escribes) el

               (ves) Los artículos indefinidos
               (oyes) cartas
               (escribes) unas

Los artículos definidos (el, la, los, las)

1. _____
2. _____
3. _____
4. _____
5. _____

Los artículos indefinidos (un, una, unos, unas)

6. _____
7. _____
8. _____
9. _____
10. _____

P.2 LOS ADJETIVOS DESCRIPTIVOS

Práctica ¿Cómo son?

Paso 1. Después de oír cada número, haz una oración completa con las palabras a continuación y **es** o **son**. ¡OJO! No te olvides de dar la forma correcta de cada adjetivo. (Las respuestas se dan en el CD.)

MODELO: (oyes) uno
(ves) Raquel / simpático
(dices) Raquel es simpática.

1. la clase / divertido
2. la profesora / rubio
3. las mochilas / verde
4. los niños / malo
5. los problemas / difícil
6. las estudiantes / inteligente y trabajador
7. la moto / feo y viejo
8. el programa / interesante

Paso 2. Ahora escucha las siguientes preguntas y contéstalas con información verdadera para ti. Escribe tus respuestas con oraciones completas. (Debes parar el CD para escribir tus respuestas.)

1. _____
2. _____
3. _____
4. _____
5. _____

P.3 LOS ADJETIVOS POSESIVOS

Práctica ¿De quién es?

Paso 1. Mira los siguientes dibujos. Luego, escucha las preguntas en el CD y contéstalas, usando los adjetivos posesivos apropiados. (Las respuestas se dan en el CD.)

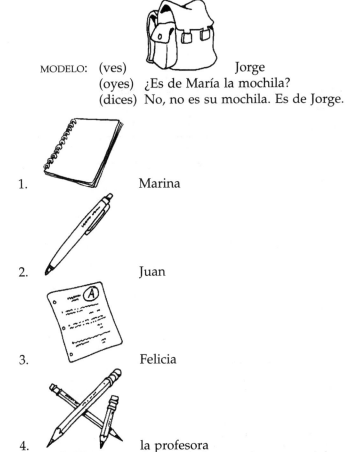

MODELO: (ves) Jorge
(oyes) ¿Es de María la mochila?
(dices) No, no es su mochila. Es de Jorge.

1. Marina
2. Juan
3. Felicia
4. la profesora
5. la universidad

Paso 2. Ahora vas a escuchar algunas preguntas personales. Contéstalas con información verdadera para ti, usando los adjetivos posesivos apropiados. Debes parar el CD para escribir tus respuestas.

Palabra útil: pésimas (*terrible*)

1. _____
2. _____
3. _____
4. _____

P.4 LOS PRONOMBRES PERSONALES; EL TIEMPO PRESENTE DE LOS VERBOS REGULARES; LA NEGACIÓN

Práctica Conoce a (*Meet*) Francisco, un colega de Raquel

Paso 1. Escucha la siguiente narración, en la que Francisco, un colega de Raquel, habla de su trabajo y de sus pasatiempos.

Palabras y expresiones útiles:

me gusta   *I like*
hacer citas   *to make appointments*
los informes   *reports*

*Paso 2. Indica si las afirmaciones que oyes son ciertas (C) o falsas (F). Si son falsas, para el CD y modifícalas para que sean (*so that they are*) ciertas.

C F 1. _____
C F 2. _____
C F 3. _____
C F 4. _____
C F 5. _____

Paso 3. Ahora Francisco quiere hacerte (*to ask you*) algunas preguntas a ti. Para el CD y contesta sus preguntas con oraciones completas.

1. _____
2. _____
3. _____
4. _____

PRÁCTICA ESCRITA

Enfoque léxico: ¡Hola!

Actividad A. Saludos

Completa los siguientes diálogos lógicamente con saludos y expresiones de cortesía. Hay más de una posibilidad en cada caso, pero debes poner atención al nivel (*level*) de formalidad o informalidad de cada situación.

I. *En la calle, dos personas mayores* (older) *que se conocen:*

SEÑORA MARTÍN: Buenos días, Sr. Gutiérrez.

SEÑOR GUTIÉRREZ: _____ [1]

SEÑORA MARTÍN: ¿Cómo está usted?

SEÑOR GUTIÉRREZ: _____ [2]

SEÑORA MARTÍN: Yo también. Saludos a su familia, ¿eh?

SEÑOR GUTIÉRREZ: Y a su familia también. Adiós.

Nombre _____ Fecha _____ Clase _____

II. *Raquel, en la oficina de un cliente:*

RAQUEL: Buenas tardes. Soy Raquel Rodríguez, la abogada de Goodman, Potter y Martínez.
_____ 1

JOSÉ LÓPEZ: Me llamo José López. _____ 2

RAQUEL: Igualmente.

III. *En la oficina de un profesor de la universidad:*

PROFESOR SANTOS: Hola. Pasa,[a] por favor. ¿Cómo te llamas?

STAN GOLDSTEIN: _____ 1

PROFESOR SANTOS: Mucho gusto.

STAN: _____ 2

PROFESOR SANTOS: ¿En qué puedo ayudarte?[b]

[a]*Come in* [b]*¿En… How may I help you?*

Actividad B. El Museo del Prado

Paso 1. Se encuentra a continuación una parte de una página Web del Museo del Prado de Madrid. Busca la información necesaria para contestar las siguientes preguntas. (No te preocupes [*Don't worry*] si no entiendes todo lo que se dice en la página. Lo importante es sacar la información necesaria para contestar las preguntas.)

Museo del Prado

Direcciones
Edificio Villanueva: Paseo del Prado, s/n. 28014 Madrid.
Tel. (91) 330 28 00. Fax: (91) 330 28 56
Casón del Buen Retiro: c/ Alfonso XII, 28. 28014 Madrid.
Tel. (91) 420 05 68 - (91) 429 29 30

Teléfono de información
91 330 29 00.
Teléfono de Información del Ministerio de Educación y Cultura (24h): 906 32 22 22

Horario
Martes a sábado: 9:00–19:00
Domingos, festivos, 24 y 31 de diciembre: 9:00–14:00
Lunes: Cerrado
Primer día de enero, Viernes Santo, 1 mayo y 25 diciembre: Cerrado

Transportes
Metro: Estaciones de Banco de España y Atocha
Autobuses: 9, 10, 14, 19, 27, 34, 37 y 45
Ferrocarril: Estación de Atocha

Precio de entrada
3,01 Euros: Tarifa General
1,5 Euros: Titulares Carnet Joven, Estudiantes o sus equivalentes internacionales; Grupos culturales y educativos vinculados a Instituciones (previa solicitud).
Gratis: Mayores de 65 años o Jubilados; Menores de 18 años; Miembros de la Fundación Amigos del Museo; Voluntarios culturales y educativos; Desempleados.
Gratis: Sábados de 14:30 a 19:00 y Domingos de 9:00 a 14:00

Gratis los siguientes días
18 de mayo. Día Internacional de los Museos
12 de octubre. Fiesta Nacional de España
6 de diciembre. Día de la Constitución

Abonos
Paseo del Arte: 7,66 Euros
Incluye una visita al Museo del Prado, Fundación Thyssen Bornemisza y Museo Nacional Centro de Arte Reina Sofía
Tarjeta Anual Museo del Prado: 24,04 Euros
Con este abono se puede acceder al Museo del Prado durante un año.
Tarjeta Anual Museos Estatales: 36,06 Euros
Con este abono se puede acceder, durante un año, a todos los Museos de Titularidad Estatal.
Todas estas tarjetas se pueden adquirir en las taquillas del Museo.

Condiciones de entrada para grupos escolares
Los grupos escolares (máximo de 25 alumnos por profesor) deberán de ir provistos de su correspondiente (y obligatoria) autorización del Museo. Los profesores deben solicitarla con anticipación—al menos dos semanas—a la Oficina de Visitas de Grupos del Museo del Prado: Paseo del Prado s/n. 28014 Madrid.
Teléfono: (91) 330 28 25 ó (91) 330 28 00 (ext. 2825). Fax (91) 330 28 59.

Cafetería
El horario de la cafetería es de 9:30 a 18:00

Autoservicio
Martes a sábado 11:30–16:00

Librería y Tienda
Martes a sábado 9:00–18:30
Domingo y Festivos 9:00–13:30

Otros servicios
Accesos especiales para minusválidos
Salón de actos

1. ¿Cuál es la dirección del Edificio Villanueva?
   _____

2. ¿Qué días de la semana está abierto el Museo?
   _____

3. ¿Cuánto cuesta la entrada para estudiantes?
   _____

4. ¿Quiénes no pagan la entrada?
   _____

5. ¿Cuándo es gratis la entrada para todos? (¡**OJO!** Necesitas buscar bajo dos categorías.)
   _____

*Paso 2. Ahora completa el siguiente diálogo con las palabras interrogativas apropiadas para cada respuesta.

1. —¿_____ es el número de teléfono para pedir información?
   —Es el 91 330 29 00.

2. —¿_____ se cierra (*closes*) el museo?
   —Los lunes, 1 de enero, Viernes Santo, 1 de mayo y 25 de diciembre.

3. —¿_____ líneas de autobuses llegan al museo?
   —Ocho.

4. —¿_____ tiempo de anticipación se necesita para llegar con un grupo?
   —Al menos dos semanas.

5. —¿A _____ horas se puede comprar algo de comer en la cafetería?
   —De 9:30 a 18:00.

Enfoque léxico: En el salón de clase

Actividad A. ¿Qué hay en la clase?

*Paso 1. ¿Qué hay en el siguiente salón de clase? Escribe los nombres de las personas y los objetos indicados. ¡**OJO!** Debes tratar de incluir los artículos definidos en tus respuestas.

Nombre _____ Fecha _____ Clase _____

1. _____
2. _____
3. _____
4. _____
5. _____
6. _____
7. _____
8. _____
9. _____
10. _____

Paso 2. Ahora, indica por lo menos seis cosas que hay en tu salón de clase de español. También debes indicar el color de cada artículo mencionado.

MODELO: En mi salón de clase hay muchos pupitres marrones. También hay…

_____
_____
_____
_____

Capítulo preliminar **9**

Actividad B. El primer día de clases

*Paso 1.** Completa la siguiente narración con palabras de la lista de abajo. **¡OJO!** Hay varias posibilidades en algunos casos y algunas palabras se usan más de una vez.

bolígrafo, computadora, cuaderno, diccionario, estudiante, lápiz, libros, mapas, mesa, mochila, papel, profesor, profesora, puerta, pupitre, salón

Elena es una _____[1] joven de 19 años. Hoy es su primer día de clases en la universidad. Ella abre la _____[2] y entra en el _____[3] de clase. Pero la _____[4] de español no está allí todavía. Así que Elena se sienta en un _____[5] y mira a su alrededor.[a]

Pronto Elena empieza a hablar con otro _____,[6] quien se llama Manuel. Los dos hablan sobre lo que necesitan para sus clases. Elena necesita una _____[7] para guardar sus libros y cuadernos, un _____[8] inglés-español y una _____[9] para escribir informes y navegar por el Internet. La especialización[b] de Manuel es geografía, así que necesita muchos _____[10] de varias partes del mundo, algunos _____[11] de consulta[c] y, por supuesto, una _____[12] grande para mirar los mapas y hacer su tarea. ¡Los dos piensan que este año va a ser estupendo!

[a]*a... around her* [b]*major* [c]*de... reference*

Paso 2. ¿Y tú? ¿Qué necesitas para tus clases? Escribe un breve párrafo en el que describas qué tienes para tus clases y lo que necesitas todavía.

_____

_____

_____

_____

Enfoque léxico

¿CUÁL SE USA?

*Práctica A. En la clase**

Completa las siguientes oraciones con las palabras más apropiadas, según el contexto. Escoge entre **tiempo, hora, vez, pedir, preguntar** y **hacer una pregunta**.

1. La clase de español dura un poco menos de una _____.

2. En clase, el profesor nos da _____ para practicar el español con otros compañeros.

3. A _____ trabajamos en grupos de cuatro o cinco.

4. Cuando los estudiantes _____, el profesor siempre les contesta.

5. Es importante empezar la clase a _____.

Nombre _____ Fecha _____ Clase _____

6. Algunos estudiantes tienen miedo de hablar y cada _____ que el profesor les _____ algo, se ponen nerviosos.

7. Cuando trabajamos en grupos, algunos estudiantes _____ más _____ para terminar el trabajo.

Práctica B. Tu rutina

Contesta las siguientes preguntas, según tu experiencia personal.

1. ¿A qué hora te levantas los días que tienes clases?
   _____

2. ¿Le pides ayuda a tu profesor(a) de español cuando no entiendes la lección?
   _____

3. ¿Cuántas veces por semana tienes clase de español?
   _____

4. ¿Cuántas horas estudias por semana?
   _____

5. ¿Les preguntas su nombre a tus compañeros de clase que no conoces?
   _____

6. ¿Qué te gusta hacer en tu tiempo libre?
   _____

Enfoque Estructural

P.1 LOS SUSTANTIVOS Y LOS ARTÍCULOS: GÉNERO Y NÚMERO

***Práctica   Los artículos**

Paso 1. Escribe el artículo definido que corresponde a cada palabra a continuación.

MODELO: libro → el

1. _____ mesa
2. _____ pizarra
3. _____ diccionarios
4. _____ pupitre
5. _____ mapas
6. _____ ciudad
7. _____ foto
8. _____ lápices
9. _____ mano
10. _____ agua **(¡OJO!)**

Capítulo preliminar

Paso 2. Cambia las palabras del Paso 1 del singular al plural o viceversa. No te olvides de (*Don't forget*) incluir el artículo definido.

MODELO: el libro → los libros

1. _____
2. _____
3. _____
4. _____
5. _____
6. _____
7. _____
8. _____
9. _____
10. _____

Paso 3. Ahora indica el artículo indefinido para cada una de las palabras del Paso 2.

MODELO: los libros → unos libros

1. _____
2. _____
3. _____
4. _____
5. _____
6. _____
7. _____
8. _____
9. _____
10. _____

P.2 LOS ADJETIVOS DESCRIPTIVOS

Práctica A.   ¿Cómo son?

Paso 1. ¿Cómo son las siguientes personas famosas? Descríbelas, usando por lo menos tres adjetivos descriptivos para cada una. Trata de usar cada uno de los adjetivos sólo una vez.

1. Michael Jordan es _____
2. El presidente de los Estados Unidos es _____
3. Rosie O'Donnell es _____
4. Halle Berry es _____

Nombre _____ Fecha _____ Clase _____

5. Billy Crystal y Robin Williams son _____
6. Cindy Crawford y Elle MacPherson son _____

Paso 2. Ahora inventa tres oraciones originales en las que describes a tres personas a quienes tú conoces. Usa por lo menos tres adjetivos para describir a cada persona.

1. _____
2. _____
3. _____

Práctica B. Descripciones

Paso 1. ¿Cómo son los siguientes personajes de *Nuevos Destinos*? Escribe una breve descripción de cada uno de los dos, usando por lo menos cinco adjetivos. Puedes describirlos tanto en lo físico como en lo personal. (Claro, todavía no sabes cómo es la personalidad de cada uno de ellos, ¡pero puedes inventar detalles!)

RAQUEL RODRÍGUEZ

DON FERNANDO CASTILLO
SAAVEDRA

Capítulo preliminar 13

Paso 2. ¿Cómo eres tú? Descríbete brevemente con oraciones completas, usando tantos adjetivos como puedas. ¡No seas tímido/a! (*Don't be shy!*)

_____

_____

_____

_____

Paso 3. Ahora describe a tu mejor amigo/a, haciendo una comparación entre ustedes. ¡Este párrafo puede explicar por qué ustedes son tan buenos amigos / buenas amigas!

MODELO: Mi mejor amiga Kathy es alta y atlética, pero yo soy baja y un poco perezosa. Pero las dos somos inteligentes y muy divertidas…

_____

_____

_____

_____

_____

P.3 LOS ADJETIVOS POSESIVOS

Práctica A.   La familia de Francisco

*__Paso 1.__ Francisco, el colega de Raquel, describe a su familia. Escribe la forma apropiada del adjetivo posesivo entre paréntesis para completar las siguientes oraciones. (¿Recuerdas el vocabulario relacionado con la familia y las relaciones interpersonales? A continuación hay algunas palabras para refrescarte la memoria.)

MODELO: (Mi) _____ hermanos Manolo y César son altos. →
Mis hermanos Manolo y César son altos.

Palabras útiles: el/la abuelo/a (*grandfather, grandmother*), el/la hermano/a (*brother, sister*), los hermanos (*brothers and sisters, siblings*), la madre (*mother*), el padre (*father*), los padres (*parents*), el/la novio/a (*boyfriend, girlfriend*)

1. (Mi) _____ padres son muy activos y energéticos.

2. Manolo y (su) _____ novia Ann viajan con frecuencia.

3. (Nuestro) _____ abuela nos prepara una cena todos los domingos.

4. (Mi) _____ padre y (su) _____ hermanos tienen relaciones muy estrechas (*close*).

5. Pero la hermana de (mi) _____ madre es un poco distante.

6. Por lo general, (nuestro) _____ familia es bastante unida (*close*).

Paso 2. ¿Cómo es tu familia? Haz una breve descripción de algunos miembros de tu familia. Presta atención a la forma correcta de los adjetivos posesivos.

_____

_____

_____

Nombre _____ Fecha _____ Clase _____

Práctica B. Mis cosas favoritas

¿Cuáles son algunas de tus cosas favoritas? Haz una breve descripción de por lo menos cinco de las cosas que más te gustan. Presta atención al uso de los adjetivos posesivos. Puedes incluir cosas de las categorías a continuación, si quieres.

    MODELO: Mis deportes (*sports*) favoritos son el golf y el tenis...

Categorías: la comida, los conjuntos (*groups*) musicales, los deportes, los libros, las películas

_____
_____
_____
_____
_____

P.4 LOS PRONOMBRES PERSONALES; EL TIEMPO PRESENTE DE LOS VERBOS REGULARES; LA NEGACIÓN

Práctica A. El trabajo

*Paso 1. Completa el siguiente diálogo con la forma correcta de los verbos entre paréntesis.

JOAQUÍN: ¡Hola, Beto! ¿Qué tal el nuevo semestre?

BETO: ¡Uf! Aparte de[a] mis clases, _____[1] (trabajar) quince horas a la semana en la oficina de admisiones. Allí _____[2] (contestar[b]) el teléfono y _____[3] (leer) las solicitudes[c] de futuros estudiantes. También _____[4] (tomar) apuntes sobre las cosas más interesantes de cada solicitud. Es un trabajo interesante, pero _____[5] (necesitar) más tiempo para estudiar. ¡Siempre hay mucho que hacer allí! ¿Y tú? ¿_____[6] (Trabajar) este semestre?

JOAQUÍN: Sí, en el gimnasio. Es un trabajo muy relajante.[d] Sólo _____[7] (mirar) la tarjeta[e] de identificación de las personas que _____[8] (entrar). Durante las horas de trabajo, _____[9] (estudiar), _____[10] (escribir), mis informes y _____[11] (escuchar) música. ¿Por qué no _____[12] (cambiar: tú) de[f] trabajo? Yo _____[13] (creer) que los supervisores del gimnasio _____[14] (necesitar) otra persona como yo...

BETO: ¡Es exactamente el trabajo que yo _____[15] (buscar)! Oye, ¿por qué no _____[16] (tomar: nosotros) un café y _____[17] (hablar) un poco más sobre el gimnasio?

JOAQUÍN: ¡De acuerdo!

[a]Aparte... *Aside from*   [b]*to answer*   [c]*applications*   [d]*relaxing*   [e]*card*   [f]cambiar... *to change*

Paso 2. Ahora haz un resumen del diálogo del Paso 1. **¡OJO!** Vas a escribir los verbos en la tercera persona.

MODELO: Beto y Joaquín hablan sobre el trabajo. Beto trabaja quince horas a la semana en la oficina de admisiones. Allí contesta...

_____
_____
_____
_____
_____
_____

Práctica B. ¿Qué hacen? (*What do they do?*)

Escribe oraciones originales para describir lo que hacen las siguientes personas. (Al final del ejercicio, vas a inventar dos oraciones completamente originales). Puedes usar los verbos de la siguiente lista u otros, si quieres. Trata de usar cada uno de los verbos sólo una vez.

asistir a, bailar, beber, cantar, comer, comprar, escribir, estudiar, hablar, leer, practicar, tocar, trabajar, vivir, ¿ ?

1. Yo _____
2. Mis padres (hijos, hermanos,...) _____
3. Tú, mi mejor amigo/a, _____
4. Mis compañeros de clase y yo _____
5. Ud., profesor(a), _____
6. _____
7. _____

Ampliación estructural: La concordancia de los adjetivos

In this chapter of *Nuevos Destinos* you have reviewed and practiced the formation and use of descriptive adjectives (**Enfoque estructural P.2**). In this section of the *Manual*, you will learn more about some special cases of adjective agreement and placement.

- Most adjectives agree in number and gender with the nouns they describe. Although in Spanish adjectives usually *follow* the nouns they describe, adjectives can sometimes *precede* the nouns. The more common examples are adjectives of quantity, such as a number, or indefinite adjectives like **alguno** and **otro**. A descriptive adjective can also precede a noun when it is used to emphasize a particular quality of the noun.

Hay **doscientos estudiantes** en una de mis clases.	*There are two hundred students in one of my classes.*
Tengo que escribir **muchos informes** este trimestre.	*I have to write a lot of reports this quarter.*
Profesora, tengo **algunas preguntas** que hacerle.	*Professor, I have some questions to ask you.*
No conozco a **otros estudiantes** en esta universidad.	*I don't know other students at this university.*
Francisco hizo una **buena sugerencia** con respecto al caso Jiménez.	*Francisco made a good suggestion regarding the Jiménez case.*

- When adjectives describe two or more nouns of different genders, the masculine plural form is used.

    El arte y **la literatura españoles** son muy **conocidos**. *Spanish art and literature are very well known.*

- Adjectives are often used with their corresponding definite articles as nouns.

    —No sé cuál de los dos vestidos debo comprar, **el azul** o **el rojo**. *—I don't know which of the two dresses I should buy, the blue or the red one.*
    —**El rojo** te queda mejor. *—The red one looks better on you.*
    —¿Prefieres la comida italiana o **la francesa**? *—Do you prefer Italian or French food?*
    —**La italiana** es mi favorita. *—Italian (food) is my favorite.*

- To facilitate pronunciation, feminine words beginning with a stressed **a-** or **ha-** use the masculine definite article in the singular form. The gender of the word remains feminine and adjectives in both singular and plural form must be feminine.

    El águila pescadora no es común por estas partes. *The sea eagle isn't common in these parts.*
    Me gustan **las aguas templadas** de esa costa. *I like the temperate waters of that coast.*

- Some adjectives are shortened before masculine singular nouns; **gran** is used before all singular nouns, both feminine and masculine.

    ¡Que tengas un **buen viaje**! *Have a good trip!*
    El fumar es un **mal hábito**. *Smoking's a bad habit.*
    ¿Sabes quién fue el **primer hombre** en caminar en la luna? *Do you know who was the first man to walk on the moon?*
    Marzo es el **tercer mes** del año. *March is the third month of the year.*
    El cliente de Raquel guardó un **gran secreto** por muchos años. *Raquel's client kept a big secret for many years.*
    Bette Davis fue una **gran actriz**. *Bette Davis was a great actress.*

*Práctica   Nuestra clase de español

Escribe la forma correcta de los adjetivos para completar la siguiente descripción de una clase de español.

En mi clase de español hay _____¹ (mucho) estudiantes _____² (excelente). Tenemos _____³ (uno) profesora muy _____⁴ (trabajador) que enseña de una manera bastante _____⁵ (divertido). El _____⁶ (primero) día de clase, la profesora nos dio una _____⁷ (breve) introducción al curso y nos explicó los requisitos[a] _____⁸ (básico). También nos dijo que hoy en día es una _____⁹ (enorme) ventaja hablar español en este país. Nos dio unos _____¹⁰ (bueno) consejos sobre cómo lograr[b] mejor dominio[c] del idioma. Vamos a leer cuentos y poemas de _____¹¹ (alguno) escritores muy _____¹² (conocido) y _____¹³ (otro) obras de escritores no tan _____¹⁴ (famoso). ¡Vamos a hacer _____¹⁵ (tanto) cosas en este curso! Va a ser una _____¹⁶ (grande) experiencia.

[a]requirements   [b]to achieve   [c]mastery

¡MANOS A LA OBRA!

Actividad   Un formulario de turista

En este capítulo, has repasado (*you have reviewed*) vocabulario y algunas estructuras básicas del español. En esta actividad, vas a contestar varias preguntas sobre tus características, tanto físicas como de tu persona.

Paso 1. El siguiente formulario es para turistas que viajan a México. Llénalo con tus datos (*information*) personales. Hay algunos datos que tendrás que (*you will have to*) inventar, como tus destinos principales en México y el medio de transporte que vas a usar. También puedes inventar los detalles sobre el pasaporte, si no tienes uno.

Paso 2. Imagínate que eres agente de aduanas (*customs agent*) y necesitas hacerles preguntas a los turistas que entran en México. Escribe preguntas usando la forma de **Ud.**, basándote en la información del formulario. A continuación hay algunas palabras y expresiones que puedes usar.

Preguntas: ¿cómo?, ¿cuál(es)?, ¿cuánto/a/os/as?, ¿(de) dónde?, ¿qué?
Verbos: tener (ie)... años (*to be . . . years old*), nació (*you [Ud.] were born*), vivir

   MODELO: apellido → ¿Cuál es su apellido?

1. nombre: _____
2. edad: _____
3. estado civil (*marital status*): _____
4. profesión: _____
5. lugar de nacimiento (*birth*): _____
6. nacionalidad: _____

18   *Capítulo preliminar*

Nombre _____ Fecha _____ Clase _____

7. domicilio: _____

8. número de pasaporte: _____

9. lugares de visita o de interés: _____

10. medio de transporte: _____

Paso 3. En una hoja de papel aparte (*separate sheet of paper*), contesta las preguntas del Paso 2 con información verdadera para ti.

Paso 4. Ahora escribe un breve párrafo para describirte, usando la información del formulario y cualquier otra información que quieres agregar (*to add*). No es necesario incluir información sobre tu pasaporte, ni de un supuesto (*supposed*) viaje a México.

_____
_____
_____
_____
_____
_____
_____
_____
_____
_____
_____
_____
_____
_____
_____

CAPÍTULO 1

Dos abogadas

EL VÍDEO

*Actividad A.   Dictado: Una carta con malas noticias

Escucha la siguiente narración sobre la carta que Raquel recibió en este episodio. Vas a oír la narración dos veces, la segunda vez con pausas. Llena los espacios en blanco con las palabras que oigas.

Una abogada de la _____¹ filial de México sustituye a _____² para llevar los asuntos del _____³ de don Fernando y ahora de Pedro también. Se llama Lucía Hinojosa… ¿Lucía Hinojosa?… No sé si la conozco. _____⁴ dice que Lucía _____⁵ hablar conmigo porque tiene que saber toda la _____⁶ de mi _____⁷ para _____.⁸

¡Ay! ¡_____⁹ Pedro! ¡Un hombre tan _____¹⁰ y bueno! La familia _____¹¹ debe estar muy _____.¹² Pedro estaba muy _____¹³ a todos, y también era su _____¹⁴ y _____.¹⁵

*Actividad B.   ▶ Hace cinco años ◀
Dos llamadas (*calls*) telefónicas

Escucha dos conversaciones telefónicas que tuvo Ramón Castillo hace cinco años. Después, vas a oír algunas afirmaciones sobre las conversaciones. Indica si las afirmaciones son ciertas (C) o falsas (F). Si las afirmaciones son falsas, para el CD y modifícalas para que sean ciertas. Vas a oír cada una de las afirmaciones dos veces.

   C   F   1. _____

              _____

Capítulo uno   **21**

C   F   2. _____

C   F   3. _____

C   F   4. _____

Actividad C. ▶ *Hace cinco años* ◀ **El comienzo**

*****Paso 1.** Completa cada una de las oraciones a continuación con la información apropiada, según la historia de Nuevos Destinos.

1. La investigación original que hizo Raquel se debió a (*was due to*) _____
   _____

2. De joven, don Fernando vivía en _____

3. Don Fernando se casó con (*married*) Rosario durante _____
   _____

4. A don Fernando le sorprendieron (*surprised*) las noticias sobre Rosario porque _____
   _____

Paso 2. Ahora haz un breve resumen de la historia de lo que sabes de don Fernando y la carta de Teresa Suárez hasta este punto.

_____
_____
_____
_____
_____

Más allá del episodio

Actividad   La carta de Teresa Suárez

Paso 1. En este episodio, Raquel menciona que, hace cinco años, don Fernando Castillo recibió una carta de Teresa Suárez, una señora española. ¿Cuánto sabes de esa carta? Lee las siguientes afirmaciones sobre la carta e indica si estás de acuerdo (Sí), si no estás de acuerdo (No) o si no estás seguro/a (NS).

En la carta, Teresa Suárez le dice a don Fernando que…

Sí   No   NS   1. ella vio un programa en la televisión sobre La Gavia.
Sí   No   NS   2. Rosario era la vecina y amiga de ella (Teresa Suárez).
Sí   No   NS   3. Rosario no murió en la Guerra Civil española.
Sí   No   NS   4. el hijo de Rosario y don Fernando vive en Barcelona.
Sí   No   NS   5. Rosario vive en Sevilla.
Sí   No   NS   6. ella (Teresa Suárez) quiere ir a México a visitar a don Fernando.

Paso 2. Ahora escucha la carta de Teresa Suárez y verifica las respuestas que indicaste en el Paso 1. No te preocupes si no entiendes todo lo que dice la carta. Lo importante (*The important thing*) es sacar algunos detalles provechosos (*useful*). Puedes escuchar la carta más de una vez, si quieres.

Sevilla, 22 de octubre de 1991.

Estimado Sr. Castillo Saavedra:

Mucha sorpresa me ha causado leer un artículo sobre su persona en una revista española. Por ese motivo, me permito dirigirme a Ud. para hacerle saber lo que ha sucedido con Rosario, su mujer durante la época de la Guerra.

[...]

PRÁCTICA ORAL Y AUDITIVA

Enfoque léxico: Las actividades diarias

Actividad A. ¿Qué hacen?

Paso 1. Primero, mira los siguientes dibujos. Luego, escucha las descripciones de algunas actividades diarias y escribe la letra de la descripción debajo del dibujo correspondiente. Vas a escuchar cada una de las descripciones dos veces. (Las respuestas se dan en el CD.)

1. ____

2. ____

3. ____

4. ____

5. ____

Capítulo uno

Paso 2. Ahora piensa en algunas de tus actividades diarias y contesta las preguntas que oigas en el CD con oraciones completas. Para el CD para escribir tus respuestas.

1. _____
2. _____
3. _____
4. _____
5. _____
6. _____

Actividad B. Mi rutina diaria

Paso 1. ¿Cómo es tu rutina diaria? Escucha las afirmaciones en el CD e indica si son ciertas (C) o falsas (F) para ti. Si son falsas, modifícalas con información verdadera. Vas a escuchar cada una de las afirmaciones dos veces.

MODELO: (oyes)   Nunca desayunas antes de (*before*) ir a la universidad. →
(escribes) Cierto. (Falso. Siempre desayuno antes de ir a la universidad.)

Palabras útiles:

primero   *first*
luego   *then, next*
al día   *per day*
quedarte   *staying, remaining*

C F 1. _____
C F 2. _____
C F 3. _____
C F 4. _____
C F 5. _____
C F 6. _____
C F 7. _____

Paso 2. Ahora describe la rutina diaria de alguien que conoces bien (tu compañero/a de cuarto, tu esposo/a, un hijo / una hija...). Describe por lo menos cinco de sus actividades diarias.

_____
_____
_____
_____
_____
_____

Actividad C. ¿Qué pasa en esta clase?

Paso 1. Primero, mira la siguiente escena de un salón de clase. Luego, vas a escuchar algunas preguntas relacionadas con el dibujo. Contesta las preguntas oralmente según lo que ves en la escena. Vas a escuchar cada una de las preguntas dos veces. (Las respuestas se dan en el CD. Cuando oigas la respuesta correcta, repítela en voz alta.)

MODELOS: (oyes) ¿Hay algo en el escritorio?
(dices) Sí, hay algunos libros en el escritorio.

(oyes) ¿Hay algo en la pizarra?
(dices) No, no hay nada en la pizarra.

Palabras útiles:

el suelo	*floor*
deportivas	*sports-minded*
llega a tiempo	*arrives on time*
cerca de	*close to*

1. … 2. … 3. … 4. … 5. …

Paso 2. Ahora indica por lo menos cinco cosas que hay en tu clase de español. Da tantos detalles como puedas, incluyendo el color de los artículos que describas.

_____
_____
_____
_____
_____
_____
_____
_____

Enfoque estructural

1.1 EL PRESENTE DE INDICATIVO DE LOS VERBOS DE CAMBIO RADICAL Y DE LOS VERBOS IRREGULARES

Práctica A.   ¡Rápido, rápido!

Vas a escuchar el infinitivo de algunos verbos. Cuando oigas el infinitivo, indica la forma verbal correspondiente, de acuerdo con las personas a continuación. (Las respuestas se dan en el CD. Cuando oigas la respuesta correcta, repítela en voz alta.)

>   MODELO: (oyes)   preferir
>   (ves)   tú
>   (dices)   prefieres

1. tú
2. nosotros
3. Raquel y Lucía
4. don Pedro y don Fernando Castillo
5. yo
6. Ramón
7. tú y Ramón
8. Ud. y sus amigos

Práctica B.   Preguntas personales

Vas a escuchar algunas preguntas personales. Después de oír cada pregunta, para el CD y escribe tu respuesta con una oración completa. Vas a escuchar cada una de las preguntas dos veces.

1. _____
2. _____
3. _____
4. _____
5. _____
6. _____
7. _____

1.2 LOS VERBOS REFLEXIVOS

Práctica   Un día en la vida

Paso 1. Escucha la siguiente narración sobre un día en la vida de Francisco Tejeiro, el colega de Raquel.

Palabras y expresiones útiles:

lo mismo	*the same thing*
el día laboral	*workday*
suelo	*I usually*
tomar una copa	*to have a drink*
ensayar	*to rehearse*
sino	*but*
el cansancio	*exhaustion*

Nombre _____ Fecha _____ Clase _____

*Paso 2. Ahora vas a escuchar algunas afirmaciones basadas en la narración de Francisco. Indica si son ciertas (C) o falsas (F). Si las afirmaciones son falsas, para el CD y modifícalas para que sean ciertas.

C F 1. _____

C F 2. _____

C F 3. _____

C F 4. _____

C F 5. _____

Paso 3. Por último, haz una comparación entre la rutina diaria de Francisco y tu propia rutina diaria. ¿En qué se asemejan (*are similar*) las dos rutinas? ¿En qué difieren?

MODELO: Francisco se levanta a las seis, pero yo me levanto a las siete y media…

_____
_____
_____
_____
_____
_____
_____

1.3 PARA EXPRESAR GUSTOS

Práctica A. ¿Qué te gusta?

Vas a escuchar una serie de palabras. Después de oír cada una, indica si a ti te gustan esas cosas o no.

MODELOS: (oyes) el béisbol
(dices) No, no me gusta el béisbol.
(oyes) las vacaciones
(dices) Sí, me gustan las vacaciones.

1. … 2. … 3. … 4. … 5. … 6. … 7. … 8. …

Práctica B. ¿Qué les gusta?

Paso 1. Vas a escuchar algunos nombres y pronombres personales. Después de oír cada uno, indica que a esa persona le gusta la cosa o actividad que ves a continuación. (Las respuestas se dan en el CD. Cuando oigas la respuesta correcta, repítela en voz alta.)

MODELO: (oyes) a mí
(ves) la literatura
(dices) A mí me gusta la literatura.

1. los coches deportivos (*sports*)
2. el color amarillo
3. practicar deportes
4. hablar español
5. los viajes largos
6. las películas extranjeras

Paso 2. Ahora indica tres cosas o actividades que a ti te gustan y tres que no te gustan.

Lo que me gusta

1. _____
2. _____
3. _____

Lo que no me gusta

4. _____
5. _____
6. _____

1.4 PARA HABLAR DEL FUTURO INMEDIATO: IR; IR + A + EL INFINITIVO

Práctica ¿Qué van a hacer?

Paso 1. Forma oraciones completas con las indicaciones que oyes. Usa la estructura **ir** + **a** + *infinitivo*. (Las respuestas se dan en el CD. Cuando oigas la respuesta correcta, repítela en voz alta.)

MODELO: (oyes) yo / escuchar música
(dices) Yo voy a escuchar música.

1. ... 2. ... 3. ... 4. ... 5. ... 6. ...

Paso 2. Ahora vas a escuchar algunas preguntas personales. Contéstalas con información verdadera para ti. Vas a escuchar cada una de las preguntas dos veces. Para el CD para escribir las respuestas.

1. _____
2. _____
3. _____
4. _____

PRÁCTICA ESCRITA

Enfoque léxico: Las actividades diarias

*Actividad A.   En el parque

Haz oraciones completas para describir lo que hacen las personas en el siguiente dibujo. Puedes usar las palabras útiles a continuación u otras, si quieres.

MODELO: 1.   yo → Yo leo un libro.

Palabras útiles: almorzar, caminar, correr, dormir, escuchar música, hacer ejercicios, leer, pasear, preparar un *picnic*

Nombre _____ Fecha _____ Clase _____

2. nosotros
   _____

3. tú y tus amigas
   _____

4. unos niños
   _____

5. otros niños
   _____

6. un hombre
   _____

7. una mujer
   _____

8. otro hombre
   _____

Actividad B. Mi rutina diaria

Paso 1. Pon las siguientes acciones en el orden cronológico apropiado en el que tú las haces todas las mañanas. Si no haces una de ellas, táchala (*cross it out*).

_____ ducharte   _____ desayunar

_____ afeitarte   _____ vestirte

_____ peinarte   _____ cepillarte los dientes

_____ bañarte   _____ despertarte

_____ levantarte   _____ salir para las clases

Paso 2. Ahora escribe un breve párrafo en el que describes tu rutina diaria. Las siguientes palabras y expresiones te pueden ayudar.

primero… , segundo… , tercero… ; después / luego / más tarde, entonces, inmediatamente (después)

_____

_____

_____

_____

_____

_____

_____

_____

*__Actividad C.__ ▶ *Hace cinco años* ◀ Don Fernando, después de leer la carta

Completa el siguiente párrafo con las palabras indefinidas y negativas necesarias.

DON FERNANDO: Rosario está viva… Pensé que murió en la Guerra. _____[1] vio a Rosario después del bombardeo de Guernica, y ella tampoco estaba en el hospital. ¡En mi vida me han pasado _____[2] cosas increíbles, pero _____[3] como ésta! Tengo que hablar con Pedro inmediatamente y con mis hijos también. Si Rosario está viva, quiero verla. A mi edad[a] y en mi estado de salud, no tengo _____[4] minuto que perder. No podemos hacer _____[5] por recuperar el pasado, pero sí puedo hacer _____[6] para volver a verla.[b] ¿Y si es verdad que tengo otro hijo? Probablemente él no sabe _____[7] de mí. ¿Cómo se llamará?[c] ¡Rosario… ! _____[8] tiene que ayudarme a encontrarla. Voy a hablar con Pedro…

[a]A… *At my age* [b]volver… *see her again* [c]¿Cómo… *I wonder what his name is?*

Enfoque léxico

¿CUÁL SE USA?

*Práctica A.   Un nuevo amigo

Completa el diálogo a continuación con la forma correcta del verbo apropiado. Escoge entre **jugar, tocar, poner, presentar** e **introducir**.

EVA: Amanda, ¿no me vas a _____¹ a tu amigo?

AMANDA: Claro que sí. Eva, éste es Ramón, un compañero de mi clase de historia.

EVA: Mucho gusto, Ramón. Así que tú y Eva son compañeros de clase. Creo que te he visto en alguna parte antes. ¿Perteneces a algún club o _____² algún deporte?

RAMÓN: Sí, _____³ al fútbol y también _____⁴ la guitarra con unos amigos que se juntan los jueves. A veces _____⁵ canciones originales y otras veces son de otros conjuntos.

EVA: ¡Qué bien! A lo mejor la estación de radio del campus puede _____⁶ una de sus canciones.

RAMÓN: Pues, todavía no hemos hecho ningún CD. Si tú y Amanda quieren escuchar nuestra música, las invito a un pequeño concierto. Vamos a _____⁷ este viernes a las ocho en el café del campus. Pensamos _____⁸ un nuevo tipo de música que normalmente no se escucha en este país.

AMANDA: ¡Qué interesante! Yo sí quiero ir.

EVA: Yo también. Nos vemos el viernes.

Práctica B.   Preguntas personales

Contesta las siguientes preguntas según tu experiencia personal.

1. En tu opinión, ¿cuál es al mejor manera de introducir un nuevo producto, en una revista, por televisión u de otra manera?

2. ¿Pones música cuando estudias? ¿Qué tipo de música prefieres?

3. En tu opinión, ¿qué conjunto (*musical group*) toca mejor?

4. ¿Te gusta jugar juegos de mesa (*board games*)? ¿Cuál es tu favorito?

5. ¿Se presentó en tu clase de español tu profesor(a) con algún título como profesora(a), doctor(a) o señor(a)? ¿Con cuál título se presentó?

Enfoque estructural

1.1 EL PRESENTE DE INDICATIVO DE CAMBIO RADICAL Y DE LOS VERBOS IRREGULARES

*Práctica A.   *Tabla de verbos

Llena la siguiente tabla de verbos con las formas apropiadas en el tiempo presente.

	YO	TÚ	UD.	NOSOTROS	ELLOS
cerrar	cierro	cierras	cierra	cerramos	cieran
decir	digo	dices	dice	decimos	dicen
dormir	duermo	duermes	duerme	dormimos	duermen
encontrar	encuentro	encuentras	encuentra	encontramos	encuentran
entender	entiendo	entiendes	entiende	entendemos	entienden
hacer	hago	haces	hace	hacemos	hacen
jugar	juego	juegas	juega	jugamos	juegan
oír	~~oyes~~ oigo	oyes	oye	oímos	oyen
pedir	pido	pides	pide	pedimos	piden
poner	pongo	pones	pone	ponemos	ponen
seguir	sigo	sigues	sigue	seguimos	siguen
soñar	sueño	sueñas	sueña	soñamos	sueñan
venir	vengo	vienes	viene	venimos	vienen
volver	vuelvo	vuelves	vuelve	volvemos	vuelven

Práctica B.   Oraciones lógicas

Haz oraciones completas usando elementos de las tres columnas y otros, si quieres.

yo	saber	hacer la tarea en clase a la 1:00 todos los días
mi perro / gato	preferir	ser astronauta
mis padres (hijos, abuelos)	hacer	tocar tres instrumentos musicales
mi hermano/a (primo/a)	dar	ejercicios todos los días
mi mejor amigo/a	venir	exámenes difíciles
mis compañeros de clase	empezar a	más de ocho horas diarias
mi profesor(a) de español	pensar	ocho horas diarias
mi familia y yo	entender	todas las lecciones de gramática
¿ ?	soñar con	todos los fines de semana
	almorzar	¿ ?
	dormir	
	¿ ?	

1. No prefiero hacer la tarea en clase a la 1:00 todos los días
2. Mi gato duerme diez horas diarias
3. Mis padres almuerzan en el restaurante todos los días
4. Mis hermanas saben tocar dos instrumentos musicales

5. Mi mejor amiga hace dos hijos y les da dos horas diarias por jugar.
6. Mi familia y yo preferimos visitar todos los fines de semana.

1.2 LOS VERBOS REFLEXIVOS

Práctica Un día en la vida

***Paso 1.** La rutina diaria de Lucía Hinojosa no es muy diferente de la de muchas profesionales jóvenes que viven y trabajan en México, D.F. Completa lógicamente la siguiente descripción de un día típico de Lucía. Usa la forma apropiada de los verbos reflexivos de la lista a continuación. ¡OJO! Algunos verbos se usan más de una vez.

acostarse, cepillarse, despertarse, divertirse, dormirse, ducharse, levantarse, ponerse, prepararse, quitarse, vestirse

Todos los días, Lucía _____[1] temprano —a eso de[a] las 6:00. Pero, por lo general, apaga el despertador[b] y duerme un poco más. Así que no _____[2] hasta las 6:30. Después de levantarse, _____[3] ropa deportiva y hace ejercicios. Luego, pone el calentador de agua[c] y desayuna. Cuando el agua está caliente,[d] _____[4] y después _____[5]. Sale de su apartamento a las 8:00 y toma un autobús para ir a su oficina.

Generalmente, Lucía regresa a su apartamento a las 7:00 u 8:00 de la noche. _____[6] la ropa profesional y _____[7] unas prendas[e] más cómodas.[f] Después de cenar, _____[8] leyendo un buen libro, mirando la televisión o hablando con amigas por teléfono. Finalmente, _____[9] para la cama: _____[10] los dientes y _____[11] a eso de las 11:00 u 11:30. Le gusta leer en la cama, y con frecuencia _____[12] con un libro en las manos.

[a]a... *around* [b]apaga... *she turns off the alarm clock* [c]pone... *she turns on the water heater* [d]*warm* [e]*articles of clothing* [f]*comfortable*

Paso 2. ¿Cómo es tu rutina? Describe en un breve párrafo tus actividades en un día típico, usando el vocabulario que has repasado en este capítulo. No te olvides de incluir palabras de enlace como **antes (de), después (de), luego, primero,** etcétera.

_____
_____
_____
_____
_____
_____

1.3 PARA EXPRESAR GUSTOS

Práctica   ¿Qué les gusta? ¿Qué *no* les gusta?

Escribe oraciones completas para indicar lo que les gusta y lo que no les gusta a las siguientes personas. Usa las sugerencias de la lista a continuación u otras, si quieres.

MODELO: a los niños →
A los niños les gustan los dulces. No les gusta ir al médico.

Sugerencias: los coches deportivos, los dulces, las novelas románticas, las películas extranjeras, el trabajo; comer, estudiar, ir al cine/médico/parque/trabajo, jugar al golf/tenis/vólibol, leer en español, sacar buenas notas, tomar exámenes, visitar lugares de interés histórico, ¿ ?

1. a mis padres (hijos, abuelos, …)

2. a mí y a mis amigos

3. al profesor / a la profesora de español

4. a mi novio/a (esposo/a, compañero/a de cuarto, …)

5. a mí

6. a los turistas

7. a mi mejor amigo/a

8. a nosotros, los estudiantes de esta clase

1.4 PARA HABLAR DEL FUTURO INMEDIATO: IR; IR + A + EL INFINITIVO

Práctica   Los planes para este fin de semana

*Paso 1. ¿Qué van a hacer las siguientes personas este fin de semana? Haz oraciones completas según el modelo.

MODELO: Humberto / jugar a las cartas / sábado →
Humberto va a jugar a las cartas el sábado.

1. domingo / Mariana / pasear con unas amigas

2. tú / dormir hasta muy tarde / sábado y domingo
   _____

3. viernes por la noche / yo / cenar con unos amigos
   _____

4. los padres de Graciela / manejar su nuevo coche / domingo
   _____

5. sábado / Benito y Benedicto / prepararles una cena elegante a sus novias
   _____

6. domingo / nosotros / visitar a la abuela
   _____

7. el profesor / la profesora de español / descansar / todo el fin de semana
   _____

Paso 2. ¿Y tú? ¿Qué vas a hacer la semana que viene (*next week*)? Escribe algunos de los planes que tienes, usando **ir** + **a** + *infinitivo*.

1. _____
2. _____
3. _____
4. _____
5. _____

Ampliación estructural: Expresando *to be:* **estar, haber, ser, tener**

- By now you know that **ser** and **estar** both mean *to be*. You will learn more about the uses of **ser** and **estar** in **Enfoque estructural 2.1** of your textbook. **Hay** (from **haber**) is used to mean *there is* or *there are*. The following examples illustrate some of the distinctions among the uses of these verbs that mean *to be*.

    —¿Cuántos **hay** en la clase? —*How many are there in the class?*
    —**Hay** quince estudiantes y un profesor. La clase no **es** muy grande. —*There are fifteen students and one teacher. The class isn't very big.*
    No todos los estudiantes **están** en clase hoy: Matt y Lisa **están** enfermos. *Not all of the students are in class today: Matt and Lisa are sick.*

- **Tener** is another verb that sometimes can be used to mean *to be*. Its most common use, with which you should already be familiar, is to talk about age.

    —¿Cuántos años **tienes**? —*How old are you?*
    —**Tengo** 19 (años). —*I'm 19 (years old).*

There are also a number of expressions (**los modismos**) in Spanish that use the verb **tener** when English uses the verb *to be*. You will learn more about these in **Enfoque estructural 6.3**.

*Práctica ▶ *Hace cinco años* ◀ La familia de don Fernando

Completa el siguiente párrafo con el tiempo presente de ser, estar, haber o tener, según el contexto.

En la familia de don Fernando _____¹ cuatro hijos. Mercedes _____² la única hija; ella _____³ viuda.[a] Don Fernando _____⁴ más de 80 años y _____⁵ gravemente enfermo. Afortunadamente, todos sus hijos van a _____⁶ con él pronto. ¡La historia de la familia Castillo _____⁷ fascinante! _____⁸ muchos detalles sobre la familia que todavía quedan por saber…[b]

[a]*widow* [b]todavía… *still remain to be found out*

¡MANOS A LA OBRA!

Actividad   ¿Cómo son?

En este capítulo, has repasado vocabulario y estructuras para describir la rutina diaria y otras actividades. En esta sección, vas a inventar detalles sobre la rutina diaria y las actividades de algunas personas, basándote en los dibujos de ellas.

Paso 1. Los siguientes dibujos aparecieron anteriormente en este capítulo del *Manual*. Míralos y piensa en cómo serán (*probably are*) la rutina y las actividades favoritas de cada persona que ves en los dibujos. Luego, completa un bosquejo (*outline*) con información sobre cada persona. ¡Usa tu imaginación!

MODELO:

Nombre: Carlota
Ocupación: estudiante
Rutina: Se levanta a las 6:00 para ir a la universidad. Toma cuatro clases por la mañana y luego regresa a casa. Duerme en el sofá antes de ir a trabajar en una librería.
Actividades favoritas: Le gusta jugar al fútbol y al tenis. Con frecuencia va al cine con sus amigas. También le gusta mucho hablar por teléfono.

Nombre _____ Fecha _____ Clase _____

1.

Nombres: _____

Ocupaciones: _____

Rutinas: _____

Actividades favoritas: _____

2.

Nombre: _____

Ocupación: _____

Rutina: _____

Actividades favoritas: _____

Capítulo uno

3.

Nombres: _____

Ocupaciones: _____

Rutinas: _____

_____

_____

_____

Actividades favoritas: _____

_____

_____

_____

_____

Paso 2. (Optativo) Comparte tus descripciones con las de un compañero / una compañera de clase. ¿En qué se asemejan sus descripciones? ¿En qué difieren? Comenten las descripciones de cada uno/a de Uds. y agréguenles detalles a ellas, si quieren.

CAPÍTULO

Encuentros

EL VÍDEO

 *Actividad A. Dictado: La familia de don Fernando

Escucha la siguiente conversación entre Raquel y Lucía. Vas a oír la conversación dos veces, la segunda vez con pausas. Llena los espacios en blanco con las palabras que oigas.

RAQUEL: Como sabes, don Fernando era el _____¹ _____² de Pedro. Don Fernando era mi cliente, el _____³ de La Gavia.

LUCÍA: Don Fernando tenía _____⁴ hijos, ¿no?

RAQUEL: Sí. Sí, tres _____⁵ y una hija. La hija se llama _____.⁶ Y los hijos se llaman Ramón, _____⁷ y _____.⁸ Ramón es el hijo _____⁹ y _____¹⁰ es el hijo _____¹¹

LUCÍA: ¿Sabes si todos los hijos viven en la _____¹² de la _____?¹³ ¿En La Gavia?

RAQUEL: _____¹⁴ y Mercedes viven en La Gavia. Juan vive en Nueva York, porque él es profesor de _____¹⁵ _____¹⁶ en la Universidad de Nueva York. Y Carlos… pues antes vivía en _____,¹⁷ pero ahora no estoy segura.

Capítulo dos   39

Actividad B. La Gavia

Escucha la siguiente narración sobre la hacienda La Gavia. Luego, indica si las afirmaciones a continuación son ciertas (C) o falsas (F). Puedes escuchar la narración más de una vez, si quieres. (Las respuestas se dan en el CD.)

C F 1. La Gavia era la residencia principal de Pedro Castillo.
C F 2. Es una hacienda de la época colonial.
C F 3. Está situada en la Ciudad de México.
C F 4. Hay un restaurante en la hacienda.
C F 5. Es un lugar histórico.
C F 6. Tiene una capilla (*chapel*) muy bonita.
C F 7. En la hacienda hay un patio muy agradable.
C F 8. En la hacienda hay una librería impresionante (*impressive*).

Actividad C. ▶ *Hace cinco años* ◀ ¿Qué pasa?

Paso 1. Mira las siguientes fotos de algunas escenas de *Nuevos Destinos*. Luego, escucha los fragmentos del Episodio 2 y escribe la letra de la foto correspondiente al lado del número del fragmento que oyes. Puedes escuchar más de una vez, si quieres. (Las respuestas se dan en el CD.)

a. _____ b. _____

40   *Capítulo dos*

Nombre _____ Fecha _____ Clase _____

c. _____

d. _____

e. _____

1. _____ 2. _____ 3. _____ 4. _____ 5. _____

Paso 2. Ahora escribe un resumen para narrar la historia de *Nuevos Destinos* hasta este punto. Puedes describir lo que pasa en las fotos, pero no tienes que limitar tu descripción a ellas. Escribe tu resumen en el tiempo presente.

MODELO: Primero, don Fernando y Rosario se casan en España…

_____
_____
_____
_____
_____
_____

Capítulo dos **41**

Más allá del episodio

Actividad Raquel Rodríguez, abogada mexicoamericana

Paso 1. Ya conoces a Raquel Rodríguez y sabes algo de su investigación original. ¿Pero cuánto más sabes de Raquel? Lee las siguientes afirmaciones sobre ella e indica si estás de acuerdo (Sí), si no estás de acuerdo (No) o si no estás seguro/a (NS).

RAQUEL RODRÍGUEZ...

Sí No NS 1. nació en México, pero ahora vive en Los Ángeles.
Sí No NS 2. tiene parientes en la Ciudad de México.
Sí No NS 3. tiene un hermano menor.
Sí No NS 4. es bilingüe.
Sí No NS 5. es profesora de Derecho (*Law*).
Sí No NS 6. es muy dedicada a su trabajo.
Sí No NS 7. se graduó en la Universidad Nacional Autónoma de México (UNAM).

 Paso 2. Ahora escucha la narración sobre Raquel y verifica las respuestas que indicaste en el Paso 1. No te preocupes si no lo entiendes todo. Lo importante es sacar algunos detalles provechosos. Puedes escuchar la narración más de una vez, si quieres.

PRÁCTICA ORAL Y AUDITIVA

Enfoque léxico: La familia

Actividad A. Mi familia

Escucha las siguientes descripciones de personas de tu familia. Suponiendo (*Supposing*) que tienes una familia «tradicional», adivina (*guess*) quién está hablando y di el nombre del parentesco que corresponde a cada descripción. (Las respuestas se dan en el CD. Cuando oigas la respuesta correcta, repítela en voz alta.)

MODELO: (oyes) Soy la esposa de tu padre. ¿Quién soy?
(ves) Eres mi...
(dices) Eres mi madre.

1. Eres mi...   5. Son mis...
2. Eres mi...   6. Eres mi...
3. Eres mi...   7. Eres mi...
4. Eres mi...   8. Son mis...

Nombre _____ Fecha _____ Clase _____

Actividad B. ¿Quiénes son?

***Paso 1.** ¿Quiénes son los miembros de la familia Castillo? Identifica a cada uno de ellos en el siguiente árbol genealógico, escribiendo su nombre debajo de la foto apropiada.

***Paso 2.** Ahora escucha mientras Maricarmen, una de las nietas de don Fernando, describe a los miembros de su familia. Escribe la letra de la foto que corresponde a cada persona descrita (*described*) en la narración.

1. _____   2. _____   3. _____   4. _____

5. _____   6. _____   7. _____   8. _____

Paso 3. Por último, escoge a uno de los miembros de la familia Castillo y describe a él/ella. Incluye descripciones tanto de su aspecto físico como de su personalidad. (Si no sabes cómo es esa persona, ¡inventa detalles!)

_____
_____
_____
_____
_____

Capítulo dos   43

Enfoque estructural

2.1 ¿SER O ESTAR?

Práctica *¿Ser o estar?*

Haz oraciones completas usando las indicaciones a continuación y la forma apropiada de **ser** o **estar**. (Las respuestas se dan en el CD. Cuando oigas la respuesta correcta, repítela en voz alta.)

MODELO: (oyes) uno (1.)
(ves) nosotros / en clase
(dices) Nosotros estamos en clase.

2. Raquel Rodríguez / abogada
3. tú / estudiante
4. el café / muy caliente
5. el perro / grande
6. la familia de Lucía / de México
7. los estudiantes / en la biblioteca
8. tú y yo / buenos amigos
9. el escritorio / de madera (*wood*)
10. yo / muy bien

2.2 ADJETIVOS Y PRONOMBRES DEMOSTRATIVOS

Práctica ¡Qué niño más mimado! (*What a spoiled child!*)

Un niño mimado va de compras (*goes shopping*) con su abuela. Ella trata de darle gusto (*please him*), pero el niño nunca está satisfecho (*satisfied*). Imagínate que tú eres el niño y contesta las preguntas de tu abuela, según el modelo. (Las respuestas se dan en el CD. Cuando oigas la respuesta correcta, repítela.)

MODELO: (oyes) ¿Quieres este suéter?
(dices) No, quiero ése.

1. zapatos

2. libro

3. camisa

4. dulces (*m.*)

5.  disco compacto

6. galletas

2.3 LOS COMPLEMENTOS DIRECTOS; LA A PERSONAL

Práctica A.   ¿Quién lo hace?

Paso 1. Vas a escuchar algunas preguntas. Contéstalas, usando las indicaciones a continuación y el pronombre de complemento directo apropiado. (Las respuestas se dan en el CD. Cuando oigas la respuesta correcta, repítela en voz alta.)

Palabra útil:

el partido   *game*

MODELO: (oyes) ¿Quién prepara la comida?
(ves) mi mamá
(dices) Mi mamá la prepara.

1. la profesora
2. yo
3. Sergio
4. los agentes
5. Maribel
6. los estudiantes

Paso 2. Ahora escucha algunas preguntas personales. Contéstalas con información verdadera para ti, usando pronombres de complemento directo cuando puedas. Para el CD para escribir tus respuestas.

1. _____
2. _____
3. _____
4. _____

Práctica B.   La historia continúa

Vas a oír algunas afirmaciones sobre la historia de *Nuevos Destinos*. Repite la información en cada una de las afirmaciones, sustituyendo el complemento directo por el pronombre correspondiente, según el modelo. (Las respuestas se dan en el CD. Cuando oigas la respuesta correcta, repítela en voz alta.)

MODELO: (oyes) Ramón escribe la carta de las malas noticias sobre Pedro.
(dices) Ramón la escribe.

Palabra útil:

contratar   *to hire*

1. ...   2. ...   3. ...

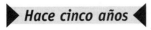 **Hace cinco años**

4. ...   5. ...   6. ...

Capítulo dos   **45**

2.4 LOS COMPARATIVOS Y SUPERLATIVOS

Práctica   Comparaciones

Paso 1. Haz comparaciones entre las dos personas de los siguientes dibujos, usando las indicaciones a continuación. **¡OJO!** Debes usar las terminaciones apropiadas de los adjetivos. (Las respuestas se dan en el CD. Cuando oigas la respuesta correcta, repítela en voz alta.)

> MODELO: (oyes)   uno
> (ves)   gatos / más
> (dices)   Marisol tiene más gatos que Adán.

Marisol

Adán

1. estudioso / más
2. bajo / más
3. atlético / menos
4. dinero / tanto
5. años / menos (**¡OJO!**)

Paso 2. Ahora haz por lo menos tres comparaciones entre tu mejor amigo/a y tú, siguiendo el modelo del Paso 1.

> MODELO: Mi mejor amigo, Dave, es menos estudioso que yo, pero saca mejores notas...

_____
_____
_____
_____

PRÁCTICA ESCRITA

Enfoque léxico: La familia

*Actividad A.   ¿Quién es?

Paso 1. Lee las descripciones a continuación y escribe el nombre del miembro de la familia que les corresponde.

1. el hijo de tu hermano   *sobrino*
2. la hermana de tu padre   *tía*
3. el esposo de la hermana de tu madre   *tío*

Nombre _____ Fecha _____ Clase _____

4. la madre de tu padre __abuela__
5. el hijo de tu hija __nieto__
6. la hija de tus padres __hermana__
7. la esposa de tu padre __madre__
8. el hijo de tu tía __primo__
9. el padre de tu madre __abuelo__
10. la hija de tu hermano __sobrina__
11. el hijo de tus padres __hermano__
12. la hija del hermano de tu madre __prima__

Paso 2. Ahora describe a cada uno de los siguientes miembros de la familia. Sigue las descripciones del Paso 1 como modelo.

1. los suegros: __los padres de mi marido / esposo__
2. la nuera: __la ~~mujer~~ esposa de mi hijo__
3. el yerno: __el esposo de mi hija__
4. el cuñado: __el esposo de mi hermana o el hermano de mi esposo.__

Actividad B. Crucigrama (*Crossword Puzzle*)

*Paso 1. Lee las siguientes definiciones y completa el crucigrama con las palabras definidas.

Capítulo dos   47

HORIZONTALES

1. el conjunto de las relaciones familiares
5. entre el quinto y el séptimo
7. antes del noveno
9. parecido (*similar*) en deseo, experiencia y ánimo (*spirit*)
10. ya no vive
12. una pareja, antes casada, que legalmente rompió (*cut off*) relaciones
13. antes del sexto

VERTICALES

2. el nombre de familia
3. la condición de soltería, matrimonio, viudez, etcétera, de una persona
4. un adulto que no se ha casado
6. una mujer cuyo (*whose*) esposo ya murió
8. la descripción de una mujer que tiene marido
11. una parte de algo dividido en cuatro partes

Paso 2. Ahora describe a tu familia, usando palabras del crucigrama. Debes escribir por lo menos tres oraciones.

_____

_____

_____

_____

_____

Enfoque léxico

¿CUÁL SE USA?

*Práctica A.   ¿Qué verbo debo usar? (I)

Completa las siguientes oraciones con la forma correcta de **saber** o **conocer**.

1. Yo _____ a muchos estudiantes en esta clase.

2. ¿_____ tú algún país latinoamericano?

3. ¿Quién _____ cuál es la capital de Colombia?

4. —Yo no _____ a qué hora es el concierto esta noche, pero quiero ir.

   —Creo que es a las 8:00. No pienso ir porque me dicen que ese conjunto no

   _____ tocar bien.

5. —¿_____ tú la casa de la profesora?

   —No, pero _____ que ella vive cerca de aquí.

6. Nosotros no _____ qué va a pasar con la investigación de Lucía.

***Práctica B. ¿Qué verbo debo usar? (II)**

Completa las siguientes oraciones con la forma correcta de **buscar, mirar** o **parecer.**

1. ¿Me puedes ayudar a _____ mis llaves?
2. Me gusta _____ a la gente en los aeropuertos.
3. _____ que va a ser un día muy bonito.
4. ¿Dónde _____ información para escribir los informes para tus cursos?
5. ¿Qué te _____ la historia de *Nuevos Destinos*?
6. Yo casi nunca _____ la televisión.

Enfoque estructural

2.1 ¿SER O ESTAR?

*Práctica A. En el extranjero (*Abroad*)

Paso 1. Imagínate que estás en un país latinoamericano para estudiar en una universidad allí. Tienes que presentarte a un grupo de adultos y jóvenes. Completa tu presentación, llenando los espacios en blanco con la forma apropiada de **ser** o **estar.** ¡OJO! En algunos casos debes usar el tiempo presente. En otros, vas a usar el infinitivo de **ser** o **estar.**

¡Hola! Me llamo <u>es Mari</u> (nombre) y <u>soy</u>[1] de los Estados Unidos. <u>Estoy</u>[2] aquí porque <u>soy</u>[3] estudiante de intercambio.[a] <u>Estoy</u>[4] muy contento/a de <u>estar</u>[5] en este país. Vivo con la familia Martínez. Ellos <u>son</u>[6] muy simpáticos conmigo y yo <u>estoy</u>[7] agradecido/a[b] por su bondad.[c] Ésta <u>es</u>[8] la primera vez que vivo en otro país y <u>estoy</u>[9] un poco nervioso/a porque el próximo lunes empiezan las clases. Sé que la experiencia va a <u>ser</u>[10] buena porque Uds. <u>son</u>[11] muy pacientes con los estudiantes extranjeros.

[a]estudiante... *foreign exchange student* [b]*thankful* [c]*kindness*

Paso 2. Ahora indica cada uno de los usos de **ser** y **estar** en el Paso 1, usando las siguientes categorías.

ser: origen, profesión, características físicas, rasgos (*traits*) de personalidad, definición/identificación

estar: sitio, salud, condición mental

1. _____
2. _____
3. _____

4. _____
5. _____
6. _____
7. _____
8. _____
9. _____
10. _____
11. _____

Práctica B.   Oraciones originales

Escribe oraciones originales sobre cuatro de las siguientes personas o cosas, usando en cada oración los verbos **ser** y **estar** en sus formas apropiadas.

MODELO: La profesora de español **es** simpática y joven. Hoy **está** contenta porque todos los estudiantes entienden la lección.

PERSONAS   COSAS

mis padres/hijos   mi coche/bicicleta
mi amigo/a   el examen de español
mi compañero/a de cuarto   mi ropa (*clothing*)
el presidente de los Estados Unidos   mi perro/gato

1. _____
_____
2. _____
_____
3. _____
_____
4. _____
_____
5. _____
_____
6. _____
_____

2.2 ADJETIVOS Y PRONOMBRES DEMOSTRATIVOS

Práctica A.   La reunión familiar

*****Paso 1.** Jorge de la Rocha le está mostrando (*is showing*) a Alicia una foto de la última reunión familiar de la familia de la Rocha. Primero, mira «la foto» a continuación. Luego, completa las preguntas de Alicia con el adjetivo o pronombre demostrativo apropiado.

ALICIA: ¿Quién es _____¹ hombre que prepara la comida?

JORGE: _____² es mi tío Alfonso.

ALICIA: ¿Y quiénes son _____³ niños aquí?

JORGE: _____⁴ son mis sobrinos, Carolina y Paquito.

ALICIA: ¿Y quién es _____⁵ mujer muy lejos del resto del grupo?

JORGE: Ella es mi prima Juana. Es un poco solitaria.

ALICIA: ¡Ah! ¡Qué perro más gracioso[a]! ¿De quién es?

JORGE: _____⁶ es de Alfonso y su esposa Liliana. ¡Qué perro más alegre!

ALICIA: ¿Y _____⁷ persona allí al lado de la casa? Eres tú, ¿verdad?

JORGE: Sí, _____⁸ hombre soy yo. Me sentí un poco mareado[b] _____⁹ día. ¡Mi tío Alfonso tiene fama de ser mal cocinero[c]!

[a]*amusing*   [b]*Me… I felt a little nauseous*   [c]*cook*

Paso 2. Ahora, ¿qué más puedes decir de la foto? Inventa por lo menos tres oraciones sobre las otras personas o cosas que ves en la foto. No te olvides de indicar la relación espacial de esas personas o cosas con respecto a su posición en la foto.

MODELO: Aquel perro en el fondo (*background*) se llama Max. Es el perro de…

_____
_____
_____
_____

*Práctica B. Dime más sobre ellos

Jorge le está mostrando a Alicia otras fotos de su familia y él hace unas comparaciones sobre lo que ve en las fotos. Completa las observaciones de Jorge con la forma correcta del pronombre demostrativo: **ése, ésa, ésos** o **ésas**.

1. Estas primas viven cerca de mi casa, pero _____ viven lejos.
2. Este perro negro es muy cariñoso, pero _____ prefiere estar solo.
3. Estos sobrinos son los hijos de mi hermana, pero _____ son de mi hermano.
4. Me cae bien (*I like*) esta tía, pero _____ es antipática.
5. Estos abuelos son los padres de mi papá y _____ son los padres de mi mamá.
6. Esta muchacha es mi prima y _____ son mis hermanas.

2.3 LOS COMPLEMENTOS DIRECTOS; LA **A** PERSONAL

*Práctica A. Raquel y Lucía se conocen

Paso 1. Completa el siguiente párrafo sobre el primer encuentro entre Raquel y Lucía con los pronombres de complemento directo apropiados o con la **a** personal.

Raquel recibe la carta de Ramón y cuando _____[1] lee está muy triste al saber[a] que Pedro Castillo había muerto.[b] Raquel _____[2] estimaba[c] mucho, y llegó a[d] conocer _____[3] muy bien hace cinco años. Fue entonces[e] cuando Pedro buscó _____[4] Raquel porque quería contratar _____[5] para hacer una investigación para su hermano, don Fernando Castillo.

En la carta, Ramón le dice que Lucía Hinojosa es la abogada que se encarga[f] del testamento de Pedro. Raquel decide llamar _____[6] Lucía porque _____[7] necesita conocer. Después de la llamada de Raquel, Lucía decide ir a Los Ángeles para hablar con ella. Necesita reservaciones para un vuelo a Los Ángeles inmediatamente, y su secretaria, Marina, _____[8] hace.

[a]al... *upon finding out* [b]había... *had died* [c]*admired* [d]llegó... *got to* [e]Fue... *It was then* [f]se... *is handling*

Paso 2. La historia continúa en la oficina de Raquel. Lee el siguiente párrafo e identifica las repeticiones que encuentres en él. Vuelve a escribir el párrafo, usando los pronombres de complemento directo apropiados para eliminar las repeticiones.

Nombre _____ Fecha _____ Clase _____

Lucía llega a la oficina de Raquel y se sienta para escuchar la historia de la familia Castillo. Raquel cuenta la historia con muchos detalles porque Lucía necesita saber la historia antes de empezar el trabajo de la familia Castillo. Las abogadas también hablan de Pedro. Las dos conocían a Pedro profesionalmente y respetaban mucho a Pedro. Raquel tiene un libro de La Gavia y saca[a] el libro para Lucía. Luego, Raquel menciona un artículo sobre don Fernando. Lucía lee el artículo mientras Raquel hace unas llamadas telefónicas.

[a]*she takes out*

_____

_____

_____

_____

_____

_____

_____

*Práctica B.   ¿Qué se hace en una clase de español?

Completa las siguientes oraciones sobre lo que se hace en una clase de español típica. Incluye en tus oraciones el pronombre de complemento directo apropiado y un verbo lógico de la siguiente lista.

   MODELO: La profesora lleva periódicos a clase y los estudiantes **los leen.**

completar, contestar, escribir, escuchar, leer, mirar, repetir

1. La profesora hace muchas preguntas y los estudiantes _____ _____.
2. La profesora asigna la tarea y los estudiantes _____ _____ en casa.
3. La profesora toca música en clase y los estudiantes _____ _____.
4. La profesora pronuncia el vocabulario y los estudiantes _____ _____.
5. La profesora pasa (*shows*) un vídeo y los estudiantes _____ _____.
6. La profesora dicta (*dictates*) oraciones y los estudiantes _____ _____.

2.4 LOS COMPARATIVOS Y SUPERLATIVOS

Práctica   Amelia ayer y hoy

Paso 1. Hace treinta años, cuando Amelia era joven, escribió las siguientes observaciones de su rutina diaria, su familia, su casa y su ciudad. Lee las observaciones y compáralas con tu experiencia personal o tu situación actual (*current*). Usa palabras y construcciones de la siguiente lista.

   MODELO: Tengo dos hermanos. →
             Tengo tantos hermanos como ella. (Tengo más [menos] hermanos que ella.)

más/menos… que, mayor, menor, (no) tan… como, (no) tanto/a/os/as… como

1. Tengo 15 años.

_____

Capítulo dos   **53**

2. Hay seis personas que viven en mi casa.

3. Tengo dos abuelas.

4. Mi abuelo (madre, padre,...) tiene 80 años.

5. Tengo ocho primos.

6. Me despierto temprano—a las 5:00 de la mañana.

7. Trabajo cinco horas a la semana.

8. La ciudad donde vivo tiene unos 100.000 habitantes.

9. En la ciudad donde vivo hay, aproximadamente, 12.000 hispanohablantes.

10. Mi casa tiene doce cuartos.

Paso 2. Ahora Amelia compara las familias de hoy en día con las de hace treinta años. ¿Estás de acuerdo con ella? Escribe tu reacción a cada opinión a continuación.

MODELO: Las relaciones matrimoniales hoy en día no son tan estables como antes. →
Es cierto. Las relaciones matrimoniales hoy en día no son tan estables como antes.
(No es cierto. Creo que hoy en día...)

1. Los hijos de hoy en día respetan a sus padres menos que antes.

2. Los abuelos de hoy en día desempeñan un papel (*play a role*) dentro de la familia tan importante como antes.

3. Hoy en día las tradiciones y costumbres familiares son más importantes que antes.

4. Hoy en día las relaciones entre padres e hijos son tan respetuosas como antes.

5. Los padres de hoy en día tienen una parte más activa en la vida de sus hijos que antes.

Nombre _____ Fecha _____ Clase _____

Ampliación estructural: Hablando de las percepciones usando **estar**

You have learned to distinguish many uses of **ser** and **estar** in Spanish in this chapter. You may often think of **ser** for that which is *permanent* and **estar** for that which is *temporary*. While this distinction is helpful in some cases, it does not totally clarify the differences between the two verbs. Sometimes the choice of verb depends on the speaker's reaction or perception of the noun being modified. The use of **ser** and **estar** in similar sentences will point out this difference.

PERCEPTION THROUGH TASTE:

Las naranjas **son** buenas.	Oranges are good. (Most people agree that oranges are tasty and good for you.)
Las naranjas **están** buenas.	The oranges are tasty. (said by the person eating particularly good oranges)

PERCEPTION THROUGH SIGHT:

El muchacho **es** muy guapo.	The boy is handsome. (Most people agree that he is good-looking.)
El muchacho **está** muy guapo.	The boy looks really sharp today. (Today he looks especially nice.)

PERCEPTION THROUGH HEARING:

La música en los conciertos de rock **es** fuerte.	Music at rock concerts is loud. (normal perception)
Esa música **está** muy fuerte.	That music is too loud. (It's too loud for the setting—at least for my taste.)

PERCEPTION THROUGH TASTE:

El gazpacho **es** una sopa fría.	Gazpacho is a cold soup. (That's how it's supposed to be.)
La sopa **está** fría.	The soup's cold. (It's not supposed to be—take it back and heat it!)

PERCEPTION THROUGH TOUCH:

La piel de los bebés **es** suave.	A baby's skin is soft. (That's part of being a baby.)
¡Qué suave **está** tu piel!	Your skin is so soft! (It's even softer than I expected.)

*Práctica   ¿Así es o así está ahora?

Completa las siguientes oraciones con el presente de indicativo de **ser** o **estar**, según el contexto.

1. No sé qué tengo en los ojos. _____ muy rojos.
2. ¿De qué color _____ tus ojos?
3. Raquel y Lucía _____ mujeres atractivas.
4. Esta primavera, las flores _____ particularmente hermosas.
5. La comida de ese restaurante _____ buena.
6. ¡Qué delicioso _____ este pastel, Sra. Ortiz!
7. ¡No toques la estufa! _____ muy caliente.

8. He subido de peso (*I've gained weight*). ¡_____ muy gorda!

9. Voy a cambiar de lugar. Este sillón (*armchair*) _____ bastante duro para mi gusto.

10. La carne argentina _____ de excelente calidad.

¡MANOS A LA OBRA!

Actividad ¿Cómo son los miembros de la familia Castillo?

En este capítulo has repasado vocabulario y estructuras útiles para describir a la familia. En esta sección, vas a describir a algunos miembros de la familia Castillo.

Paso 1. Escoge a tres miembros del árbol genealógico de los Castillo y escribe por lo menos tres oraciones que describan a cada uno. Incluye información sobre su estado civil, su edad, su personalidad y sus características físicas. (Claro, no tienes a tu alcance [*disposal*] toda esa información. ¡Ahora te toca ser muy creativo/a!) Trata de hacer comparaciones con otros miembros de la familia.

MODELO: Maricarmen →
Esta niña se llama Maricarmen. Sé que es más joven que sus primos Juanita y Carlitos: es la tercera de los nietos de don Fernando. Tiene el pelo un poco largo y castaño (*brown*).

1. _____

_____

Nombre _____ Fecha _____ Clase _____

2. _____

3. _____

Paso 2. (Optativo) Con un compañero / una compañera, léanse sus descripciones de los miembros de la familia Castillo. ¿Pueden Uds. adivinar a quién se describe en cada una? Comenten las descripciones e indiquen cómo se podrían mejorar (*they could be improved*).

LECTURA 1

Antes de leer

Francisco X. Alarcón nació en México en 1954. Actualmente es profesor de la Universidad de California en Davis. En su poema «Una pequeña gran victoria», Alarcón presenta una experiencia que ocurrió en su propia familia.

Actividad

*__Paso 1.__ Las palabras y expresiones indicadas de la columna A aparecen en el poema. Lee las oraciones de la columna A y emparéjalas con las definiciones de la columna B.

A

1. _____ Servimos los alimentos en **trastes** de porcelana.
2. _____ Amar es mejor que **odiar.**
3. _____ Me gusta **estar al tanto** de las noticias todos los días.
4. _____ Durante la tormenta (*storm*) escuchamos un **trueno** y vimos relámpagos.
5. _____ Algún día un gran terremoto (*earthquake*) va a **sacudir** la ciudad de San Francisco.
6. _____ Nos sorprendió el **repentino** huracán que destruyó la ciudad.
7. _____ Estoy en **un aprieto:** tengo un examen hoy y no estoy preparado.
8. _____ Ella se pone **un mandil** para protegerse el vestido cuando cocina.

B

a. rápido e inesperado
b. detestar
c. conflicto, dificultad
d. artículo de ropa que se usa en la cocina
e. saber lo que está pasando, estar alerta
f. platos, recipientes para servir alimentos
g. mover violentamente
h. gran ruido producido en las nubes por una descarga eléctrica

Capítulo dos

Paso 2. Por lo general, ¿quién hace las siguientes tareas domésticas en tu casa o apartamento?

1. lavar los platos
2. trabajar en el jardín (*to garden, do yardwork*)
3. comprar la comida
4. preparar la cena
5. cuidar a los hijos / las mascotas (*pets*)
6. pagar las cuentas (*bills*)
7. lavar el coche

Paso 3. (Optativo) Compara tus respuestas con las de otro/a estudiante. ¿Crees que tienes una familia tradicional? ¿Qué opinas de la familia de tu compañero/a?

Una pequeña gran victoria

esa noche de verano
mi hermana dijo
    no
ya nunca más
se iba a poner ella
a lavar[a] los trastes

mi madre sólo
se le quedó viendo[b]
quizás deseando
haberle dicho
lo mismo
a su propia madre

ella también había odiado
sus tareas de «mujer»
de cocinar limpiar
siempre estar al tanto
de sus seis hermanos
y su padre

un pequeño trueno
sacudió la cocina
cuando silenciosos
nosotros recorrimos
con los ojos[c] la mesa
de cinco hermanos

el repentino aprieto
se deshizo[d] cuando
mi padre se puso
un mandil y abrió
la llave[e] del agua
caliente en el fregadero[f]

yo casi podía oír
la dulce música
de la victoria
    resonando[g]
en los oídos[h] de mi hermana
en la sonrisa[i] de mi madre

[a]*ya... she would never again wash* [b]*se... stood there watching her* [c]*recorrimos... we focused our gazes upon* [d]*se... became unraveled* [e]*faucet* [f]*sink* [g]*reverberating* [h]*ears* [i]*smile*

Nombre _____ Fecha _____ Clase _____

Después de leer

*Actividad A. Comprensión

Pon los acontecimientos del poema el en orden cronológico apropiado.

_____ La hermana dice que no quiere lavar los platos.

_____ El padre comienza a lavar los platos.

_____ La familia observa nerviosamente el conflicto.

_____ La madre y la hermana están muy contentas.

_____ La madre de la familia compara esta situación con la experiencia de su propia madre.

_____ La madre está sorprendida.

_____ El padre se pone el mandil.

Actividad B. Opinión

Paso 1. Clasifica los siguientes adjetivos según el estereotipo de la familia «tradicional». ¿Qué adjetivos asocias por lo general con una madre? ¿con un padre? ¿con los hijos?

débil	fuerte	ordenado/a
delicado/a	incapaz (*incapable*)	robusto/a
egoísta	manipulador(a)	silencioso/a
explorador(a)	obediente	trabajador(a)

LA MADRE	EL PADRE	LOS HIJOS

Paso 2. Piensa en los personajes del poema. En tu opinión, ¿representan una familia tradicional? ¿Por qué sí o por qué no?

Paso 3. Indica tus opiniones de las siguientes afirmaciones.

Sí No No sé 1. Creo que los hijos siempre deben ayudar a los padres en las tareas domésticas.
Sí No No sé 2. Hoy día, los hijos no respetan a sus padres.
Sí No No sé 3. Hoy día, hay muchas oportunidades económicas y educativas para la mujer.
Sí No No sé 4. Hay muchas diferencias entre mi familia y la familia de mis abuelos.
Sí No No sé 5. Ahora los padres son más permisivos con sus hijos que antes.
Sí No No sé 6. Los hijos de hoy tienen muchos problemas psicológicos que resolver.
Sí No No sé 7. La calidad de la vida familiar es mejor hoy día que la de 1950.
Sí No No sé 8. La familia típica de hoy está muy unida.

Paso 4. (Optativo) Compara tus respuestas del Paso 3 con las de un compañero / una compañera. ¿En qué se asemejan sus opiniones? ¿En qué difieren? Justifiquen sus respuestas.

Actividad C. Expansión

Piensa en los programas de televisión que miras con más frecuencia. ¿Cómo se presenta el prototipo de la mujer? ¿del hombre? Escribe un párrafo corto en el que describes cómo es el hombre prototípico / la mujer prototípica de la televisión. No te olvides de incluir ejemplos en tu párrafo. ¿Crees que es una representación auténtica de lo que pasa en la vida real? Explica.

CAPÍTULO

3 El viaje comienza

EL VÍDEO

*Actividad A. ▶ *Hace cinco años* ◀ En España

Paso 1. En este episodio Raquel visita dos ciudades de España: Sevilla y Madrid. ¿Recuerdas quiénes son los personajes que viven en cada ciudad? Escribe los nombres de los personajes de la siguiente lista en la columna apropiada. **¡OJO!** Debes escribir uno de los nombres bajo ambas (*both*) ciudades.

Alfredo Sánchez (reportero), Elena Ramírez de Ruiz, Federico Ruiz Suárez, Jaime Ruiz Ramírez, Miguel Ruiz Ramírez (hijo), Miguel Ruiz Suárez (padre), Roberto García (taxista), Teresa Suárez

SEVILLA   MADRID

_____   _____

_____   _____

_____   _____

_____   _____

_____   _____

Paso 2. Ahora mira las siguientes fotos de este episodio y escribe la ciudad apropiada bajo cada una de ellas. Luego, escucha los fragmentos y escribe la letra de la foto que le corresponde al número del fragmento que oigas. Los fragmentos están en el orden cronológico apropiado.

a. _____   b. _____

c. _____   d. _____

e. _____   f. _____

1. ____ 2. ____ 3. ____ 4. ____ 5. ____ 6. ____

 Actividad B. ▶ *Hace cinco años* ◀ ¿Quiénes hablan?

En este episodio, Raquel habla con varias personas. Escucha los siguientes fragmentos del Episodio 3 e identifica quién habla con Raquel en cada uno. Las fotos y los nombres pueden ayudarte a identificar a los personajes. (Las respuestas se dan en el CD.)

Alfredo Sánchez, reportero   Roberto García, taxista   Miguel Ruiz Suárez, hijo de Teresa

Miguel Ruiz Ramírez, hijo de Miguel y Elena

Federico Ruiz Suárez, hijo de Teresa

Elena Ramírez Ruiz, nuera de Teresa

1. _____
2. _____
3. _____

4. _____
5. _____
6. _____

Actividad C. ▶ *Hace cinco años* ◀ **Asociaciones**

*__Paso 1.__ En las Actividades A y B, emparejaste fragmentos de conversaciones con los lugares y personajes que les corresponden. Ahora, ¿puedes emparejar algunas de las acciones con los personajes que las hicieron? Lee las siguientes oraciones y escribe la letra correspondiente en el espacio en blanco.

1. _____ Hablaron al lado del río.
2. _____ Pensaba que Raquel era maestra.
3. _____ Insistió en hablar con Raquel en persona.
4. _____ Se sorprendió al encontrar a sus hijos en el mercado.
5. _____ Perdió su cartera.
6. _____ Habló con su madre por teléfono.
7. _____ Conoció a Raquel en un hotel de Madrid.
8. _____ Llevó a Raquel al Barrio de Triana.
9. _____ Fueron al mercado a buscar a su madre.

a. Raquel
b. Roberto, el taxista
c. Alfredo, el reportero
d. Miguel padre
e. Elena
f. Federico
g. Teresa
h. Raquel y Elena
i. Miguel hijo y Jaime

*__Paso 2.__ Ahora, pon las oraciones del Paso 1 en el orden cronológico apropiado.

____ ____ ____ ____ ____ ____ ____ ____ ____

Paso 3. Usando la información de los Pasos 1 y 2, haz un resumen de lo que pasó en el Episodio 3. Puedes añadir (*add*) otros detalles, si quieres.

_____
_____
_____
_____

Capítulo tres 63

_____
_____
_____
_____
_____
_____
_____
_____

Más allá del episodio

Actividad   Lucía Hinojosa

Paso 1. Ya sabes quién es Lucía Hinojosa, pero todavía no sabes mucho sobre ella. Lee las siguientes afirmaciones sobre Lucía e indica si estás de acuerdo con ellas (Sí), si no estás de acuerdo con ellas (No) o si no estás seguro/a de ellas (NS).

LUCÍA HINOJOSA...

Sí   No   NS   1. nació en México.
Sí   No   NS   2. se mudó (*moved*) a los Estados Unidos cuando era joven.
Sí   No   NS   3. tiene un hermano mayor.
Sí   No   NS   4. viene de una familia humilde (*poor*).
Sí   No   NS   5. es hija de padres divorciados.
Sí   No   NS   6. está comprometida (*engaged*) con un hombre maravilloso.

Paso 2. Ahora escucha la siguiente selección sobre Lucía Hinojosa y verifica las respuestas que indicaste en el Paso 1.

PRÁCTICA ORAL Y AUDITIVA

Enfoque léxico: El trabajo

Actividad A.   ¿Qué hacen?

Paso 1. Escucha las siguientes descripciones y, para cada una, escribe la palabra descrita, usando la lista de profesiones. Vas a escuchar cada descripción dos veces. (Las respuestas se dan en el CD.)

Nombre _____ Fecha _____ Clase _____

Palabras útiles:

las cuentas	*books, records (of a business)*
diseña	*designs*
de correos	*postal*
arregla	*fixes, arranges*
los incendios	*fires*
el rescate	*rescue*

la arquitecta, el bombero, el cajero, la cartera, la cocinera, el contador, la maestra, la mujer policía, el peluquero, el traductor

1. _____
2. _____
3. _____
4. _____
5. _____
6. _____
7. _____
8. _____
9. _____
10. _____

Paso 2. Ahora escribe con tus propias palabras definiciones o descripciones de las siguientes profesiones.

1. el enfermero _____
   _____

2. la abogada _____
   _____

3. el periodista _____
   _____

Actividad B. ¿Qué profesiones ejercen?

¿Qué profesiones ejercen algunos de los personajes de *Nuevos Destinos*? Escucha cada descripción y escribe el número de la descripción que oigas al lado del nombre del personaje descrito. **¡OJO!** Hay más personajes en la lista que descripciones. (Las respuestas se dan en el CD.)

_____ Pati   _____ don Fernando

_____ Juan   _____ Carlos

_____ Alfredo   _____ Raquel

_____ Lucía   _____ Ramón

Capítulo tres

Actividad C. Preguntas personales

Escucha y contesta algunas preguntas sobre tus estudios y tu universidad. Vas a escuchar las preguntas dos veces. Para el CD para contestarlas.

1. _____

2. _____

3. _____

4. _____

5. _____

Enfoque estructural

3.1 HABLANDO DEL PASADO USANDO EL PRETÉRITO

Práctica ▶ *Hace cinco años* ◀ **Raquel viaja a Sevilla**

Paso 1. Escucha los siguientes verbos en el presente y luego da el pretérito del verbo en la misma persona. (Las respuestas se dan en el CD. Cuando oigas la respuesta correcta, repítela en voz alta.)

MODELO: (oyes) comes
(dices) comiste

1. ... 2. ... 3. ... 4. ... 5. ... 6. ... 7. ... 8. ... 9. ... 10. ...

Paso 2. Vas a escuchar algunas oraciones en el tiempo presente sobre el viaje de Raquel a Sevilla. Cambia las oraciones al pasado, usando el pretérito.

MODELO: (ves) Raquel... a Sevilla.
(oyes) Raquel viaja a Sevilla.
(dices) Raquel viajó a Sevilla.

1. Raquel... un taxi para ir al Barrio de Triana.
2. Raquel... a la Sra. Suárez.
3. Pero no la... .
4. Sin embargo (*Nevertheless*),... a su hijo Miguel y a su nuera Elena.
5. Después, Raquel... a Madrid.
6. Raquel... sus apuntes en el tren.
7. Raquel... con un reportero en el tren.

3.2 HACE CON EXPRESIONES DE TIEMPO

Práctica ¿Cuánto tiempo hace que... ?

Paso 1. Escucha las preguntas y contesta cada una basándote en las fotos y los tiempos indicados. (Las respuestas se dan en el CD. Cuando oigas la respuesta correcta, repítela en voz alta.)

1.

1936

1991

2.

lunes

martes

3.

1991

1996

4.

9:30　　　　　　　　　　　　　　　　11:30

Paso 2. Ahora contesta las siguientes preguntas personales con oraciones completas. Vas a escuchar las preguntas dos veces. Para el CD para contestarlas.

1. _____
2. _____
3. _____
4. _____

3.3 USOS DE **POR** Y **PARA**

Práctica   ¿Para dónde va Francisco? ¿Por qué?

Paso 1. Mira los siguientes dibujos y escucha las afirmaciones sobre las actividades de Francisco Tejeiro, el colega de Raquel. La información en las afirmaciones es falsa. Corrige cada afirmación según el dibujo correspondiente. Usa **por** o **para** en tus oraciones. (Las respuestas se dan en el CD. Cuando oigas la respuesta correcta, repítela en voz alta.)

MODELO:

(oyes)   Francisco camina por el parque.
(dices) No, Francisco camina por la oficina.

1.

2.

3.

4.

*Paso 2.** Ahora escucha las afirmaciones que se dan en el CD. Después de oír cada una de ellas, indica el uso de **por** o **para** que oigas. Para el CD para escribir tus respuestas.

POR
- causa, motivo
- movimiento
- medio de transporte
- período de tiempo
- intercambio (*exchange*)
- unidad de medida (*measurement*)

PARA
- destino (lugar, tiempo)
- propósito (*purpose*)
- destinatario, recipiente de una acción

1. _____
2. _____
3. _____
4. _____
5. _____
6. _____

PRÁCTICA ESCRITA

Enfoque léxico: El trabajo

Actividad A. Definiciones

*Paso 1.** Escribe el nombre de la profesión o el oficio correspondiente a cada definición a continuación. Escribe tus respuestas en la forma singular masculina. ¡OJO! A veces hay más de una respuesta posible.

1. Es alguien que investiga y presenta las noticias por algún medio de comunicación.
   _____

2. Es especialista en tratar enfermedades mentales. _____

3. Es una persona que cobra (*charges*) dinero por transportar a pasajeros en coche.
   _____

4. Es un médico para animales. _____

5. Es alguien que hace trabajos físicos. Puede trabajar en una fábrica, en trabajos de construcción, etcétera. _____

6. El trabajo de esta persona consiste en hacer cosas de madera (*wood*).
_____

7. Es alguien que repara coches y otros vehículos. _____

Paso 2. Ahora escribe con tus propias palabras definiciones o descripciones de las siguientes profesiones.

1. el maestro _____
2. la música _____
3. el dentista _____
4. la pilota _____

Actividad B. ¿Qué hacen?

Paso 1. Completa la siguiente tabla con información sobre las profesiones indicadas. Si no sabes la información, puedes hacerles preguntas a otros, buscarla en la biblioteca o por el Internet ¡o incluso puedes inventarla!

PROFESIÓN	ACTIVIDAD	LUGAR DE TRABAJO	HORARIO DE TRABAJO	EDUCACIÓN NECESARIA	SUELDO (*SALARY*) ANUAL
policía					
dentista					
enfermero					
maestro					
cartero					
cocinero					
peluquero					
veterinario					
plomero					
secretario					

Paso 2. Ahora imagínate que eres consejero/a en la escuela secundaria y un(a) estudiante quiere saber qué debe estudiar y/o hacer para seguir una de las carreras de la tabla. Escoge una de esas carreras y escribe cuatro o cinco oraciones para explicarle el entrenamiento (*training*), el sueldo posible y otros detalles de ese trabajo.

_____
_____
_____
_____
_____
_____
_____
_____

Actividad C.   El mundo del trabajo

Paso 1. Mira el siguiente dibujo y luego contesta las preguntas a continuación.

— ... Sí, claro; de setecientas mil al mes tenemos algo... ¡Pero no creo que el presidente director general quiera dejarle el puesto!

1. ¿Quién es el gerente y quién el solicitante (*applicant*) en el dibujo?

_____

2. En tu opinión, ¿qué tipo de trabajo desea el solicitante?

3. Según el dibujo, ¿hay muchos puestos en la empresa como el puesto deseado por el solicitante? ¿Cómo lo sabes?

4. ¿Crees que el solicitante va a conseguir el sueldo que desea? ¿Por qué sí o por qué no?

Paso 2. ¿Qué tipo de profesionales en general tienen sueldos demasiado altos? ¿demasiado bajos? Explica tus respuestas en un breve párrafo.

Enfoque léxico

¿CUÁL SE USA?

***Práctica A.   Lucía, una mujer muy determinada**

Completa el siguiente párrafo con la forma apropiada de **asistir, atender, llegar a ser, hacerse, ponerse** o **volverse**, según el contexto. **¡OJO!** Hay dos verbos posibles para una de las respuestas.

Lucía es una mujer muy dedicada a su profesión. Cuando murió su padre, la situación económica _____[1] más difícil para toda la familia. Sin embargo, ella estudió mucho y logró _____[2] abogada. El profesorado[a] de la universidad a que _____[3] le dio muy buenas recomendaciones y ahora ella trabaja en la misma firma que Raquel. Tiene muy buena reputación porque _____[4] bien a sus clientes. Lucía es muy determinada; hace ya muchos años se hizo a sí misma la promesa de realizar sus sueños de _____[5] rica y famosa algún día.

[a]*faculty*

Práctica B.   En mi opinión…

Contesta las siguientes preguntas según tu opinión.

1. ¿Qué se necesita para llegar a ser campeón en algún deporte?

2. ¿En qué situaciones te pones nervioso/a?

3. ¿En qué restaurante atienden mejor a los clientes?
   _____

4. ¿Cuál es la manera más fácil de hacerse rico?
   _____

5. ¿Por qué algunas personas se hacen terroristas?
   _____

Enfoque estructural

3.1 HABLANDO DEL PASADO USANDO EL PRETÉRITO

Práctica   El Episodio 3

Paso 1. Completa el siguiente párrafo con el pretérito de los verbos entre paréntesis.

Después de hablar por teléfono, Raquel _____¹ (sentarse) a la mesa con Lucía y _____² (empezar) a contarle la historia de lo que _____³ (pasar) en Sevilla hace cinco años.

«_____⁴ (Ir) directamente a la dirección de la carta y allí _____⁵ (buscar) a la Sra. Suárez, pero no la _____⁶ (encontrar). Por suerte, les _____⁷ (preguntar) a dos muchachos si la conocían. Me _____⁸ (informar) que la Sra. Suárez era su abuela y que vivía en Madrid. Entonces yo _____⁹ (conocer) a su madre, Elena, la nuera de Teresa Suárez. Elena y yo _____¹⁰ (sentarse) al lado del río y yo le _____¹¹ (contar) la historia de la carta. Después, su esposo Miguel _____¹² (hablar) con su madre por teléfono y me _____¹³ (dar) su dirección en Madrid.»

Paso 2. Recuerdos de un viaje. Escribe por lo menos cinco oraciones en primera persona (*yo*) sobre algún viaje que has hecho (*that you have taken*) usando los verbos que se apliquen.

Verbos: conocer, hacer, invitar, jugar, llegar, manejar, presentar, tomar, ¿otro?

MODELO: Hice un viaje a Florida con mi familia para visitar a mis abuelos.

1. _____
2. _____
3. _____
4. _____
5. _____

3.2 HACE CON EXPRESIONES DE TIEMPO

*Práctica   En el Parque de los Encantos

Escribe cinco oraciones basadas en el siguiente dibujo. Usa hacer con expresiones de tiempo en tus oraciones.

Un día en el Parque de los Encantos, 2002

MODELO: Hace veintiún años que abrieron este parque.

Palabras útiles: el autobús, casarse (con) (*to get married [to]*), conocerse (*to meet each other*), esperar (*to wait for*), los novios (*boyfriend and girlfriend, couple*)

1. _____
2. _____
3. _____
4. _____
5. _____

3.3 USOS DE POR Y PARA

*Práctica   La O.N.C.E.

Completa el siguiente párrafo con **por** o **para**, según el contexto.

O.N.C.E. significa Organización Nacional de Ciegos Españoles. Es una organización _____[1] ayudar a personas que no pueden ver. _____[2] recaudar[a] dinero, esta organización tiene una lotería. Es una lotería diaria y cada cupón[b] es muy barato. _____[3] eso, es una de las loterías más populares de España. _____[4]

[a]*collect*   [b]*lottery ticket*

supuesto, es necesario ser incapacitado/a visualmente _____⁵ ser vendedor(a) de esta lotería. _____⁶ muchos ciegos españoles, la lotería significa independencia económica, pues ganan dinero _____⁷ mantener a sus familias.

Los vendedores de cupones de la O.N.C.E. trabajan normalmente _____⁸ la mañana, hasta las 3:00 de la tarde. _____⁹ las 7:00 u 8:00 de la tarde ya no hay cupones. Y a las 9:00 de la noche se celebra el sorteo[c] diario.

[c]*drawing*

Ampliación estructural: Más usos de **por** y **para**

You have already reviewed and practiced many uses of **por** and **para** in **Enfoque estructural 3.3**. Some additional uses and distinctions of these prepositions are summarized below.

POR

Use the preposition **por** to express the following:

- means of communication

    Lucía habló **por** teléfono con Raquel. *Lucía spoke on the phone with Raquel.*
    Mucha gente se comunica ahora **por** correo electrónico. *Many people now communicate through e-mail.*

- substituting *for* or *for the sake of someone*

    ¿Puedes trabajar **por** mí este fin de semana? Me gustaría visitar a mi familia. *Can you work for me this weekend? I'd like to visit my family.*
    Te lo digo **por** tu bien. *I'm telling you for your own good.*

- to be about to do something

    ¡Qué coincidencia! Yo estaba **por** llamarte cuando sonó el teléfono. *What a coincidence! I was about to call you when the phone rang.*

- to introduce an agent of action in a passive voice construction

    La ciudad de Guernica fue destruida **por** el bombardeo. *The city of Guernica was destroyed by the bombing.*

- to indicate movement to "get" something or someone

    ¡Vaya **por** un médico! ¡Este hombre está gravemente herido! *Go get a doctor! This man's severely wounded!*
    Necesitamos ir **por** más comida. No hay suficiente para tanta gente. *We need to go get more food. There's not enough for so many people.*

Por is also used in many fixed expressions. Here are some that are not presented in the textbook.

por aquí/allí	around here/there
por causa de	because of, due to
por consiguiente	therefore
por desgracia	unfortunately
por lo general	as a rule
por mí	as far as I'm concerned
por otra parte	on the other hand; moreover
por si acaso	just in case

PARA

Use the preposition **para** to express the following:

- comparisons with others in the same category

　　Ella canta muy bien **para** una niña　　*She sings very well for a child only three*
　　　de sólo tres años.　　　　　　　　　　*years old.*

- to indicate the employer

　　Raquel trabaja **para** la misma firma　　*Raquel works for the same firm that*
　　　que Lucía.　　　　　　　　　　　　　*Lucía does.*

- for a profession or career

　　Estudió **para** (ser) biólogo.　　　　　　*She studied to be a biologist.*

- to be a "natural" at something

　　Mi cuñado es excelente **para** contar　　*My brother-in-law is excellent at telling*
　　　chistes.　　　　　　　　　　　　　　*jokes.*
　　Jaime no es bueno **para** las　　　　　*Jaime isn't good at math.*
　　　matemáticas.

Para is also used in some fixed expressions.

para abajo	downward
para arriba	upward
para atrás	backward
para siempre	forever
no es para tanto	it's not such a big deal; no need for such a fuss
¿para qué?	what for? what's the purpose?

Práctica Los planes de un estudiante

Completa las siguientes oraciones con **por** o **para,** según el contexto.

　　Tomás es estudiante de segundo año en la universidad. No está seguro todavía de su especialidad, pero piensa estudiar _____[1] psicólogo o trabajador social. _____[2] consiguiente, toma muchos cursos de psicología y sociología y _____[3] si acaso cambia de parecer,[a] también toma clases de matemáticas y ciencias. Su padre cree que _____[4] un muchacho de 20 años, su hijo no es muy maduro. Su madre, _____[5] otra parte, dice que no es _____[6] tanto. Ella dice que, _____[7] lo general, los jóvenes necesitan tiempo _____[8] decidir lo que quieren. Ella habla _____[9] teléfono con Tomás una vez _____[10] semana y escucha todo lo que él le cuenta. Su mamá es muy buena _____[11] dar consejos.

[a]cambia... *he changes his mind*

¡MANOS A LA OBRA!

Actividad ¿Cómo son los mejores profesores?

Paso 1. En este capítulo has hablado de la educación formal en la escuela y de las profesiones. Para ti, ¿cuáles son las características más importantes de un buen profesor / una buena profesora? A continua-

Nombre _____ Fecha _____ Clase _____

ción hay una lista de algunas de esas características. (Puedes agregar [*add*] otra a la lista, si quieres). Indica tu opinión sobre la importancia que tiene para ti cada característica de un buen profesor / una buena profesora. Escribe del 1 (la más importante) al 9 ó 10 (la menos importante).

a. _____ tener buen conocimiento de la materia que enseña

b. _____ saber explicar bien la materia

c. _____ tener paciencia

d. _____ tener buen sentido del humor

e. _____ enseñar con entusiasmo

f. _____ aceptar a todos los estudiantes sin tener preferencia por ninguno

g. _____ ser bien organizado/a en la clase

h. _____ tener la habilidad de emplear diferentes estilos de enseñanza

i. _____ ser firme y justo/a

j. _____ ¿otra? _____

Paso 2. Escribe un breve párrafo, explicando por qué consideras más importantes las tres primeras características que indicaste en el Paso 1. En tu opinión, ¿cómo es el profesor / la profesora ideal? ¿Has tenido un profesor / una profesora así? ¿Cómo demuestra (*does he/she show*) esas características?

_____
_____
_____
_____
_____
_____
_____

Capítulo tres

CAPÍTULO

4 Datos importantes

EL VÍDEO

 Actividad A. ▶ *Hace cinco años* ◀ **El encuentro con Teresa Suárez**

Paso 1. En este episodio, Raquel por fin habla con Teresa Suárez. ¿Recuerdas cómo fue ese encuentro? Indica las preguntas que le hizo Raquel a Teresa. Luego, escucha el CD para verificar tus respuestas. (Las respuestas se dan en el CD.)

a. _____ ¿Y qué nombre le puso [Rosario al hijo]?

b. _____ ¿Y dónde nació Ángel?

c. _____ ¿Dónde trabajaba Rosario?

d. _____ ¿Y dónde vive Rosario ahora?

e. _____ ¿Y sabe dónde se estableció Rosario?

f. _____ ¿Cómo se llaman los padres de Rosario?

g. _____ ¿Se casó de nuevo?

h. _____ ¿Y con quién se casó?

i. _____ ¿Cuántos hijos tuvo con el segundo marido?

j. _____ ¿Cómo supo [Ud.] que don Fernando vivía en México?

*Paso 2. Ahora empareja las preguntas que hizo Raquel con las respuestas correspondientes. Puedes volver a escuchar el CD, si quieres.

1. _____ Pues, sí. Rosario era muy atractiva, muy simpática.

2. _____ En Sevilla, claro.

3. _____ Con un hacendado, un argentino, llamado Martín Iglesias.

4. _____ Ángel… Ángel Castillo.

5. _____ Muy cerca de Buenos Aires.

6. _____ Tiene el mismo nombre… las circunstancias son iguales.

7. _____ Después de la guerra se fue a vivir a la Argentina.

Capítulo cuatro

Actividad B. ▶ *Hace cinco años* ◀ ¿Qué hizo Raquel?

*Paso 1. ¿Recuerdas lo que hizo Raquel en el Episodio 4? Completa cada una de las siguientes oraciones con el pretérito del verbo entre paréntesis. Si la oración es falsa, escribe **No** antes del verbo.

MODELO: (visitar) el Museo del Prado. → Visitó
(viajar) a Barcelona. → No viajó

1. _____ (ir) a la casa de la Sra. Suárez.
2. _____ (ayudar) a la Sra. Suárez a preparar la comida.
3. _____ (hablar) con la Sra. Suárez sobre Rosario.
4. _____ (salir) a bailar con Federico, el hijo de la Sra. Suárez.
5. _____ (llamar) por teléfono a Elena, la nuera de la Sra. Suárez.
6. _____ (comprar) un pasaje de avión para Buenos Aires.
7. _____ (empezar) a prepararse para su viaje a la Argentina.
8. _____ (desayunar) con Alfredo.

Paso 2. Después de visitar el Museo del Prado, Raquel fue al Parque del Retiro para escribirles una tarjeta postal (*postcard*) a sus padres. Usa la información del Paso 1 para completar esa tarjeta postal. No te olvides de usar el pretérito para indicar lo que Raquel ya hizo.

Queridos mamá y papá:
Les escribo desde Madrid donde estoy investigando el caso del Sr. Castillo. Primero,

María y Pancho Rodríguez
2705 DeSoto Street
San Gabriel, CA 91776
USA

Actividad C. Una carta urgente

*__Paso 1.__ En este episodio, Lucía lee la carta urgente que Ramón Castillo le mandó. Empareja cada una de las siguientes frases de la columna a la izquierda con la frase correspondiente de la columna a la derecha.

1. _____ Además de la carta de Ramón,
2. _____ El gobierno mexicano reclama La Gavia
3. _____ Lucía necesita mandarle al gobierno
4. _____ La asistente de Raquel
5. _____ Lucía cree que es posible que el gobierno
6. _____ Lucía consigue reservaciones para un vuelo a México
7. _____ Cuando llegue a México, Lucía

a. considere que La Gavia le pertenece a Ángel.
b. porque existen dudas sobre la autenticidad del testamento.
c. cambia las reservaciones del vuelo de Lucía.
d. quiere ir directamente a su oficina.
e. toda la documentación sobre los herederos de don Fernando y La Gavia.
f. llega una carta del gobierno mexicano.
g. para la 1:15.

Paso 2. ¿Qué piensas tú de la carta del gobierno? Basándote en lo que ya sabes de la familia Castillo y en la información que Lucía tiene, escribe dos o tres oraciones para tratar de predecir (*predict*) lo que va a pasar en los episodios que vienen.

_____
_____
_____

Más allá del episodio

Actividad   Don Fernando y Rosario

Paso 1. Ya sabes algunos detalles sobre lo que le pasó a Rosario después de la Guerra Civil. También sabes que don Fernando se fue a vivir a México. Pero, ¿cuánto sabes de las circunstancias de su separación? Lee las siguientes afirmaciones sobre la historia e indica si estás de acuerdo (Sí), si no estás de acuerdo (No) o si no estás seguro/a (NS).

Sí No NS 1. Rosario estaba embarazada cuando don Fernando se fue para la guerra.
Sí No NS 2. Don Fernando no quería tener hijos entonces.
Sí No NS 3. Rosario se casó con otro hombre antes del fin de la guerra.
Sí No NS 4. Don Fernando se fue de España cuando pensó que Rosario había muerto.
Sí No NS 5. Don Fernando salió de su país porque subió al poder el General Francisco Franco.
Sí No NS 6. La segunda esposa de don Fernando, Carmen, estuvo muy celosa (*jealous*) del primer matrimonio de él.
Sí No NS 7. Los hijos de don Fernando y Carmen ayudaron a guardar el secreto de su padre por muchos años.
Sí No NS 8. Don Fernando se hizo rico como hacendado (*landowner*).

Paso 2. Ahora escucha la narración sobre don Fernando y Rosario y verifica las respuestas que indicaste en el Paso 1. No te preocupes si no lo entiendes todo. Lo importante es sacar algunos detalles provechosos.

PRÁCTICA ORAL Y AUDITIVA

Enfoque léxico: La vida en casa

*Actividad A. El lugar del crimen

Paso 1. Ha ocurrido un crimen en una casa. El Teniente (*Lieutenant*) García de la Prada hace una investigación de la casa y graba (*records*) lo que ve. Escucha lo que graba y traza (*trace*) el recorrido (*rounds*) que hace el Teniente García de la Prada. Puedes escuchar más de una vez, si quieres.

Nombre _____ Fecha _____ Clase _____

Paso 2. ¿Tienes buena memoria? Contesta estas preguntas sobre la descripción del lugar del crimen. Vas a oír las preguntas dos veces. Para el CD para contestarlas.

1. _____
2. _____
3. _____
4. _____

Actividad B. Cosas de la casa

Indica la parte de una casa donde se puede encontrar las cosas que oyes en el CD. (Las respuestas se dan en el CD. Cuando oigas la respuesta correcta, repítela en voz alta.)

MODELO: (oyes) una mesita
(dices) la sala

1. … 2. … 3. … 4. … 5. … 6. … 7. … 8. … 9. …

Actividad C. Aparatos y quehaceres

Paso 1. Escucha las siguientes definiciones y escribe la palabra de la lista definida en el espacio en blanco correspondiente. Vas a oír las definiciones dos veces. (Las respuestas se dan en el CD.) **¡OJO!** No se define una cosa de la lista.

la cafetera, el calentador, la escoba, el jabón, la lavadora, la plancha, las sábanas, la toalla, el ventilador

1. _____
2. _____
3. _____
4. _____
5. _____
6. _____
7. _____
8. _____

Paso 2. Escucha las siguientes palabras y di el verbo del quehacer doméstico que asocias con cada una. (Las respuestas se dan en el CD. Cuando oigas la respuesta correcta, repítela en voz alta.)

MODELO: (oyes) la plancha
(dices) planchar

1. … 2. … 3. … 4. … 5. … 6. …

Paso 3. Ahora contesta las siguientes preguntas sobre los quehaceres y aparatos en tu vida. Vas a escuchar las preguntas dos veces. Para el CD para contestarlas.

1. _____
2. _____
3. _____

Capítulo cuatro

4. _____
5. _____

Enfoque estructural

4.1 MÁS ACCIONES REFLEXIVAS

Práctica ¡Rápido, rápido!

Paso 1. Escucha los siguientes verbos y, para cada uno de ellos, da la forma apropiada de la persona que ves en el *Manual*. (Las respuestas se dan en el CD. Cuando oigas la respuesta correcta, repítela en voz alta.)

MODELO: (oyes) acordarse
(ves) tú
(dices) te acuerdas

1. yo
2. nosotros
3. Elena y Raquel
4. los hijos de la Sra. Suárez
5. la Sra. Suárez
6. mi familia y yo
7. tú y tu amiga

Paso 2. Ahora contesta las siguientes preguntas personales. Vas a oír las preguntas dos veces. Para el CD para contestarlas.

1. _____
2. _____
3. _____
4. _____

4.2 MÁS VERBOS IRREGULARES EN EL PRETÉRITO

*Práctica A.   Dictado: La historia de Rosario según Teresa Suárez

Escucha la narración y completa el siguiente dictado con los verbos que oigas.

Raquel finalmente _____¹ hablar con Teresa Suárez en su casa de Madrid y así _____² más cosas de Rosario. Teresa le _____³ a Raquel que Rosario no _____⁴ en la guerra, como pensó don Fernando. Por su parte, Rosario también _____⁵ que su esposo había muerto. Rosario _____⁶ un hijo de Fernando, a quien le _____⁷ el nombre de Ángel. Eventualmente, también Rosario _____⁸ dejar España y se fue a la Argentina, donde se casó con un hacendado.

Nombre _____ Fecha _____ Clase _____

Práctica B.   Preguntas

Paso 1. Contesta las siguientes preguntas, según el modelo. Usa pronombres de complemento directo para evitar la repetición cuando sea posible. (Las respuestas se dan en el CD. Cuando oigas la respuesta correcta, repítela en voz alta.)

> MODELO: (oyes) ¿Trajiste los apuntes?
> (ves) Sí, (yo)…
> (dices) Sí, los traje.

1. Sí, (yo)…
2. No, no…
3. Sí, (nosotros)…
4. Sí,…
5. Sí,…
6. No, no…

Paso 2. Ahora contesta estas preguntas sobre tu día de ayer. Vas a escuchar las preguntas dos veces. Para el CD para contestarlas.

1. _____
2. _____
3. _____
4. _____

4.3 OTRA MANERA DE EXPRESAR LA POSESIÓN: LAS FORMAS TÓNICAS DE LOS POSESIVOS

Práctica   ¿De quién son estas cosas?

El Teniente García de la Prada habla con una persona que vive en la casa que está investigando. Imagínate que tú eres esa persona y contesta sus preguntas negativamente, usando un pronombre posesivo. (Las respuestas se dan en el CD. Cuando oigas la respuesta correcta, repítela en voz alta.)

> MODELO: (oyes) ¿Son tuyos estos zapatos?
> (dices) No, no son míos.

1. …   2. …   3. …   4. …

PRÁCTICA ESCRITA

Enfoque léxico: La vida en casa

Actividad A.   ¡Una casa loca!

*Paso 1. Mira el dibujo a continuación e identifica siete cosas que están fuera de lugar (*out of place*). Escribe una oración que explique por qué está fuera de lugar cada una de las siete cosas y dónde debe estar.

> MODELO: El fregadero no debe estar en la sala; debe estar en la cocina.

Capítulo cuatro

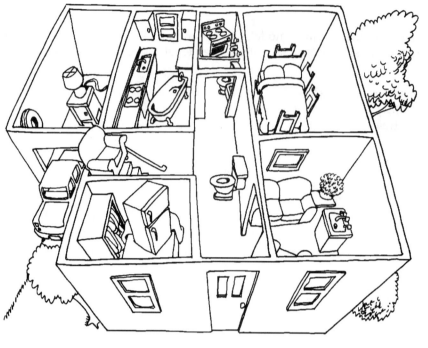

1. _____
_____
2. _____
_____
3. _____
_____
4. _____
_____
5. _____
_____
6. _____
_____
7. _____

Paso 2. Ahora explica dónde están algunas cosas en tu casa, apartamento o dormitorio. ¿Hay algo fuera de lugar? Escribe cuatro oraciones.

MODELO: Tengo un televisor pequeño en mi baño porque me gusta ver la televisión.

1. _____
2. _____

Nombre _____ Fecha _____ Clase _____

3. _____
4. _____

Actividad B. Crucigrama mixto

Paso 1. Lee las siguientes oraciones y completa el crucigrama con las palabras apropiadas de la lista a continuación.

alfombra, almohada, anduvo, armario, basura, cómoda, conduce, datos, enfadarse, gabinete, guarda, muebles, reclamación, sacude, tender

HORIZONTALES

1. caminó
3. uno lo hace para limpiar los muebles
5. la usamos en la cama para poner la cabeza
7. enojarse
8. la usamos para guardar la ropa
9. un documento en que se declara la oposición a una cosa como fuera de ley

Capítulo cuatro   **87**

12. sirve para guardar cosas en la cocina
13. cosas que ya no queremos
14. lo que hacemos para arreglar la cama

VERTICALES

1. aquí podemos guardar la ropa y los zapatos
2. pone una cosa donde esté segura
4. maneja
6. la usamos para cubrir el suelo (*floor*)
10. son sillones, mesas, sofás, camas…
11. información

Paso 2. Ahora describe tu casa o los quehaceres domésticos que haces usando palabras del crucigrama. Debes escribir por lo menos cuatro oraciones.

___
___
___
___
___

Actividad C. Fuera de serie

*__Paso 1.__ Indica la palabra que no pertenece a cada grupo y explica por qué no pertenece.

MODELO: la cama, la cafetera, la sábana, la almohada →
(la cafetera:) La cama, la sábana y la almohada se relacionan con el dormitorio; la cafetera se relaciona con la cocina.

1. limpiar, cocinar, quitar la mesa, relajarse

___
___

2. el baño, el dormitorio, la cocina, el jabón

___
___

3. la toalla, la cafetera, el ventilador, el tostador

___
___

4. la manta, la sábana, la almohada, la plancha

___
___

5. el ventilador, el calentador, la escoba, el tostador

___
___

6. planchar, lavar, secar, cocinar

Paso 2. Ahora escoge uno de los grupos de palabras del Paso 1 y escribe una oración en la que usas las tres palabras relacionadas.

Enfoque léxico

¿CUÁL SE USA?

*Práctica A.   ¡Qué movidas!

Completa cada una de las siguientes oraciones con la forma correcta de la frase verbal más apropiada de la lista a continuación.

cambiar de, mover(se), mudarse

1. ¿Puedes _____ un poco? No tengo espacio.

2. No nos permiten _____ cuarto en la residencia hasta la tercera semana de clases.

3. Vivimos en Kentucky por diez años, pero voy a _____ a Michigan este año.

4. Cuando llegamos a casa, nuestra perra siempre _____ la cola (*tail*) como saludo.

5. Si no puedes ver bien el vídeo, puedes _____ lugar.

6. Ese niño _____ demasiado; debe ser hiperactivo.

Práctica B.   En tu casa

Contesta las siguientes preguntas sobre tu casa y tu habitación (*bedroom*).

1. ¿Tiene más de un piso tu casa? ¿Dónde está tu cuarto, arriba o abajo?

2. ¿Hay algún cuadro (*painting*) o foto arriba de tu cama? ¿De qué es el cuadro o quién está en la foto?

3. ¿Alguna vez dormiste en una litera (*bunk bed*)? ¿Prefieres estar arriba o abajo?

4. ¿Guardas algo debajo de tu cama? ¿Qué guardas?

5. ¿Tu familia se mudó alguna vez? ¿Qué es lo mejor y lo peor de mudarse?

6. Cuando comes en tu casa, ¿siempre te sientas a la mesa en el mismo lugar, o cambias de lugar a veces?

   _____

7. ¿Cuál es el mueble más difícil de mover en tu casa?

   _____

Enfoque estructural

4.1 MÁS ACCIONES REFLEXIVAS

*Práctica A.   ¿Cómo se llama?

Paso 1. Lee las siguientes oraciones y completa cada una con la forma correcta del presente de indicativo del verbo apropiado de la lista a continuación.

acordarse, alegrarse, irse, llamarse, portarse, preocuparse, sentarse, sentirse

1. Yo _____ muy bien de esa maravillosa e inolvidable fiesta de cumpleaños.

2. Cada mañana después del desayuno mi padre _____ en el sillón para leer el periódico.

3. ¿Ese chico _____ Toribio Fulgencio? ¡Qué nombre más raro!

4. Lo siento, Antonio, pero no _____ bien después de tanto comer chocolates. ¿Me llevas al médico?

5. Uds. _____ bien sólo cuando quieren algo de la abuela. ¡Siempre da resultado (*works*)!

6. Mis padres y yo _____ mucho cuando mi hermana llega tarde a casa.

7. Nuestro abuelo _____ mucho cuando lo visitamos.

8. ¿Por qué _____ a otro país? ¿No puedes aprender español aquí?

Paso 2. Ahora necesitas seleccionar entre los verbos reflexivos y los no reflexivos. Completa cada oración con la forma correcta del presente de indicativo del verbo más apropiado.

1. Mi mamá _____ (acostar / acostarse) a mi hermano a las 8:30 de la noche.

2. Los deportistas _____ (despertar / despertarse) muy temprano para ir al estadio.

3. Todas las noches yo _____ (lavar / lavarse) la cara con mucho jabón y agua caliente.

4. Durante el año escolar (*school year*) nosotros _____ (bañar / bañarse) por la noche.

5. Cada vez que yo _____ (llamar / llamarse) por teléfono a tu casa, tú no estás.

6. Cada día ella _____ (afeitar / afeitarse) las piernas en el baño antes de salir a la calle.

7. ¿Tu madre aún (*still*) _____ (lavar / lavarse) tu ropa?

8. ¿Por qué (tú) _____ (poner / ponerse) el escritorio junto a la ventana? No me gusta estudiar con tanta luz.

9. Si nosotros no _____ (despertar / despertarse) a las 5:00, vamos a perder el avión para San Francisco.

10. Todas las semanas el barbero (*barber*) _____ (afeitar / afeitarse) a mi abuelito Mateo.

Práctica B. La mañana de Francisco

Narra la mañana de Francisco según los dibujos. Debes describir por lo menos ocho cosas que Francisco hace.

4.2 MÁS VERBOS IRREGULARES EN EL PRETÉRITO

Práctica A.   Cosas que ocurrieron (o no ocurrieron)

Haz oraciones originales combinando sujetos de la primera columna, verbos de la segunda columna y otra información. No debes repetir los verbos.

yo	andar
mi profesor(a) de _____	decir
mis padres (hermanos/as, hijos/as,...)	estar
mis amigos y yo	poder
tú (tu mejor amigo/a)	poner
tú y tu familia	querer
¿ ? (una persona famosa)	saber
	tener
	traducir
	traer

1. _____
2. _____
3. _____
4. _____
5. _____
6. _____
7. _____

Práctica B.   Hablemos de (*Let's talk about*) ti

Contesta las siguientes preguntas con verbos en el pretérito. Recuerda: ¡No siempre hay que decir la verdad en este *Manual*!

1. ¿Pudiste terminar toda la tarea anoche antes de acostarte o tuviste que completarla esta mañana?

   _____
   _____

2. ¿Qué fue lo más divertido que hiciste el fin de semana pasado? ¿lo menos divertido?

   _____
   _____

3. ¿Cuándo y cómo supiste que Santa Claus y el Easter Bunny no existen? ¿Quién te lo dijo?

   _____
   _____

4. ¿Te pusiste furioso/a ayer u otro día? ¿Por qué?

_____

_____

5. ¿Quisiste hacer algo difícil, pero no pudiste? ¿Qué fue?

_____

_____

4.3 OTRA MANERA DE EXPRESAR LA POSESIÓN: LAS FORMAS TÓNICAS DE LOS POSESIVOS

Práctica Preguntas y más preguntas

*Paso 1. Completa cada una de las respuestas a las siguientes preguntas con el artículo definido, el pronombre posesivo y el verbo apropiados.

MODELO: —¿Son muy malas tus notas? →
—No, las mías son excelentes.

1. —¿Son tus padres de las Filipinas? —No, _____ de Panamá.

2. —¿Están los libros de Paco en la maleta? —No, _____ en el escritorio.

3. —¿Vive la novia de Andrés en Sevilla? —No, _____ en Madrid.

4. —¿Viajan tus abuelos a Nueva York? —No, _____ a Chicago.

5. —¿Mordió (*Bit*) nuestro perro al gato? —No, _____ al ratón (*mouse*).

6. —¿Es horrible tu casa? —No, _____ maravillosa.

7. —¿Es muy grande tu coche? —No, _____ pequeño.

Paso 2. Ahora contesta las siguientes preguntas personales. Debes usar el pronombre posesivo apropiado en cada respuesta. Puedes inventar las respuestas, si quieres.

1. Mi lavadora no funciona. ¿Funciona la de Uds.?

_____

2. Yo tengo almohadas muy grandes. ¿Y tú?

_____

3. Los armarios de esta casa son pequeños. ¿Y los tuyos?

_____

4. Tu dormitorio está muy desordenado. ¿Y el de tu compañero de cuarto?

_____

Ampliación estructural: Usos especiales de lo

- As you have already learned and practiced, *it* as the subject of a sentence has no equivalent in Spanish.

It's 1:00.	**Es la 1:00.**
It's sunny.	**Hace sol.**
It's cloudy.	**Está nublado.**

- When *it* is used as a direct object pronoun, the corresponding forms **lo** and **la** are used.

    ¿El ejercicio? Ya **lo** terminé. — *The exercise? I already finished it.*

    ¿Mi cartera? No sé dónde **la** puse. — *My wallet? I don't know where I put it.*

- In **Enfoque estructural 4.3,** you learned to use possessive pronouns that have a specific reference (**mis libros → los míos**). There are also invariable neuter possessive pronouns (**lo mío, lo tuyo, lo suyo, lo nuestro, lo vuestro, lo suyo**), which are used to refer in more general terms to *that which, what, the thing that,* or *the business about.*

    Vamos a resolver esto ahora. **Lo nuestro** puede esperar. — *Let's solve this now. Our business can wait.*

    Lo mío es tuyo. — *What's mine is yours.*

- An adjective can be combined with **lo** to express an abstract idea or quality. Notice that the English equivalents use the words *part* or *thing* in such structures.

    Para ti, ¿qué es **lo más interesante** de la historia de don Fernando? — *What's the most interesting part for you about don Fernando's story?*

    Lo bueno de esta historia es que mantiene mi interés. — *The good thing about this story is that it holds my interest.*

- **Lo** can also refer back to an idea already mentioned. The verb shows agreement with the subject of the original sentence.

    —Lucía y Raquel son mujeres muy dinámicas, ¿verdad? — *—Lucía and Raquel are very dynamic women, aren't they?*

    —Sí, **lo** son. — *—Yes, they are.*

    —Creo que don Fernando era un hombre con suerte en los negocios. — *—I think that don Fernando was a man who was lucky in business ventures.*

    —Es cierto; **lo** era. — *—It's true; he was.*

Lo que y lo cual

- **Lo que** is used to refer to an idea, situation, action, or concept. There are many different phrases used in English to mean **lo que.** They include *that which, what, the part,* and *the thing.*

    Lo que me contaste ayer es increíble. — *What you told me yesterday is incredible.*

    Raquel estaba interesada en **lo que** le dijo la Sra. Suárez. — *Raquel was interested in what Sra. Suárez told her.*

- **Lo cual** is used to make reference to an idea already stated in the sentence. This phrase cannot begin the sentence, but otherwise is used interchangeably with **lo que.**

    La Sra. Suárez se sentía un poco triste cuando pensaba en Rosario, **lo cual (lo que)** era lógico en esas circunstancias. — *Sra. Suárez felt a bit sad when she thought about Rosario, which was logical under the circumstances.*

    Lucía recibió una carta del gobierno mexicano, **lo que (lo cual)** significa que tiene que regresar a México hoy. — *Lucía received a letter from the Mexican government, which means that she has to return to Mexico today.*

- **Todo lo que** is used to mean *everything / all (that)*.

    Todo lo que necesitas es amor. *All (that) you need is love.*

    Raquel va a tratar de averiguar **todo lo que** pueda de Rosario. *Raquel is going to try to find out everything she can about Rosario.*

Práctica A. Opiniones

Contesta cada pregunta con **lo** + *adjetivo* y tu opinión personal.

MODELO: ¿Qué es lo bueno de vivir en una ciudad grande? →
Lo bueno de vivir en una ciudad grande es que hay muchos acontecimientos culturales.

1. ¿Qué es lo más difícil de ser estudiante?

2. ¿Qué es lo mejor de ser soltero/a o casado/a?

3. ¿Qué es lo más interesante del caso que investiga Lucía?

4. ¿Qué es lo peor de tener muchos hijos o no tenerlos?

5. ¿Qué es lo bueno de ser hombre o mujer?

6. ¿Qué es lo malo de vivir cerca de la familia o lejos de ella?

*Práctica B. Dilo de otra manera

Vuelve a escribir las siguientes oraciones, reemplazando las expresiones en *letra cursiva* por **lo que** o **lo cual**, según corresponda. **¡OJO!** En algunos casos tendrás que (*you will have to*) cambiar la puntuación.

1. *La cosa que* necesitas hacer es estudiar un poco todos los días.

2. No sabes *las cosas que* dices.

3. A muchos estudiantes les gusta salir a tomar bebidas alcohólicas todos los fines de semana; *esa idea* no me interesa.

4. Teresa Suárez le escribió una carta a don Fernando; *esto* motivó la investigación que hizo Raquel.

5. No sabemos *todas las cosas que* le van a pasar durante el viaje.

   _____

6. Lucía recibió una carta del gobierno mexicano; *esto* puede indicar algún problema.

   _____

¡MANOS A LA OBRA!

Actividad   Fue un día típico

En este capítulo, supiste de la investigación de Raquel en Madrid y conociste a la Sra. Suárez. También repasaste varios usos del pretérito. Ahora vas a oír una narración sobre un día típico de la Sra. Suárez y luego vas a cambiarla al pasado.

*Paso 1. Dictado: Escucha la siguiente narración y escribe cada uno de los verbos que oyes.

Un día en la vida de la Sra. Suárez

La Sra. Suárez _____¹ sus actividades del día. _____² a la calle y _____³ hacia la Plaza Mayor. Esta mañana Teresa Suárez _____⁴ al quiosco[a] y _____⁵ un cupón de lotería. _____⁶ en el mercado y _____⁷ las compras[b] para el día. La señora _____⁸ las frutas y verduras más frescas. La Sra. Suárez _____⁹ del mercado… y _____¹⁰ las últimas compras del día en una farmacia. Y así, el día de Teresa Suárez _____¹¹ como el de[c] muchos habitantes de Madrid.

[a]*kiosk*   [b]*shopping*   [c]*el… el día de*

*Paso 2. Ahora completa el mismo párrafo, pero cámbialo al pasado llenando cada espacio en blanco con el pretérito del verbo correspondiente.

La Sra. Suárez _____¹ sus actividades del día. _____² a la calle y _____³ hacia la Plaza Mayor. Esta mañana Teresa Suárez _____⁴ al quiosco y _____⁵ un cupón de lotería. _____⁶ en el mercado e

Nombre _____ Fecha _____ Clase _____

_____⁷ las compras para el día. La señora _____⁸ las frutas y verduras más frescas. La Sra. Suárez _____⁹ del mercado... e _____¹⁰ las últimas compras del día en una farmacia. Y así, el día de Teresa Suárez _____¹¹ como el de muchos habitantes de Madrid.

Paso 3. Ahora, escribe un breve párrafo describiendo lo que tú hiciste ayer o en otro día típico del pasado. Usa el pretérito y trata de incluir el vocabulario de este capítulo.

_____
_____
_____
_____
_____
_____
_____

LECTURA 2

Antes de leer

Gustavo Adolfo Bécquer (1836–1870) nació en Sevilla, España. Durante su vida, publicó un solo libro, *Rimas y leyendas*, que contenía setenta y nueve poemas y algunos cuentos. Muchos dicen que Bécquer es el primer poeta «moderno» por su expresión tan personal e íntima. Sus temas preferidos son el amor, la soledad y el misterio.

*Actividad

Las siguientes palabras aparecen en los poemas que vas a leer. Empareja cada palabra con la definición correspondiente. Si no reconoces una palabra, usa tu intuición o el proceso de eliminación para adivinar el sentido. Luego, busca la palabra en los poemas y verifica su significado dentro del contexto.

1. _____ ardiente
2. _____ goces
3. _____ trenzas
4. _____ ternura
5. _____ tesoro
6. _____ incorpórea
7. _____ sainete
8. _____ jornada
9. _____ acero
10. _____ muro

a. apasionado
b. afecto, cariño
c. tipo de metal
d. inmaterial
e. obra de teatro de un solo acto
f. placeres, sensaciones agradables
g. algo de mucho valor
h. pared
i. manera de arreglar el pelo
j. viaje de un día

Capítulo cuatro **97**

XI

—Yo soy ardiente, yo soy morena,
yo soy el símbolo de la pasión,
de ansias de goces mi alma está llena.
¿A mí me buscas?

        —No es a ti, no.

—Mi frente[a] es pálida, mis trenzas de oro;
puedo brindarte dichas[b] sin fin.
Yo de ternura guardo un tesoro.
¿A mí me llamas?

        —No; no es a ti.

—Yo soy un sueño, un imposible,
vano fantasma de niebla y luz.
Soy incorpórea, soy intangible;
no puedo amarte.

        —¡Oh, ven; ven tú!

[a]*forehead*   [b]puedo... *I can toast to your good fortune*

XXI

¿Qué es poesía?, dices mientras clavas[a]
en mi pupila tu pupila azul.
¡Qué es poesía! ¿Y tú me lo preguntas?
Poesía... eres tú.

[a]*you fix*

XXXI

Nuestra pasión fue un trágico sainete
en cuya absurda fábula
lo cómico y lo grave confundidos
risas y llanto arrancan.[a]

[a]*tear apart*

Pero fue lo peor de aquella historia
que al fin de la jornada
a ella tocaron lágrimas y risas
y a mí, sólo las lágrimas.

XLII

Cuando me lo contaron sentí el frío
de una hoja de acero en las entrañas,[a]
me apoyé contra el muro, y un instante
la conciencia perdí de donde estaba.

Cayó sobre mi espíritu la noche
en ira y en piedad se anegó[b] el alma
¡y entonces comprendí por qué se llora
y entonces comprendí por qué se mata!

[a]*innards*   [b]se... *sank*

Pasó la nube de dolor… con pena
logré balbucear[c] breves palabras…
¿Quién me dio la noticia?… Un fiel amigo…
Me hacía un gran favor… Le di las gracias.

[c]*to stammer*

Después de leer

***Actividad A.   Comprensión**

Indica si las siguientes afirmaciones son ciertas o falsas, según los poemas. Si son falsas, modifícalas para que sean ciertas.

C   F   1.   En la «Rima XI», el autor cree que el amor es imposible.

C   F   2.   Según el autor, la poesía y el amor son sinónimos.

C   F   3.   La «Rima XXXI» es alegre y llena de esperanza.

C   F   4.   En la «Rima XLII», el autor recibe malas noticias, las cuales le hacen perder el sentido.

Actividad B.   Opinión

1. La «Rima XI» presenta una descripción de tres mujeres distintas. ¿Cómo son? ¿Cuál de ellas prefiere el autor?

2. Se ha dicho que la poesía de Bécquer es la más «personal» de la lengua española. En tu opinión, ¿qué elementos la hacen tan personal? Fíjate, sobre todo, en el uso de los pronombres personales.

3. En tus propias palabras, ¿qué emociones expresa el poeta hacia las mujeres? ¿Qué visiones del amor presenta? ¿Crees que son visiones idealistas del amor o son visiones realistas?

Actividad C. Expansión

¡Poeta eres tú! Escribe un poema sobre algún aspecto de amor o sobre una persona amada. Sigue la forma a continuación o inventa tu propia forma, si quieres.

(Verso 1:) Presenta el sujeto o tema en una palabra.
(Verso 2:) Describe al sujeto con dos adjetivos.
(Verso 3:) Describe una acción del sujeto con tres verbos.
(Verso 4:) Expresa una emoción sobre el sujeto en cuatro palabras.
(Verso 5:) Repite el nombre del sujeto con otra palabra.

> MODELO: Novio
> Muy lejos
> Llamas, escribes, visitas
> Yo te extraño mucho
> Amante

Nombre _____ Fecha _____ Clase _____

CAPÍTULO

Más datos

EL VÍDEO

 Actividad A. La madre de Raquel

Paso 1. En este episodio, Raquel recibe dos comunicaciones de su madre: un mensaje telefónico y una llamada. Lee las siguientes oraciones e indica cuáles de ellas describen el mensaje telefónico. Luego, escucha el CD para verificar tus respuestas. (Las respuestas se dan en el CD.)

La madre de Raquel...

1. _____ está muy preocupada.
2. _____ sabe que Raquel está sola esta semana.
3. _____ la invita a almorzar.
4. _____ quiere que Raquel cene mañana con sus padres.
5. _____ va a hacer tamales.

Paso 2. Ahora escucha la llamada que Raquel recibe de su madre más tarde. Su madre menciona a dos hombres. Apunta sus nombres y luego indica cuáles de las siguientes oraciones describen a cada uno. Escribe la letra de la oración al lado del nombre correspondiente. ¡OJO! Dos de las oraciones no se relacionan con ninguno de los dos hombres. (Las respuestas se dan en el CD.)

1. _____
2. _____

a. Está en Los Ángeles ahora.
b. Está de viaje unas semanas.
c. Va a llamar más tarde.
d. Hace cinco años que Raquel no habla con él.
e. Raquel no sabe cuándo vuelve.
f. Participa en una investigación y una conferencia.
g. Vive en México.
h. Raquel no lo quiere ver.

Capítulo cinco   **101**

Actividad B. ▶ *Hace cinco años* ◀ **Arturo Iglesias**

Paso 1. En el Episodio 5, Raquel conoce a Arturo Iglesias. ¿Recuerdas cómo llegó a conocerlo? Escucha cada uno de los siguientes fragmentos del episodio e indica con qué persona de la lista a continuación habla Raquel en cada uno. (Las respuestas se dan en el CD.)

el ama de casa, el chófer, Cirilo, el recepcionista del hotel

1. _____
2. _____
3. _____
4. _____

*Paso 2. Ahora, ¿recuerdas lo que Raquel descubre cuando llega al consultorio de Arturo? Indica la información que ella averigua.

1. _____ Arturo es medio hermano de Ángel.
2. _____ Rosario volvió a España.
3. _____ Los padres de Arturo ya murieron.
4. _____ Arturo sabe la dirección de Ángel.
5. _____ Arturo perdió contacto con su hermano.

 Paso 3. Ahora escucha la historia que Arturo le cuenta a Raquel sobre la familia de él. Luego, completa cada una de las oraciones con la información que Arturo le dio a Raquel. (Las respuestas se dan en el CD.)

1. El padre de Arturo era muy _____.
2. El padre de Arturo quería que Ángel estudiara _____.
3. Arturo y sus padres fueron a visitar a Ángel en _____.
4. En Buenos Aires, el padre se enojó porque Ángel había abandonado sus _____.
5. Arturo nunca perdonó a su hermano porque esa noche su padre sufrió de un _____.
6. Ángel se fue de Buenos Aires como _____.
7. Parece que Ángel le mandó a su madre _____.

*Actividad C. Un *fax* llega para Raquel

Al final de este episodio, Raquel recibe un *fax*. Escucha el fragmento del episodio en el que Raquel lee el contenido del *fax*. Luego, contesta las siguientes preguntas sobre el fragmento. Puedes escucharlo más de una vez, si quieres.

1. ¿Quién le mandó el *fax*?
   _____
2. ¿Qué le mandó en el *fax*?
   _____
3. Según lo que lee Raquel, ¿quiénes tienen problemas?
   _____
4. Según la información que Raquel lee, La Gavia puede destinarse para tres cosas. ¿Cuáles son?
   _____

Más allá del episodio

Actividad   Martín Iglesias

Paso 1. Ya has oído hablar de Martín Iglesias desde que la Sra. Suárez le dijo a Raquel que Rosario se había casado con él. Pero, ¿cuánto sabes del segundo esposo de Rosario? Lee las siguientes afirmaciones sobre él e indica si estás de acuerdo (Sí), si no estás de acuerdo (No) o si no estás seguro/a (NS).

Martín Iglesias...

Sí No NS 1. era un gran industrial argentino.
Sí No NS 2. tenía familia en España.
Sí No NS 3. conoció a Rosario en Buenos Aires.
Sí No NS 4. ayudó a Rosario en la búsqueda de don Fernando después de la guerra.
Sí No NS 5. se casó con Rosario en la Argentina.
Sí No NS 6. tuvo un hijo con Rosario.
Sí No NS 7. era muy cariñoso con Ángel.
Sí No NS 8. era el dueño de una estancia cerca de Buenos Aires.

 Paso 2. Ahora escucha la siguiente narración sobre Martín Iglesias y verifica las respuestas que indicaste en el Paso 1. No te preocupes si no lo entiendes todo. Lo importante es sacar algunos detalles provechosos. (¡**OJO**! No vas a encontrar respuestas a todas las oraciones todavía.)

PRÁCTICA ORAL Y AUDITIVA

Enfoque léxico: La comida

Actividad A. Las frutas y verduras

Paso 1. Escucha cada descripción y escoge la palabra correspondiente de la lista a continuación. Escribe las palabras descritas en los espacios en blanco. (Las respuestas se dan en el CD.) ¡**OJO**! Hay más palabras de la lista que descripciones.

el aguacate, el apio, las cerezas, los champiñones, el maíz, la pera, el plátano, la sandía, el tomate, la toronja

Palabras útiles:

crecen   *they grow*
las semillas   *seeds*
dulce   *sweet*
los monos   *monkeys*
la crema de cacahuetes *peanut butter*

1. _____
2. _____
3. _____
4. _____
5. _____

Nombre _____ Fecha _____ Clase _____

6. _____

7. _____

8. _____

Paso 2. Ahora escucha las siguientes preguntas y contesta cada una de una manera lógica, según las indicaciones. (Las respuestas se dan en el CD. Cuando oigas la respuesta correcta, repítela en voz alta.)

Palabra útil:

los conejos   *rabbits*

1. Es el...
2. Son las...
3. Son las...
4. Son las...
5. Es la...

Actividad B.   ¿Qué hay de comer?

Paso 1. Escucha cada menú y escribe la comida (*meal*) correspondiente en el espacio en blanco. (Las respuestas se dan en el CD.)

el almuerzo, la cena, el desayuno, la merienda (*snack*)

1. _____
2. _____
3. _____
4. _____

Paso 2. Ahora escucha las siguientes preguntas personales relacionadas con la comida. Vas a escuchar las preguntas dos veces. Para el CD para contestarlas.

1. _____
2. _____
3. _____
4. _____
5. _____

Actividad C.   La pirámide dietética

*****Paso 1.** Mira la siguiente pirámide dietética y escucha los consejos de la Dra. Pérez para rellenar (*fill in*) las categorías que faltan. Escribe las categorías en los espacios en blanco en la pirámide, según menciona la Dra. Pérez. Puedes escuchar más de una vez, si quieres.

Capítulo cinco   **105**

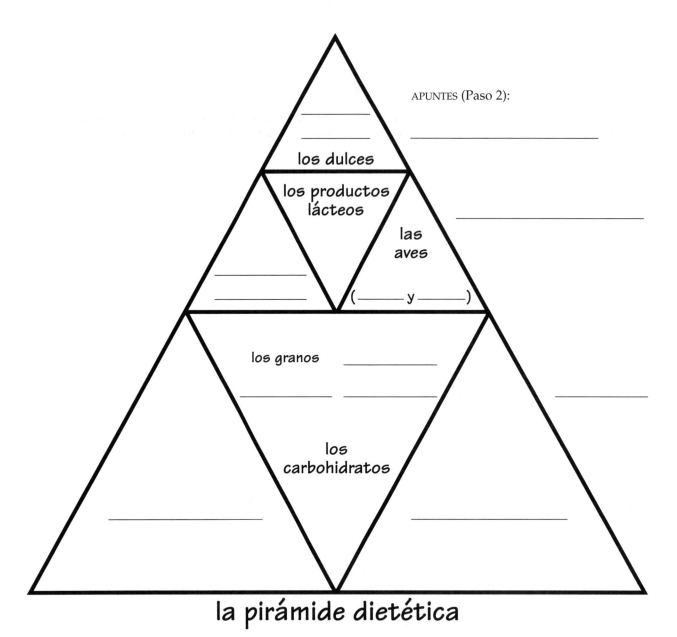

la pirámide dietética

***Paso 2.** Ahora la Dra. Pérez va a explicar el significado de cada nivel (*level*) en la pirámide y sus subdivisiones. Toma apuntes y escribe las palabras de la siguiente lista junto al nivel correspondiente. Puedes escuchar más de una vez, si quieres.

casi todos los días, de vez en cuando, siempre

Paso 3. ¿Cómo es tu dieta? Escucha las siguientes preguntas personales. Vas a escuchar las preguntas dos veces. Para el CD para contestarlas.

1. _____
2. _____

106   *Capítulo cinco*

3. _____
4. _____
5. _____

Enfoque estructural

5.1 LOS COMPLEMENTOS INDIRECTOS

Práctica A.   Detalles de *Nuevos Destinos*

Paso 1. Escucha los siguientes fragmentos de *Nuevos Destinos*. Para cada uno, identifica cada complemento indirecto y el verbo o la frase verbal correspondiente que oyes. Para el CD para escribir tus respuestas. (Las respuestas se dan en el CD.)

MODELO: (oyes)   Quieren que les mande inmediatamente toda la documentación sobre La Gavia…
(escribes) les mande

1. _____
2. _____
3. _____
4. _____
5. _____

Paso 2. Ahora escucha estas preguntas personales. Para cada pregunta, para el CD y escribe una respuesta lógica, usando el complemento indirecto apropiado. Vas a escuchar las preguntas dos veces.

1. _____
2. _____
3. _____
4. _____
5. _____

*Práctica B.   El regalo

Mira la siguiente tira cómica. Luego, contesta las preguntas que oigas en el CD con oraciones completas. Para el CD para escribir las respuestas.

Palabras y expresiones útiles:

el brillante	*diamond*
el tipo	*guy*
quinientas treinta pesetas*	*approximately U.S. $4–5*

Capítulo cinco   **107**

The peseta was the unit of currency in Spain prior to the euro.

—¡Claro que es un brillante auténtico!... Eso dijo el tipo que me lo vendió por quinientas treinta pesetas...

1. _____
2. _____
3. _____
4. _____
5. _____

5.2 GUSTAR Y OTROS VERBOS SIMILARES

Práctica Gustos parecidos

Paso 1. Escucha las siguientes oraciones y responde a cada una con una oración que indica la misma predilección para las personas indicadas en el *Manual*. (Las respuestas se dan en el CD. Cuando oigas la respuesta correcta, repítela en voz alta.)

MODELO: (oyes) A Raquel le gustan los tamales.
(ves)   a sus padres
(dices) A sus padres les gustan los tamales también.

1. a mí
2. a ti
3. a nosotros
4. a Uds.
5. a Raquel y a Arturo
6. a Raquel

108   *Capítulo cinco*

Nombre _____ Fecha _____ Clase _____

Paso 2. Escucha las siguientes preguntas personales y contesta cada una de acuerdo con tus gustos. Vas a escuchar las preguntas dos veces. Para el CD para contestarlas.

1. _____
2. _____
3. _____
4. _____
5. _____

5.3 DOS USOS DE SE: EL «SE IMPERSONAL» Y LA VOZ PASIVA CON SE

Práctica   Lo que se hace en diferentes lugares

Paso 1. Escucha las siguientes oraciones. Vuelve a expresar cada idea usando el **se** impersonal. (Las respuestas se dan en el CD. Cuando oigas la respuesta correcta, repítela en voz alta.)

MODELO: (oyes) En mi universidad los estudiantes estudian mucho.
(dices) En mi universidad se estudia mucho.

1. ...   2. ...   3. ...   4. ...   5. ...

Paso 2. Ahora escucha algunas oraciones adicionales. Vuelve a expresar cada una con el **se** pasivo. (Las respuestas se dan en el CD. Cuando oigas la respuesta correcta, repítela en voz alta.)

MODELO: (oyes) En España la gente compra lotería de la O.N.C.E.
(dices) En España se compra lotería de la O.N.C.E.

1. En la carnicería (*butcher shop*)...
2. En la pescadería (*fish market*)...
3. En la zapatería (*shoe store*)...
4. En la frutería (*fruit stand*)...
5. En la biblioteca...
6. En el cine...

*Paso 3. Vas a escuchar algunas frases. Luego, para el CD y describe lo que se hace en o para la clase de español usando la frase que oíste y el **se** impersonal o el **se** pasivo. Vas a escuchar las frases dos veces.

MODELO: (oyes)   ir al laboratorio de lenguas
(escribes) Se va al laboratorio de lenguas.

1. _____
2. _____
3. _____
4. _____
5. _____
6. _____

PRÁCTICA ESCRITA

Enfoque léxico: La comida

Actividad A. Categorías

*****Paso 1.** Organiza las palabras de la siguiente lista, escribiendo cada una debajo de la categoría más apropiada.

el apio, el atún, los camarones, la cebolla, el cerdo, el durazno, la fresa, el guisante, la langosta, la lechuga, el limón, el maíz, la naranja, el pavo, el pollo, la toronja, la uva, la zanahoria

1. frutas cítricas

3. verduras de color verde

5. pescados y mariscos

2. otras frutas

4. verduras de otros colores

6. carne y aves

Paso 2. Ahora escoge tres de las categorías del Paso 1 y escribe una oración para cada una en la que usas por lo menos dos de las comidas indicadas en esa categoría.

1. _____
2. _____
3. _____

Actividad B. ¿Un menú típico?

Paso 1. Haz una lista de las cosas que comes y bebes un día cualquiera durante el año escolar.

DESAYUNO   ALMUERZO   CENA

Paso 2. Ahora escribe el menú ideal: lo que te gustaría comer si pudieras (*if you could*).

Para el desayuno: _____

Para el almuerzo: _____

Para la cena: _____

Paso 3. Por fin, contesta las siguientes preguntas.

1. ¿Tomas merienda con frecuencia? ¿A qué hora? ¿Qué meriendas, por lo general?

   _____
   _____
   _____

2. ¿Eres vegetariano/a? Si tú no lo eres, piensa en alguien que lo sea. ¿Qué comidas no come(s)? ¿Por qué eres (o tu amigo/a es) vegetariano/a?

   _____
   _____
   _____

3. ¿Crees que tienes una buena dieta? ¿Por qué? ¿Cómo podrías mejorarla (*could you improve it*)?

   _____
   _____
   _____

4. ¿Cuál es el tipo de comida que más te gusta: la china, la mexicana, la italiana, la japonesa, la india… ? ¿Por qué prefieres ese tipo de comida? ¿Tienes un restaurante favorito? ¿Qué sirven allí?

   _____
   _____
   _____

Enfoque léxico

¿CUÁL SE USA?

*Práctica   ¿Cuál se usa?

Completa cada una de las siguientes oraciones con la forma correcta de **caliente, calor, picante, agregar, añadir, aumentar,** o **sumar.** Usa los dibujos como guía. **¡OJO!** Hay dos posibilidades para una de las respuestas.

1. Mamá está _____ sal a la sopa.

2. El niño no sabe _____ los números.

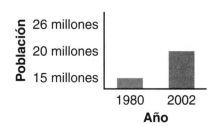

3. La población _____ mucho entre 1980 y 2002.

4. Mamá está preparando una comida muy _____ hoy.

5. Ya puedes poner el pastel en el horno. El horno está _____.

6. No puedo trabajar ahora. Tengo demasiado _____.

Enfoque estructural

5.1 LOS COMPLEMENTOS INDIRECTOS

***Práctica A.   Pronombres**

Paso 1. Completa las siguientes oraciones con el pronombre de complemento indirecto apropiado.

1. Juan _____ dio una sorpresa a su hermana.
2. Federico _____ regaló un automóvil para mi cumpleaños.
3. El cartero _____ trae las cartas a nosotros muy temprano.
4. Pedro, ¿vas a prestar _____ 100 dólares o no? Necesito el dinero esta tarde.
5. El Sr. López _____ sirvió unas bebidas a los invitados.
6. María, ¡esta tarde _____ compro una bicicleta a ti!
7. Ella _____ mandó una hermosa tarjeta a nosotros para la Navidad.

Paso 2. Contesta las siguientes preguntas, según las indicaciones. En cada respuesta, cambia el lugar del pronombre, según el modelo.

MODELO: ¿Vas a comprarme caramelos (*candy*)? (Sí) →
Sí, te voy a comprar caramelos.

1. ¿Vas a llamarme esta semana? (No)

2. Señorita, ¿me puede decir qué sirven aquí? (No)

   _____

3. ¿Quiere Ud. mandarles las notas a los estudiantes? (Sí)

   _____

4. ¿El profesor te va a dar una recomendación para el trabajo? (Sí)

   _____

5. ¿Dorotea quiere hacernos un regalo a mí y a ti? (No)

   _____

Práctica B. Oraciones lógicas

Haz oraciones lógicas usando elementos de las dos columnas. Incluye en tus oraciones complementos indirectos y otros elementos necesarios.

yo   contar
tú (tu mejor amigo/a)   contestar
Raquel   dar
mis padres/abuelos/hijos   decir
don Fernando   escribir
mis compañeros de clase y yo   explicar
mis profesores   hacer
                                pedir
                                preguntar
                                prometer
                                recomendar

1. _____
2. _____
3. _____
4. _____
5. _____
6. _____

5.2 GUSTAR Y OTROS VERBOS SIMILARES

*Práctica A. La fiesta sorpresa

Completa el siguiente diálogo con los verbos y los complementos indirectos apropiados. A continuación hay una lista de los verbos posibles. ¡**OJO**! Puede haber más de una respuesta posible en algunos casos.

   caer   encantar   faltar   fascinar   importar   interesar   parecer

AMIGO 1: ¿Sabes que la próxima semana es el cumpleaños de Sean?

AMIGO 2: Sean _____[1] muy bien a mí. ¿Por qué no le damos una

fiesta sorpresa? ¿Qué _____[2]?

AMIGO 1: ¡Buena idea! A Sean _____³ las fiestas pequeñas... ¡y con buena música!

AMIGO 2: Bien. ¿Dónde la hacemos?

AMIGO 1: Si no _____⁴ a ti y a tus compañeros de casa, la hacemos en la casa de Uds., porque su sala es muy grande.

AMIGO 2: Pero a mí y a mis compañeros de casa _____⁵ sillas. ¡Sólo tenemos tres!

AMIGO 1: No te preocupes. Yo tengo algunas. También voy a traer música de jazz.

AMIGO 2: ¡Qué padre!ª A Tim y a Sara _____⁶ el jazz.

AMIGO 1: Tenemos que invitar a Mel también, porque sé que a Sean va a _____⁷ mucho.

AMIGO 2: Bueno... el problema es que a Mel _____⁸ mal casi todo el mundo. Pero, como es el cumpleaños de Sean...

ª¡Qué... *Great!*

Práctica B. ¿Dónde comen los españoles?

Paso 1. Lee el siguiente recorte de una revista española sobre los hábitos de comida de los españoles.

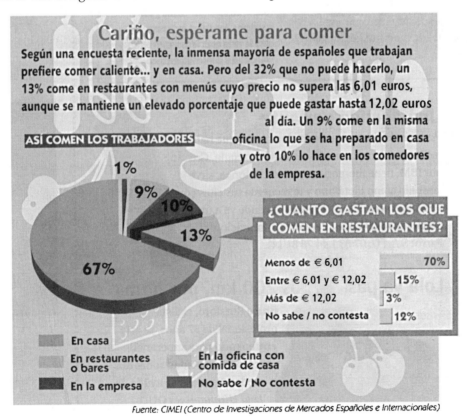

***Paso 2.** Contesta las siguientes preguntas según la información del recorte.

1. ¿Adónde les gusta comer a muchos españoles los días de trabajo?

2. En general, ¿les importa pagar menos de 12,02 euros si tienen que comer fuera de casa?

3. ¿Te parece que esto pasa en los Estados Unidos? ¿Qué te resulta extraño (*weird*) de esta información?

4. Y a ti, ¿qué te encanta hacer a la hora del almuerzo? ¿Qué más te molesta hacer?

5.3 DOS USOS DE **SE**: EL «**SE** IMPERSONAL» Y LA VOZ PASIVA CON **SE**

Práctica ¿Qué se hace?

Paso 1. Explica lo que se hace en los siguientes lugares. Usa el se impersonal o el se pasivo en tus oraciones.

MODELO: en una fiesta de cumpleaños →
En una fiesta de cumpleaños se come pastel, se bebe chocolate y se habla con los amigos.

1. en el supermercado

2. en los grandes almacenes (*department stores*)

3. en el campo (*countryside*)

4. en una playa maravillosa

5. en la clase

6. en tu casa

7. en el bar

8. en casa de mis padres

Paso 2. ¿Puedes indicar cómo se prepara una buena ensalada? Usa el vocabulario de este capítulo y la voz pasiva con **se** para explicar cómo se hace una ensalada.

Palabras útiles: el aderezo (*dressing*), el vinagre; cortar, mezclar (*to mix*), pelar (*to peel*), rallar (*to grate*)

Ampliación estructural: Más sobre los verbos reflexivos

In the textbook, you have already reviewed and practiced several uses of **se**: reflexive verbs for routine activities (**Enfoque estructural 1.2** and **4.1**), the impersonal **se** and the passive voice with **se** (**Enfoque estructural 5.3**). In **Capítulo 4** of the *Manual*, you also learned to use **se** with verbs to express the idea of *to get* or *to become*. In this section you will learn more about the reflexive construction with **se**.

The use of reflexive pronouns with a verb may signal that a change has taken place in the subject; this may be a change in one's physical or mental/emotional state.

CHANGE IN PHYSICAL STATE

Many verbs can be used both reflexively and nonreflexively. Note the differences in meaning with the following verbs.

acostarse (ue)	to lie down; to go to bed	**acostar (ue)**	to put to bed
caerse (*irreg.*)	to fall down	**caer** (*irreg.*)	to fall
calentarse (ie)	to get warm	**calentar (ie)**	to heat
cansarse	to get tired	**cansar**	to tire
despertarse (ie)	to wake up	**despertar (ie)**	to awaken
enfermarse	to get sick	**enfermar**	to sicken, make sick
lavarse	to wash oneself	**lavar**	to wash
levantarse	to get up	**levantar**	to lift
llamarse	to be named	**llamar**	to call
parecerse	to resemble	**parecer**	to seem
perderse (ie)	to get lost	**perder (ie)**	to lose
quitarse	to take off	**quitar**	to remove
sentarse (ie)	to sit down	**sentar (ie)**	to seat

CHANGE IN MENTAL/EMOTIONAL STATE

Many verbs indicating a mental or emotional state can be used both reflexively and nonreflexively. The reflexive use is often expressed as the English *to become* or *to get*. Note the differences in the meanings of the following verbs.

aburrirse	to become bored	**aburrir**	to bore
acordarse (ue)	to remember	**acordar (ue)**	to remind
asustarse	to become frightened	**asustar**	to frighten
divertirse (ie, i)	to have fun	**divertir (ie, i)**	to amuse
enojarse	to get angry	**enojar**	to anger
interesarse	to become interested	**interesar**	to interest
molestarse	to become irritable	**molestar**	to bother
preocuparse	to worry about	**preocupar**	to worry
sorprenderse	to be surprised	**sorprender**	to surprise

- A number of verbs are used only in the reflexive form. Some of the more common verbs of this type are listed below.

arrepentirse (ie, i) (de)	to regret
atreverse (a)	to dare (to)
darse cuenta de	to realize
equivocarse	to make a mistake
quejarse (de)	to complain (about)

- When used in a nonreflexive sense, verbs that signal mental or emotional reactions generally use *indirect object pronouns*. However, when used in a nonreflexive sense, verbs that signal a change in physical state usually take *direct object pronouns*. Compare the following examples.

Raquel **se sorprendió** cuando supo que Arturo era el medio hermano de Ángel. (reflexive)	*Raquel was surprised when she found out that Arturo was Ángel's half brother.*
Las noticias de la muerte de Rosario **la sorprendieron.** (nonreflexive, change in emotional state)	*The news about Rosario's death surprised her.*
Por lo menos Raquel no **se perdió** en España. (reflexive)	*At least Raquel didn't get lost in Spain.*
¿Te acuerdas de la cartera de Raquel? Ella pensaba que **la había perdido.** (nonreflexive, change in physical state)	*Do you remember Raquel's wallet? She thought she had lost it.*

*Práctica A. ¿Reflexivo o no?

Paso 1. Lee las oraciones a continuación e indica la forma del verbo que se usa —reflexiva o no reflexiva, según el contexto. ¡OJO! Los verbos aparecen en la forma del infinitivo. Vas a ponerlos en la forma apropiada en el Paso 2.

1. Estoy cansada. Voy a (acostarse / acostar) temprano.
2. Si los estudiantes no entienden algo que dice la profesora, deben (levantarse / levantar) la mano.
3. Este ejercicio no (parecerse / parecer) muy difícil.
4. Raquel (acordarse / acordar) de muchos detalles de su investigación.
5. No sé cómo voy a (quitarse / quitar) esta mancha de mi blusa.
6. ¿Cuántas horas (dormirse / dormir) tú todas las noches?
7. Los profesores (molestarse / molestar) cuando los estudiantes no van a clase preparados.
8. Los ruidos fuertes (*loud noises*) (asustarse / asustar) a los bebés.
9. Casi todos los padres (preocuparse / preocupar) por sus hijos.

Paso 2. Escribe la forma correcta de los verbos que indicaste en el Paso 1. **¡OJO!** En algunos casos, el infinitivo es la forma correcta, pero cuidado con el uso correcto de los pronombres.

1. _____   6. _____
2. _____   7. _____
3. _____   8. _____
4. _____   9. _____
5. _____

Práctica B.   Termina el pensamiento

Escribe un final original para las siguientes oraciones incompletas.

1. Me enojo mucho cuando _____.
2. No me atrevo a _____.
3. Dicen que yo me parezco a _____.
4. Me canso cuando _____.
5. Me arrepiento de _____.
6. Me asusto cuando _____.
7. Me pierdo fácilmente en _____.

¡MANOS A LA OBRA!

Actividad   Una comida especial

Hace cinco años, Arturo invitó a Raquel a cenar en su casa —fue el inicio de unas relaciones muy duraderas (*long lasting*), como ya sabes.

Paso 1. Escucha mientras Arturo describe cómo se preparan las brochetas (*kebabs*) argentinas. Indica los ingredientes que él menciona. (Las respuestas se dan en el CD.)

Palabra útil: agridulce   *bittersweet*

1. _____ los camarones   4. _____ la cebolla
2. _____ la carne de vaca (*beef*)   5. _____ los champiñones
3. _____ la carne de cerdo   6. _____ el chorizo (*sausage*)

Capítulo cinco   **119**

7. _____ la ciruela (*plum*)
8. _____ la panceta (el tocino)
9. _____ el pimiento morrón (*red pepper*)
10. _____ el pimiento verde
11. _____ la piña
12. _____ el pollo
13. _____ los riñoncitos (*kidneys*)
14. _____ el tomate
15. _____ las zanahorias

Paso 2. ¿Qué más cenaron Raquel y Arturo? Escucha al narrador hablar de otras cosas que cenaron e indica las comidas y bebidas que menciona. (Las respuestas se dan en el CD.)

1. _____ el agua
2. _____ la cerveza
3. _____ las fresas
4. _____ las manzanas
5. _____ el pan
6. _____ el queso
7. _____ las uvas
8. _____ el vino blanco
9. _____ el vino tinto

*Paso 3. Dictado: Ahora vuelve a escuchar las narraciones y escribe las palabras que faltan.

a. ARTURO: Preparo las brochetas con… riñoncitos, carne de _____,^{1} carne de _____,^{2} _____,^{3} y _____.^{4} [...] Y también… _____^{5} morrón, _____,^{6} _____^{7} y ciruela para darle el toque artístico y agridulce.

b. GUIDE: Raquel y Arturo siguen conversando, mientras comen la deliciosa cena… _____,^{1} _____;^{2} carnes de todos _____.^{3} carne de vaca, carne de cerdo, chorizos, _____,^{4} _____;^{5} vino _____,^{6} vino _____,^{7} tomates, _____,^{8} _____.^{9}

Paso 4. ¿Qué sabes preparar tú? Imagínate que invitaste a una persona muy especial a cenar en tu casa este fin de semana. Escribe un breve párrafo en el que describes un plato que vas a preparar o las comidas y bebidas que vas a servir.

_____
_____
_____
_____
_____
_____

CAPÍTULO

La búsqueda

EL VÍDEO

 *Actividad A. La Gavia

En este episodio Lucía rebusca (*searches carefully*) entre los documentos de la familia Castillo y de La Gavia información que explique por qué el gobierno reclama la hacienda. Lee las siguientes preguntas y luego escucha, sin parar el CD, el fragmento en que Lucía habla sola. Luego, vas a oír el fragmento otra vez. Escúchalo, parando el CD para contestar las preguntas con oraciones completas.

Palabra útil:

invirtió   (*he*) *invested*

1. ¿En qué año compró don Fernando La Gavia?

2. ¿Qué documento le dio Ramón a Lucía?

3. ¿Cuál de los hijos de don Fernando nació en La Gavia?

4. ¿En qué condiciones estaba La Gavia cuando don Fernando la compró?

5. ¿Qué hizo don Fernando para devolver a La Gavia la grandeza y el esplendor que tuvo en otra época?

Capítulo seis

Actividad B. Raquel y dos hombres

Paso 1. En este episodio, ves la interacción de Raquel con dos hombres: uno que conoció hace muchos años en Los Ángeles y otro que conoció hace algunos años en la Argentina. ¿Qué piensa Raquel del primer hombre? Escucha el siguiente fragmento del Episodio 6 en que él llama a Raquel por teléfono en Los Ángeles. Luego, completa las oraciones a continuación, escribiendo la letra de cada frase de la columna a la derecha en el espacio en blanco correspondiente de la columna a la izquierda. Puedes escuchar el fragmento más de una vez, si quieres. (Las respuestas se dan en el CD.)

1. _____ El hombre con quien habla
2. _____ Al darse cuenta de quién es, Raquel está
3. _____ Raquel recuerda un encuentro con él
4. _____ Raquel le pregunta
5. _____ Él invita a Raquel a
6. _____ Raquel le responde que
7. _____ Raquel le dice que uno de estos días
8. _____ Al colgar (*hanging up*) el teléfono,

a. tiene demasiado trabajo esta semana.
b. sorprendida porque hace cinco años que no lo ve.
c. se llama Luis.
d. almorzar con él.
e. Raquel se siente molesta porque ése es un hombre oportunista.
f. cómo le va el trabajo.
g. ella lo va a llamar para almorzar.
h. en México, hace cinco años.

Paso 2. Ahora escucha otro fragmento en el que Raquel recuerda varios encuentros con el otro hombre, Arturo. Mientras escuchas, indica las palabras de la lista que oyes en las conversaciones. Puedes escuchar más de una vez, si quieres. (Las respuestas se dan en el CD.)

1. _____ belleza
2. _____ divertido
3. _____ estupendo
4. _____ estúpido
5. _____ caliente
6. _____ importante
7. _____ inolvidable
8. _____ linda

Nombre _____ Fecha _____ Clase _____

Paso 3. Ahora, basándote en la información de los dos pasos anteriores, escribe por lo menos cuatro oraciones en las que describes lo que piensa Raquel de cada uno de los dos hombres. Debes incluir por lo menos dos de las palabras que indicaste en el Paso 2.

_____
_____
_____
_____
_____
_____

Actividad C. ▶ *Hace cinco años* ◀ **En La Boca**

Paso 1. En este episodio, Raquel y Arturo empiezan su búsqueda en La Boca, un barrio de Buenos Aires, y también empiezan a conocerse. ¿Recuerdas a quién buscan y con quiénes hablaron para ver si lo conocían? Escucha los siguientes fragmentos y escribe la letra del dibujo correspondiente a cada uno. Los fragmentos están en el orden cronológico apropiado. (Las respuestas se dan en el CD.)

a.

b.

c.

d.

1. _____ 2. _____ 3. _____ 4. _____

Capítulo seis **123**

Paso 2. Ahora, escribe un breve resumen que describa la búsqueda de Arturo y Raquel en La Boca. Usa las fotos como guía y vuelve a escuchar los fragmentos del Paso 1, si quieres.

_____
_____
_____
_____
_____
_____

Más allá del episodio

Actividad   Arturo Iglesias

Paso 1. Ya sabes quién es Arturo y que, de alguna manera, todavía es parte de la vida de Raquel. ¿Qué más sabes de él? ¿Cuáles son sus relaciones con Raquel ahora? Lee las siguientes afirmaciones sobre él e indica si estás de acuerdo (Sí), si no estás de acuerdo (No) o si no estás seguro/a (NS).

Sí   No   NS   1.   Arturo estaba celoso (*jealous*) de las relaciones entre Ángel y su madre.
Sí   No   NS   2.   Arturo era más artístico que su medio hermano.
Sí   No   NS   3.   Ángel siempre fue mejor estudiante que Arturo.
Sí   No   NS   4.   Arturo quería estudiar ingeniería, pero su padre lo obligó a estudiar psiquiatría.
Sí   No   NS   5.   Arturo estaba casado con una mujer peruana.
Sí   No   NS   6.   Arturo y su esposa se divorciaron después de que él conoció a Raquel.
Sí   No   NS   7.   La esposa de Arturo lo dejó por otro hombre.

Paso 2. Ahora escucha la siguiente narración sobre Arturo y verifica las respuestas que indicaste en el Paso 1. No te preocupes si no lo entiendes todo. Lo importante es sacar algunos detalles provechosos.

Nombre _____ Fecha _____ Clase _____

PRÁCTICA ORAL Y AUDITIVA

Enfoque léxico: ¿Qué hay en tu ciudad o pueblo?

Actividad A. Descripciones

Paso 1. Escucha las siguientes descripciones. Luego, escribe el nombre del lugar descrito en el espacio en blanco correspondiente. Vas a oír las descripciones dos veces. (Las respuestas se dan en el CD.)

1. _____
2. _____
3. _____
4. _____
5. _____
6. _____
7. _____
8. _____

Paso 2. Escucha las siguientes preguntas, parando el CD para escribir una respuesta en español. Vas a oír las preguntas dos veces.

1. _____
   _____
2. _____
   _____

Actividad B. ¿Dónde están?

Escucha los siguientes diálogos y completa cada oración con las palabras correspondientes de la lista. Puedes escuchar los diálogos más de una vez, si quieres. (Las respuestas se dan en el CD.)

la calle, parados en un semáforo, el correo, una galería de arte, la parada del autobús

1. Están en _____.
2. Están en _____.
3. Están en _____.
4. Están en _____.

Capítulo seis **125**

Enfoque estructural

6.1 HABLANDO DEL PASADO USANDO EL IMPERFECTO

Práctica A. El año pasado

Paso 1. Escucha las frases en el CD y combina cada una con la información en el *Manual* para formar una oración sobre lo que hacían estas personas el año pasado. (Las respuestas se dan en el CD. Cuando oigas la respuesta correcta, repítela en voz alta.)

      MODELO: (oyes) asistir a clase
                     (ves) yo
                     (dices) Asistía a clases el año pasado.

1. mis padres
2. mi amiga y yo
3. nuestra abuela
4. tú
5. los estudiantes
6. yo
7. mi novio
8. todos nosotros

Paso 2. Ahora vas a escuchar preguntas en el presente de indicativo. Contesta cada una negativamente y explica que eso lo hacías tú o lo hacían otros el año pasado. (Las respuestas se dan en el CD. Cuando oigas la respuesta correcta, repítela en voz alta.)

      MODELO: (oyes) ¿Vives en la ciudad?
                     (dices) No, pero vivía en la ciudad el año pasado.

1. … 2. … 3. … 4. … 5. …

*Práctica B. ¿Por qué se usa el imperfecto?

Escucha los siguientes fragmentos de *Nuevos Destinos* e indica por qué se usa el imperfecto en cada caso. Pon un círculo alrededor de la respuesta correcta. A continuación hay un breve repaso de los tres casos en que se usa el imperfecto. Para el CD para leerlos.

    descripciones en el pasado: para expresar la hora, la edad y condiciones físicas, emocionales o mentales
    acciones habituales: acciones que se repetían regularmente en el pasado
    acciones en progreso: acciones que ocurrían al mismo tiempo que otra acción en el pasado

Ahora, vuelve a escuchar el CD.

1. descripción   acción habitual   acciones en progreso
2. descripción   acción habitual   acciones en progreso
3. descripción   acción habitual   acciones en progreso
4. descripción   acción habitual   acciones en progreso
5. descripción   acción habitual   acciones en progreso
6. descripción   acción habitual   acciones en progreso

6.2 ACCIONES EN EL PRESENTE Y EL PASADO USANDO LOS TIEMPOS PROGRESIVOS

Práctica A. ¿Qué está o estaba haciendo?

Paso 1. Mira las fotos de *Nuevos Destinos* y escucha las preguntas en el CD. Contesta cada una, según las indicaciones. ¡OJO! Si la pregunta se hace en el presente, contéstala con el presente del progresivo. Si la pregunta se hace en el pasado, contéstala con el pasado del progresivo. (Las respuestas se dan en el CD. Cuando oigas la respuesta correcta, repítela en voz alta.)

MODELO: (oyes) ¿Qué estaba haciendo Raquel?

(ves) hablar con Luis
(dices) Raquel estaba hablando con Luis.

1. divertirse en Buenos Aires   2. estudiar el caso de La Gavia

3. dormir   4. pedir información sobre Ángel

Paso 2. Es obvio que Raquel no tiene urgencia de volver a ver a Luis. Imagínate que tú eres Raquel y que Luis te invita a hacer varias cosas. Contéstale que ya las estás haciendo. (Las respuestas se dan en el CD. Cuando oigas la respuesta correcta, repítela en voz alta.)

MODELO: (oyes) ¿Quieres ir a cenar?
(dices) Lo siento, pero ya estoy cenando.

1. ...   2. ...   3. ...   4. ...

Capítulo seis   **127**

Práctica B. ¿A qué hora… ?

Paso 1. Mira el siguiente dibujo de Quino.

Paso 2. Ahora escucha algunas preguntas basadas en el dibujo. Contéstalas oralmente, según las indicaciones. **¡OJO!** Cuando sean necesarios, pon los pronombres delante del (*in front of the*) verbo conjugado. (Las respuestas se dan en el CD. Cuando oigas la respuesta correcta, repítela en voz alta.)

MODELO: (oyes) ¿Qué hacía el niño cuando su madre le habló?
(ves) tomar la sopa
(dices) Estaba tomando la sopa.

1. llegar tarde
2. entrar por la puerta
3. despertarse
4. afeitarse
5. morir
6. tirarle (*to pour*) café al hombre

Paso 3. (Optativo) ¿Cuál es el chiste al final del dibujo? ¿Por qué crees que estaba enojado el espíritu del hombre muerto? Explica brevemente.

___

___

___

6.3 EXPRESIONES CON TENER

Práctica Reacciones

¿Cómo reaccionan las siguientes personas? Escucha cada una de las situaciones en el CD. Luego, forma una oración lógica con una expresión con **tener,** basándote en la información que oyes y en las indicaciones del *Manual*. (Las respuestas se dan en el CD. Cuando oigas la respuesta correcta, repítela en voz alta.)

MODELO: (oyes) Es agosto y la temperatura es de 100 grados Fahrenheit.
(ves) yo
(dices) Tengo calor.

1. los niños
2. mi hermanito
3. Uds.
4. tú
5. yo
6. su compañera
7. el estudiante

PRÁCTICA ESCRITA

Enfoque léxico: ¿Qué hay en tu ciudad o pueblo?

Actividad A. ¿La ciudad o el pueblo?

Paso 1. ¿Qué asocias con un pueblo y con una ciudad? Haz una lista de cinco cosas o lugares que sólo se encuentran en las ciudades grandes y otra lista de cinco cosas que se pueden encontrar tanto en las ciudades como en los pueblos.

LA CIUDAD	LA CIUDAD Y EL PUEBLO
_____	_____
_____	_____
_____	_____
_____	_____

Paso 2. Ahora haz una breve descripción de una ciudad o un pueblo que conozcas bien. Usa tantas palabras del Paso 1 como puedas. También debes incluir algunas opiniones personales: ¿Qué prefieres tú, la ciudad o el pueblo? ¿Por qué?

_____

_____

_____

_____

_____

Actividad B. Lo que hay que ver

Paso 1. Piensa en los lugares que has visitado en tu vida y da el nombre de cada uno que te haya impresionado (*that has impressed you*) en cada categoría. Si puedes, da el nombre del lugar. Si no, da sólo el de la ciudad o el pueblo donde se encuentra.

1. una iglesia: _____
2. una oficina de correos: _____
3. un parque: _____
4. un café: _____
5. un barrio: _____
6. un edificio: _____
7. una calle o una avenida: _____
8. un estadio: _____
9. un museo: _____
10. una plaza: _____

Paso 2. Explica lo que hay que ver en el lugar donde vives. Puede ser la ciudad donde está tu universidad o donde vive tu familia. Menciona como mínimo cinco lugares de interés y explica por qué son interesantes (¡al menos para ti!).

_____

_____

_____

Nombre _____ Fecha _____ Clase _____

_____

_____

_____

_____

_____

_____

Enfoque léxico

¿CUÁL SE USA?

***Práctica A. No es lo mismo**

Completa las siguientes oraciones con **igual, mismo/a, parecido/a, semejante** o **similar**. Algunas oraciones pueden tener más de una respuesta correcta.

1. ¿Sabes? Tú y yo tenemos el _____ cumpleaños.
2. ¿Dónde compraste ese cuaderno? Busco uno exactamente _____.
3. ¿No me crees? La profesora _____ me dijo que hay un examen mañana.
4. Ese automóvil es _____ al coche que tengo yo.
5. Nunca he conocido a nadie con _____ dedicación a los desafortunados.
6. Esas dos hermanas son _____.
7. Creo que la mayor es más _____ a su mamá.
8. Voy a cortar la pizza en porciones _____. Así nadie puede decir que uno comió más que el otro.
9. Llegamos todos al _____ tiempo.

Práctica B. Tus sueños

Contesta las siguientes preguntas personales.

1. ¿Te das cuenta ahora de algo sobre la vida que no sabías a los quince años? ¿De qué se trata?

   _____

   _____

2. Si tienes la oportunidad de realizar un gran proyecto algún día, ¿qué proyecto va a ser?

   _____

   _____

3. ¿Crees que tus padres no se dan cuenta de algo importante sobre tu persona? ¿Qué cosa es?

   _____

   _____

Capítulo seis

4. ¿Qué es lo que más necesitas para realizar tus sueños para el futuro?

_____

_____

Enfoque estructural

6.1 HABLANDO DEL PASADO USANDO EL IMPERFECTO

*Práctica A. **La niñez de Carolina**

Carolina está describiendo su niñez. Completa su descripción con el imperfecto de los verbos entre paréntesis.

Todos los sábados, yo _____[1] (levantarse) contenta porque mis padres y yo siempre _____[2] (hacer) algo diferente. A veces _____[3] (pasar) el día en la playa o _____[4] (ir) a un museo o al parque. Pero yo _____[5] (preferir) ir al centro. Nosotros tres _____[6] (dar) un paseo por las calles principales de la ciudad. A mí me _____[7] (encantar) ir de compras porque mi madre siempre _____[8] (encontrar) algo para mí. Luego, mi padre, por lo general, _____[9] (sugerir) ver una película. Mi padre siempre _____[10] (saber) las películas que yo _____[11] (poder) ver. Finalmente, después de las compras y el cine, _____[12] (ser) la hora de cenar y los tres _____[13] (tener) que ir a algún restaurante, porque no _____[14] (haber) tiempo para cocinar. ¡Qué recuerdos!

Práctica B. De niño/a

Paso 1. ¿Qué recuerdas de cuando eras niño/a? ¿Qué hacían tus parientes? ¿tú y tus amigos? Completa el siguiente cuadro con apuntes sobre tu pasado. Usa el tiempo imperfecto de indicativo. Algunos ya se han hecho como modelo.

	mis padres o familiares…	mi amigo/a _____ (nombre)	Yo…	Creo que otras personas…
en las vacaciones				
los fines de semana			miraba la tele.	
los días festivos				
por las mañanas				leían el periódico.
los domingos	iban a la iglesia.			
en los centros comerciales				

Nombre _____ Fecha _____ Clase _____

Paso 2. Ahora, basándote en tus apuntes, escribe un breve párrafo en el que describes algún aspecto de tu pasado. No te olvides de los usos apropiados del imperfecto.

_____
_____
_____
_____
_____
_____
_____
_____

6.2 ACCIONES EN EL PRESENTE Y EL PASADO USANDO LOS TIEMPOS PROGRESIVOS

*Práctica A. ¿Qué están haciendo?

Paso 1. Contesta las siguientes preguntas con oraciones completas, usando un tiempo progresivo. Si la pregunta se hace en el presente, contéstala con el presente del progresivo. Si la pregunta se hace en el pasado, contéstala con el pasado del progresivo.

> MODELOS: ¿Qué hace el gato ahora? (perseguir el ratón [*mouse*]) →
> Está persiguiendo el ratón.
>
> ¿Qué hacía el ratón? (comer queso) →
> Estaba comiendo queso.

1. ¿Qué hace Juan? (escribir una carta)
   _____

2. ¿Qué hacían los perros? (ladrar [*to bark*])
   _____

3. ¿Qué haces frente al televisor? (mirar mi programa favorito)
   _____

4. ¿Sabes qué hago yo en este momento? (responder al mensaje)
   _____

5. ¿Qué hacía tu novio/a en el restaurante? (cenar con su padre)
   _____

*Paso 2. Completa cada una de las siguientes oraciones con la forma correcta del presente del primer verbo y el gerundio del segundo verbo entre paréntesis.

> MODELO: El prisionero (estar / pensar) cómo escapar de la cárcel. (*jail*) →
> está pensando

1. ¡Oye! ¡Paco te _____ (andar / buscar) desde hace dos horas!

Capítulo seis 133

2. El policía _____ (estar / seguir) el coche que va demasiado rápido.

3. Ese señor me _____ (continuar / mirar) desde hace una hora.

4. Siempre que yo _____ (ir / correr), llego a tiempo a mis clases.

5. ¿Por dónde andas, Ricardo? Yo te _____ (estar / esperar) todo el día.

Paso 3. Ahora vuelve a escribir las oraciones del Paso 2 en el pasado del progresivo. ¡OJO! Hay que cambiar dos verbos en cada caso.

1. _____
2. _____
3. _____
4. _____
5. _____

Práctica B. Preguntas personales

Compara tu niñez (cuando tenías 8 ó 10 años) con el presente.

1. ¿Cuáles eran tus comidas favoritas? ¿Te siguen gustando esas comidas?

2. ¿Quién era tu mejor amigo/a? ¿Continúa siéndolo?

3. ¿Qué hacías los fines de semana? ¿Y ahora?

4. ¿Qué es algo que hacías entonces y que sigues haciendo ahora?

Nombre _____ Fecha _____ Clase _____

6.3 EXPRESIONES CON **TENER**

Práctica ¿Qué tienen?

*Paso 1.** Mira la siguiente escena. Escribe cinco oraciones con expresiones con **tener** que la describen.

1. _____
2. _____
3. _____
4. _____
5. _____

Paso 2. Ahora usa las oraciones que escribiste en el Paso 1 para escribir un breve párrafo sobre la escena en la plaza.

_____
_____
_____
_____
_____
_____
_____
_____

Ampliación estructural: Usos del infinitivo

In Spanish, the infinitive of the verb can be used in several cases in which the English equivalent would use the present participle of the verb. Here are some uses of the infinitive as a noun and after prepositions. Note how, in each case, the English equivalent of the Spanish infinitive ends in *-ing*.

- El infinitivo como sustantivo:

    Nadar es excelente ejercicio.　　*Swimming is great exercise.*
    Ver es **creer**.　　*Seeing is believing.*

- El infinitivo después de preposiciones:

    Me visto **antes de desayunar**.　　*I get dressed before eating breakfast.*
    Yo prefiero vestirme **después de desayunar**.　　*I prefer to get dressed after eating breakfast.*
    Al recibir la carta de la Sra. Suárez, don Fernando decidió buscar a Rosario.　　*Upon receiving the letter from Sra. Suárez, don Fernando decided to look for Rosario.*

- Some other common prepositions, prepositional phrases, and verb-preposition combinations used before infinitives are listed below. Only those that would be followed by a present participle in English are included in this list.

acostumbrarse a	to get used to
cansarse de	to get tired of
dejar de	to stop (*doing something*)
gozar de	to enjoy
insistir en	to insist on
pensar de	to have an opinion about
soñar con	to dream about
tener ganas de	to feel like (*doing something*)
sin	without
en vez de	instead of

*Práctica A.   ¿Cuál es el infinitivo?

Escribe el equivalente en español de las palabras en letra cursiva. Usa el infinitivo del verbo en la construcción.

　　MODELO: (*Before leaving*) _____, apaga las luces, por favor. →
　　　　　　 Antes de salir

1. (*Studying*) _____ es importante si quieres sacar buenas notas.

2. (*After graduating*) _____, voy a buscar trabajo.

3. No es fácil _____ (*to stop smoking*).

4. La Sra. Suárez _____ (*insisted on talking*) con Raquel en persona.

5. (*Upon seeing*) _____ su nota en el examen, Felipe se puso contento.

6. ¿Qué _____ (*do you* [*tú*] *think about attending*) a la escuela todo el año?

7. Mis padres decidieron comprar una casa nueva _____ (*without telling me about it*).

Nombre _____ Fecha _____ Clase _____

Práctica B. Oraciones originales

Completa las oraciones a continuación con una idea original, usando el infinitivo de algún verbo en cada caso.

MODELO: Me gusta ver las noticias antes de… → hacer la tarea.

1. Para mí, es muy difícil acostumbrarme a… _____.
2. Sueño con… _____.
3. Me canso de… _____.
4. Tengo ganas de… _____.
5. Prefiero descansar esta noche en vez de… _____.

¡MANOS A LA OBRA!

Actividad En aquel entonces

Paso 1. En este episodio, ves que Raquel conoce otra ciudad interesante. Muchos pueblos y ciudades conservan un sabor (*taste*) del pasado por sus edificios, plazas, avenidas y jardines, y es posible imaginar cómo eran esos lugares durante otras épocas. Piensa en algún pueblo o alguna ciudad que conoces y trata de imaginar cómo era hace varios años como, por ejemplo, cuando tus abuelos o bisabuelos vivían allí. Apunta algunas ideas, según las siguientes categorías.

DESCRIPCIÓN DEL PUEBLO / DE LA CIUDAD	ACTIVIDADES DE LOS HABITANTES

Paso 2. Basándote en tus apuntes del Paso 1, escribe un breve párrafo en el que imaginas alguna persona que vivió en ese pueblo o esa ciudad hace varios años. Puede ser una persona conocida o imaginaria. Describe dónde vivía y las cosas que hacía todos los días. ¿Qué tiempo verbal debes usar para hacer descripciones o describir acciones habituales en el pasado?

_____

Capítulo seis

LECTURA 3

Antes de leer

José Bernardo Adolph nació en 1933 en Alemania. Cuando era muy joven, él y su familia se mudaron al Perú, donde el escritor reside actualmente. Su cuento «Nosotros, no» es del género de la ciencia ficción —la acción del cuento tiene lugar muchos años en el futuro. Se puede decir que las características más sobresalientes de la obra de Adolph son la ternura, la brevedad y el énfasis en la descripción.

Actividad

Paso 1. Indica si estás de acuerdo o no con las siguientes declaraciones.

Sí No 1. La sociedad moderna respeta más que nunca la vida humana.
Sí No 2. El ser humano no tiene dominio (*control*) ni sobre su vida ni sobre su muerte.
Sí No 3. Los ancianos (*elderly people*) son muy despreciados (*despised*) en este país.
Sí No 4. Hoy día, se pone mucho énfasis en la juventud.
Sí No 5. A veces hay un gran conflicto entre la ciencia y la religión en nuestra cultura.

Paso 2. Vas a leer un cuento que habla de la inmortalidad. ¿Cuáles de las siguientes ideas son muy probables encontrar en un cuento sobre ese tema?

la ciencia ficción	el gobierno	la revolución biológica
Dios	el milagro (*miracle*)	el suicidio
la eutanasia	la muerte	la vida eterna

Nosotros, no

Aquella tarde, cuando tintinearon las campanillas[a] de los teletipos y fue repartida la noticia como un milagro, los hombres de todas las latitudes se confundieron en un solo grito de triunfo. Tal como había sido predicho doscientos años antes, finalmente el hombre había conquistado la inmortalidad en 2168.

Todos los altavoces[b] del mundo, todos los transmisores de imágenes, todos los boletines destacaron esta gran revolución biológica. También yo me alegré, naturalmente, en un primer instante.

¡Cuánto habíamos esperado este día!

Una sola inyección, de cien centímetros cúbicos, era todo lo que hacía falta para no morir jamás. Una sola inyección, aplicada cada cien años, garantizaba que ningún cuerpo humano se descompondría nunca. Desde ese día, sólo un accidente podría acabar con una vida humana. Adiós a la enfermedad, a la senectud,[c] a la muerte por desfallecimiento[d] orgánico.

Una sola inyección, cada cien años.

Hasta que vino la segunda noticia, complementaria de la primera. La inyección sólo surtiría[e] efecto entre los menores de veinte años. Ningún ser humano que hubiera traspasado la edad del crecimiento podría detener su descomposición interna a tiempo. Sólo los jóvenes serían inmortales. El gobierno federal mundial se aprestaba[f] ya a organizar el envío, reparto[g] y aplicación de las dosis a todos los niños y adolescentes de la tierra. Los compartimentos de medicina de los cohetes[h] llevarían las ampolletas[i] a las más lejanas colonias terrestres del espacio.

Todos serían inmortales.

[a]tintinearon... *the little bells jingled* [b]*loudspeakers* [c]*old age* [d]*weakening* [e]*would produce* [f]se... *was preparing* [g]*distribution* [h]*rockets* [i]*small vials*

Menos nosotros, los mayores, los adultos, los formados, en cuyo organismo la semilla de la muerte estaba ya definitivamente implantada.

Todos los muchachos sobrevivirían para siempre. Serían inmortales y de hecho[j] animales de otra especie. Ya no seres humanos; su sicología, su visión, su perspectiva, eran radicalmente diferentes a las nuestras. Todos serían inmortales. Dueños del universo para siempre. Libres. Fecundos.[k] Dioses.

Nosotros, no. Nosotros, los hombres y mujeres de más de veinte años, éramos la última generación mortal. Éramos la despedida, el adiós, el pañuelo de huesos y sangre que ondeaba,[l] por última vez, sobre la faz[m] de la tierra.

Nosotros, no. Marginados[n] de pronto, como los últimos abuelos de pronto nos habíamos convertido en habitantes de un asilo para ancianos,[o] confusos conejos asustados entre una raza de titanes. Estos jóvenes, súbitamente,[p] comenzaban a ser nuestros verdugos[q] sin proponérselo. Ya no éramos sus padres. Desde ese día éramos otra cosa; una cosa repulsiva y enferma, ilógica y monstruosa. Éramos Los Que Morirían. Aquellos Que Esperaban la Muerte. Ellos derramarían lágrimas,[r] ocultando su desprecio, mezclándolo con su alegría. Con esa alegría ingenua con la cual expresaban su certeza[s] de que ahora, ahora sí, todo tendría que ir bien.

Nosotros sólo esperábamos. Los veríamos crecer, hacerse hermosos, continuar jóvenes y prepararse para la segunda inyección, una ceremonia —que nosotros ya no veríamos— cuyo carácter religioso se haría evidente. Ellos no se encontrarían jamás con Dios. El último cargamento de almas rumbo al más allá,[t] era el nuestro.

¡Ahora cuánto nos costaría dejar la tierra! ¡Cómo nos iría carcomiendo[u] una dolorosa envidia! ¡Cuántas ganas de asesinar nos llenaría el alma, desde hoy y hasta el día de nuestra muerte!

Hasta ayer. Cuando el primer chico de quince años, con su inyección en el organismo, decidió suicidarse. Cuando llegó esa noticia, nosotros, los mortales, comenzamos recientemente a amar y a comprender a los inmortales.

Porque ellos son unos pobres renacuajos[v] condenados a prisión perpetua en el verdoso estanque[w] de la vida. Perpetua. Eterna. Y empezamos a sospechar que dentro de 99 años, el día de la segunda inyección, la policía saldrá a buscar a miles de inmortales para imponérsela.

Y la tercera inyección, y la cuarta, y el quinto siglo, y el sexto; cada vez menos voluntarios, cada vez más niños eternos que imploran la evasión, el final, el rescate.[x] Será horrenda la cacería.[y] Serán perpetuos miserables.

Nosotros, no.

[j]*de... at the same time* [k]*Productive.* [l]*pañuelo... handkerchief of flesh and blood that waved* [m]*cara* [n]*Obsolete* [o]*asilo... rest home* [p]*de repente* [q]*executioners* [r]*derramarían... would spill their tears* [s]*certainty* [t]*almas... souls on their way to the afterlife* [u]*gnawing* [v]*tadpoles* [w]*verdoso... greenish pond* [x]*rescue* [y]*hunt*

Después de leer

Actividad A. Comprensión

*Paso 1. Haz oraciones completas combinando frases de las dos columnas, según las ideas principales del cuento.

1. _____ La gran noticia que había sido esperada por tantos años era
2. _____ Para no morir la gente tenía que aplicarse una inyección
3. _____ Se llevaría la medicina a todas partes del mundo
4. _____ Se supone que, cuando fuera el día de la inyección, la gente iría
5. _____ Los mortales empezaron a entender a los inmortales cuando
6. _____ Parece que el efecto de la invención en la raza humana fue

a. cada cien años.
b. una invención que garantizaba la inmortalidad.
c. un fracaso total.
d. por fuerza de la policía.
e. por cohetes.
f. un joven de 15 años se suicidió.

Paso 2. ¿A quiénes corresponden los siguientes comentarios, en tu opinión?

	LOS MORTALES	LOS INMORTALES
1. Eran perpetuos miserables.	_____	_____
2. Eran despreciados.	_____	_____
3. Tenían celos de los otros.	_____	_____
4. Eran los dueños del universo.	_____	_____

Actividad B. Opinión

1. En tu opinión, ¿cuál es la idea principal del cuento?

    _____ Todos vamos a morir algún día, y tenemos que respetar la vida.

    _____ La vida es una prisión y la inmortalidad nos mantendría encarcelados (*imprisoned*).

    _____ La ciencia nunca puede superar (*overcome*) a la naturaleza.

    _____ ¿Otra? _____

2. Imagínate que el gobierno de este país ya tiene una inyección que garantice la inmortalidad. ¿Puedes pensar en algunos de los resultados buenos y malos de tal invención? Escribe tus ideas abajo. Algunas ideas ya están apuntadas.

    LOS RESULTADOS BUENOS

    La gente nunca tiene que preocuparse por sus cuerpos enfermos.

    _____

    _____

    _____

    _____

    _____

    LOS RESULTADOS MALOS

    La gente pierde interés en la vida.

    _____

    _____

    _____

    _____

    _____

3. Piensa en las ideas que escribiste en el número 2. ¿Te gustaría ser inmortal? Completa la oración que se te aplica.

    a. Yo preferiría ser parte del grupo de los mortales. No me gustaría vivir eternamente porque _____

    b. Yo preferiría ser uno de los inmortales y vivir para siempre porque _____

Actividad C. Expansión

Algunos dicen que nuestra sociedad pone mucho énfasis en la juventud. Como resultado, existen muchos tratamientos y procedimientos (*procedures*) para conservar la juventud. ¿Qué se hace hoy día para mantener un aspecto más joven? Escribe tus ideas en las categorías apropiadas.

Nombre _____ Fecha _____ Clase _____

Para mantenerse joven físicamente:

_____
_____
_____

Para mantenerse joven emocionalmente:

_____
_____
_____

Para mantenerse joven mentalmente:

_____
_____
_____

CAPÍTULO

Consejos

EL VÍDEO

 Actividad A. El mensaje de Lucía

*Paso 1. En este episodio, Lucía quiere hablar otra vez con Raquel. ¿Recuerdas por qué? Lee las siguientes oraciones. Escucha el fragmento e indica si las oraciones son ciertas (C) o falsas (F). Luego, corrige las oraciones falsas. Puedes escuchar más de una vez, si quieres.

C F 1. Los papeles y documentos que Lucía tiene no están en orden.
_____

C F 2. El testamento de don Fernando es muy detallado, con provisiones para todo.
_____

C F 3. Lucía llama a su colega, Armando, para pedirle información.
_____

C F 4. Lucía quiere hablar con Raquel porque ésta tiene gran experiencia en investigaciones.
_____

C F 5. Lucía le deja un mensaje a Raquel porque ésta no está en su oficina.
_____

C F 6. Lucía le dice a Raquel en el mensaje que va a volver inmediatamente a Los Ángeles.
_____

Paso 2. Escucha la siguiente conversación entre Lucía y Raquel. Toma apuntes de las palabras clave y los consejos que Raquel le da a Lucía.

Capítulo siete **143**

las palabras clave   los consejos de Raquel

_____   _____

_____   _____

_____   _____

Paso 3. Ahora escribe un breve resumen de la conversación entre Lucía y Raquel. ¿Por qué llamó Lucía a Raquel? ¿Qué consejos le da Raquel a Lucía? ¿Qué debe esperar Lucía? ¿Qué debe buscar? Puedes volver a escuchar el fragmento del Paso 2, si quieres.

_____

_____

_____

_____

_____

_____

_____

Actividad B. ▶ *Hace cinco años* ◀ Héctor Condotti

Paso 1. En el Episodio 6, Mario les dice a Raquel y a Arturo que deben buscar a Héctor, porque él ha vivido siempre en ese barrio. En este episodio, Raquel y Arturo logran encontrarlo. ¿Recuerdas dónde y cómo lo encontraron? Escucha los siguientes fragmentos y emparéjalos con las fotos. Escribe la letra de la foto en el espacio en blanco correspondiente. (Las respuestas se dan en el CD.)

a.   b.   c.

1. _____   2. _____   3. _____

Paso 2. ¿Qué recuerdos tiene Héctor de Ángel? Lee las siguientes oraciones. Luego, escucha el fragmento e indica lo que Héctor dice de Ángel. (Las respuestas se dan en el CD.)

1. _____ Lo conoció en un bar.

2. _____ Eran amigos.

3. _____ Viajaron mucho juntos.

4. ____ Le gustaba viajar.

5. ____ Era buen pintor.

6. ____ No era buen marinero.

7. ____ Tenía una mujer y un hijo.

8. ____ Consiguió trabajo en un barco de carga.

9. ____ Probablemente salió para el Caribe hace muchos años.

10. ____ Ángel le escribió una carta.

Actividad C. ▶ *Hace cinco años* ◀ **Raquel y Arturo**

Paso 1. En el Capítulo 6, leíste algo de la historia de Arturo, las relaciones que tenía con su familia y su ex esposa. En este episodio, Arturo da un paso definitivo con respecto a sus relaciones con Raquel. Escucha el fragmento del Episodio 7 y empareja las frases a continuación para formar oraciones completas. (Las respuestas se dan en el CD.)

1. ____ Raquel les pide a las estrellas que
2. ____ Arturo propone acompañar
3. ____ Raquel se alegra de que
4. ____ Raquel está un poco preocupada por
5. ____ Arturo sabe que va a ser

a. a Raquel a Puerto Rico.
b. difícil dejar su trabajo y sus pacientes.
c. la familia Castillo se reúna.
d. Arturo la acompañe a Puerto Rico.
e. el trabajo y los pacientes de Arturo.

Paso 2. ¿Qué opinas tú de las relaciones entre Raquel y Arturo? Escribe un breve párrafo en el que expones tu opinión sobre las relaciones entre ellos. Puedes volver a escuchar el fragmento si quieres.

Más allá del episodio

Actividad Ángel Castillo

Paso 1. En éste y en otros episodios, has sabido mucho sobre Ángel. ¿Pero cuánto sabes de su vida? Lee las siguientes afirmaciones sobre él e indica si estás de acuerdo (Sí), si no estás de acuerdo (No) o si no estás seguro/a (NS).

Sí	No	NS	1.	Martín Iglesias, el padrastro de Ángel, y su hijastro nunca se llevaron bien.
Sí	No	NS	2.	Rosario fue muy severa con su primer hijo.
Sí	No	NS	3.	Arturo era su mejor amigo cuando era más joven.
Sí	No	NS	4.	Ángel fue buen estudiante hasta que empezaron los problemas con su padrastro.
Sí	No	NS	5.	Los padres de Ángel apoyaban su interés en la pintura.
Sí	No	NS	6.	Ángel empezó estudios en el campo de ciencias económicas.
Sí	No	NS	7.	Ángel conoció a Héctor en el puerto de Buenos Aires.
Sí	No	NS	8.	Héctor tenía habilidades innatas (*natural*) como marinero.
Sí	No	NS	9.	Ángel decidió comenzar una nueva vida en su país natal, España.
Sí	No	NS	10.	Ángel tuvo mucho éxito vendiendo sus cuadros.

Paso 2. Ahora escucha la siguiente narración sobre Ángel Castillo y verifica las respuestas que indicaste en el Paso 1. No te preocupes si no lo entiendes todo. Lo importante es sacar algunos detalles provechosos.

PRÁCTICA ORAL Y AUDITIVA

Enfoque léxico: En el extranjero

*Actividad A. Medios de transporte

Paso 1. ¿Qué medio de transporte van a usar estas personas? Vas a oír dos veces algunas descripciones. Después de oír cada una, para el CD y escribe la palabra apropiada de la lista en el espacio en blanco correspondiente.

Nombre _____ Fecha _____ Clase _____

el avión, el barco, la camioneta, el metro, el tranvía, el tren

1. María: _____
2. Citlali: _____
3. José: _____
4. Daniel: _____
5. yo: _____
6. Eladio: _____

Paso 2. Ahora vas a oír dos veces algunas preguntas. Para el CD después de cada una para escribir la palabra apropiada de la lista en el espacio en blanco correspondiente.

el aeropuerto, la estación de trenes, la parada, el puerto

1. en _____
2. en _____
3. en _____
4. en _____

Actividad B. Opciones

Paso 1. Escucha las siguientes preguntas y escribe la letra de la palabra apropiada para contestar cada una en el espacio en blanco correspondiente. Puedes escuchar las preguntas más de una vez, si quieres. (Las respuestas se dan en el CD.)

1. _____ a. las reservaciones   b. las maletas
2. _____ a. en un hotel   b. en una pensión
3. _____ a. la pensión completa   b. la media pensión
4. _____ a. a un huésped   b. a un botones
5. _____ a. una propina   b. una cabaña

Paso 2. Vas a oír algunas preguntas personales. Después de oír cada una, para el CD y escribe tu respuesta.

1. _____
2. _____
3. _____

Actividad C. ¡Celébralo en América!

Paso 1. Escucha el siguiente anuncio y luego completa cada una de las oraciones con la letra de la opción apropiada en el espacio en blanco correspondiente. (Las respuestas se dan en el CD.)

1. Este anuncio es _____.
    a. de una compañía de trenes
    b. de una compañía de cruceros
    c. de una compañía aérea

2. El anuncio dice que esta compañía _____.
    a. va a más ciudades que las otras
    b. ofrece una oportunidad especial
    c. hace las maletas

3. La oferta (*offer*) es para _____.
    a. estudiantes
    b. trabajadores
    c. personas mayores (viejas)

4. La oferta termina _____.
    a. a los cuarenta días
    b. el 15 de diciembre
    c. en cualquier momento

*Paso 2. Ahora contesta estas preguntas sobre el anuncio. Puedes volver a escucharlo, si quieres.

1. ¿Cómo se llama la compañía?
   _____

2. ¿De qué país crees que es? ¿Por qué?
   _____

Enfoque estructural

7.1 HABLANDO DEL PASADO USANDO EL PRETÉRITO Y EL IMPERFECTO

Práctica A. Ángel y tú

Paso 1. Escucha las siguientes oraciones que tienen que ver con la historia de *Nuevos Destinos*. Indica si el verbo en cada una está en el pretérito (P) o en el imperfecto (I). Luego, explica por qué está en el tiempo que indicaste, escribiendo la letra de la razón apropiada en el espacio en blanco correspondiente. Antes de empezar, para el CD y lee las razones a continuación. (Las respuestas se dan en el CD.)

MODELO: (oyes)   Una vez recibí una carta de él.
         (indicas) Ⓟ
         (escribes) d

a. información de fondo (*background*)
b. acciones pasadas en desarrollo (*in progress*)
c. acciones habituales o repetidas en el pasado
d. acciones cumplidas (*completed*) para un tiempo determinado

P I 1. ____   P I 3. ____   P I 5. ____
P I 2. ____   P I 4. ____   P I 6. ____

Paso 2. Ahora escucha las preguntas y contesta cada una en voz alta. Las preguntas se leen dos veces.

1. … 2. … 3. … 4. … 5. … 6. …

Práctica B. Citlali regresa a Los Ángeles

Paso 1. Dictado: Citlali, una amiga de Raquel, acaba de volver de un viaje. Escucha mientras le cuenta a Raquel los detalles de su viaje y completa la siguiente narración con los verbos que oigas.

Nombre _____ Fecha _____ Clase _____

¡No puedes imaginarte lo bien que lo _____¹! ¿Por qué no _____² venir? Ahora te cuento lo que pasó.

Mi prima Tamara y yo _____³ juntas de Los Ángeles a San Juan el día 8 _____⁴ un viaje larguísimo y Tamara _____⁵ muy nerviosa. Pasamos una noche en San Juan y al día siguiente _____⁶ el crucero.ª Los diez días _____⁷ volando.ᵇ Por lo general, yo no _____⁸ de mi cabina antes de las 10:00 de la mañana porque siempre _____⁹ tarde. Bueno, un día _____¹⁰ salir el sol antes de acostarme: ese día no _____¹¹ hasta las 3:00 de la tarde. Ésa _____¹² la noche que _____¹³ a Ricky. Él _____¹⁴ el piano esa noche en la fiesta del barco.

Ahora te cuento de Ricky…

ªcruise ᵇ¿ ?... flew by

Paso 2. Ahora cambia las siguientes oraciones al pasado para completar la historia de Citlali. **¡OJO!** Presta atención a la elección de pretérito o imperfecto en cada oración. (Las respuestas se dan en el CD. Cuando oigas la respuesta correcta, repítela en voz alta.)

MODELO: (oyes) El cielo está lleno de estrellas.
(dices) El cielo estaba lleno de estrellas.

1. … 2. … 3. … 4. … 5. …

7.2 USOS DE SER Y ESTAR CON EL PARTICIPIO PASADO

Práctica   Está / Fue hecho

Paso 1. Escucha cada una de las afirmaciones. Luego, di una oración con **estar** y el participio pasado que corresponde al verbo que oíste. (Las respuestas se dan en el CD. Cuando oigas la respuesta correcta, repítela en voz alta.)

MODELO: (oyes) Juan cerró la puerta.
(dices) La puerta está cerrada.

1. … 2. … 3. … 4. … 5. …

Paso 2. Ahora escucha las preguntas y contesta cada una usando la voz pasiva (el pretérito de **ser** y el participio pasado), según las indicaciones. (Las respuestas se dan en el CD. Cuando oigas la respuesta correcta, repítela en voz alta.)

MODELO: (oyes) ¿Quién canceló la clase?
(ves) la profesora
(dices) La clase fue cancelada por la profesora.

1. Teresa Suárez 2. Raquel 3. la agente 4. Arturo 5. el gobierno mexicano

PRÁCTICA ESCRITA

Enfoque léxico: En el extranjero

Actividad A. De viaje

***Paso 1.** Indica la palabra que no pertenece a cada grupo. Luego, escribe una oración para explicar o mostrar cómo se relacionan las otras dos del grupo.

MODELO: a. el aeropuerto   b. la carretera   c. la autopista →
(el aeropuerto:) Para llegar a la casa de mis tíos, manejamos primero en la autopista 50 por unos 30 kilómetros y luego unos 20 kilómetros más en la carretera 11.

1. a. el coche   b. la llave   c. el puerto

2. a. el botones   b. el bote   c. la habitación

3. a. la camioneta   b. el metro   c. la propina

4. a. la bicicleta   b. el avión   c. la autopista

5. a. alojarse   b. quedarse   c. irse

6. a. la pensión   b. el albergue   c. el hotel de lujo

7. a. la propina   b. el botones   c. el consejo

8. a. la recepcionista b. el piloto   c. el huésped

Paso 2. Ahora completa los siguientes grupos de palabras y expresiones con una palabra adicional del Vocabulario del tema. Luego, explica por qué se relacionan las tres palabras.

1. el bote, el barco, _____

2. la recepción, el botones, _____

Nombre _____ Fecha _____ Clase _____

3. la tranvía, el metro, _____

4. la demora, esperar, _____

5. hacer *camping*, la tienda, _____

Actividad B. RENFE (Red Nacional de Ferrocarriles Españoles)

Mira el anuncio de RENFE que aparece en la siguiente página y contesta las preguntas a continuación.

1. ¿Qué tipo de compañía es RENFE? ¿Hay una empresa parecida en los Estados Unidos?

2. El anuncio está basado en cuatro refranes populares de la lengua española. ¿Hay refranes semejantes a éstos en inglés? Para cada uno de los siguientes refranes, indica su equivalente en inglés.

   a. No dejes para mañana lo que puedas hacer hoy.

   b. Más vale prevenir que lamentar.

   c. A quien madruga (*gets up early*) Dios le ayuda.

   d. Quien espera, desespera (*despairs*).

3. ¿A quiénes está dirigido este anuncio y en que época del año?

4. Según los dibujos del anuncio, ¿cuáles son las ventajas de viajar de esta manera? ¿Estás de acuerdo? ¿Por qué sí o por qué no?

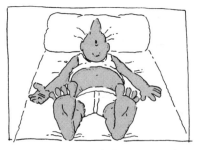
NO DEJES PARA MAÑANA...

...LO QUE PUEDAS HACER HOY.

MAS VALE PREVENIR...

...QUE LAMENTAR.

A QUIEN MADRUGA...

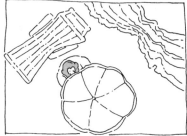
...DIOS LE AYUDA.

QUIEN A ULTIMA HORA ESPERA, EN LA COLA DESESPERA. MAS QUIEN ACUDE A LA AGENCIA, NO PERDERA LA PACIENCIA.

SI QUIERE EVITAR LAS COLAS DEL ULTIMO MOMENTO... ¿A QUE ESPERA? ADELANTE SUS VACACIONES. COMPRE AHORA SUS BILLETES. NO PERDERA EL TIEMPO NI EL TREN. RECUERDE QUE LAS PRISAS DE ULTIMA HORA SON MALAS CONSEJERAS. POR ESO LE RECOMENDAMOS QUE CORRA A LA AGENCIA DE VIAJES MAS CERCANA Y RESERVE, YA, SUS BILLETES.

RENFE

Nombre _____ Fecha _____ Clase _____

Enfoque léxico

¿CUÁL SE USA?

*Práctica A.   Resumen de la historia

Completa los diálogos a continuación con una palabra o expresión de la lista.

todavía, todavía no, ya, ya no, ya verás

1. —Cuando llegó Raquel a la Argentina, ¿por qué no pudo conocer a Rosario?

    —No la pudo conocer porque Rosario _____ había muerto.

2. —¿Vive Ángel en Buenos Aires?

    — _____ .

3. —¿Va Raquel a encontrar a Ángel en Puerto Rico?

    — _____ sabemos.

4. —Ahora, cinco años después de la investigación, ¿Arturo y Raquel _____ son novios?

    —No sé. _____ .

*Práctica B.   ¿Cómo respondes?

A continuación hay una serie de situaciones. Indica la reacción más lógica a cada una, usando una de las expresiones de la lista.

¡Ya! / Ya verás. / Ya era hora. / Ya lo creo. / Ya voy. / Ya, basta.

1. Vas a salir con tus amigos a cierta hora y por fin llegan a tu casa a recogerte, media hora más tarde.

    Tú dices: _____

2. La mamá está furiosa porque sus hijos están portándose (*behaving*) muy mal.

    Ella les grita (*shouts*): _____

3. La comida está lista y tú le llamas a tu hermano a la mesa.

    Él te contesta: _____

4. Sabes que tu amiga lleva mucho tiempo trabajando en un proyecto para su clase de historia. Tú le preguntas si por fin lo terminó.

    Ella te contesta, muy contenta: _____

5. Raquel le dice a Lucía que la investigación que hizo para la familia Castillo fue muy interesante.

    Lucía le contesta: _____

Capítulo siete

Enfoque estructural

7.1 HABLANDO DEL PASADO USANDO EL PRETÉRITO Y EL IMPERFECTO

Práctica A. Citlali y Raquel

*****Paso 1.** Completa el siguiente párrafo con la forma apropiada del pretérito o el imperfecto de los verbos entre paréntesis.

Citlali y Raquel _____[1] (conocerse) hace veinte años, cuando las dos _____[2] (estudiar) en la escuela secundaria. Citlali y Raquel siempre _____[3] (hablar) español entre ellas y también con sus amigos mexicanos. _____[4] (Vivir) en un barrio predominantemente mexicano donde el español _____[5] (ser) tan importante como el inglés. Ellas siempre _____[6] (estar) juntas y _____[7] (tener) aficiones[a] semejantes.

Citlali y Raquel _____[8] (separarse) cuando _____[9] (ir) a la universidad, porque Citlali _____[10] (decidir) ir a una universidad del este. En Nueva York, Citlali _____[11] (conocer) a Gabriel, un pintor puertorriqueño y luego los dos _____[12] (casarse). Desgraciadamente, el matrimonio no _____[13] (durar[b]), y después del divorcio Citlali _____[14] (volver) a Los Ángeles, donde Raquel ya _____[15] (trabajar) de abogada.

[a]*interests* [b]*to last*

Paso 2. ¿Y tú? Escribe un párrafo sobre tu mejor amigo/a de la escuela secundaria. ¿Cuándo y cómo lo/la conociste? ¿Tenían Uds. amigos y aficiones en común? ¿Se separaron alguna vez por algo? ¿Qué más puedes decir de las relaciones entre Uds.?

_____
_____
_____
_____
_____
_____
_____

Práctica B. Oraciones lógicas

Haz oraciones completas en el pasado usando elementos de cada columna y añadiendo lo que sea necesario. No repitas los mismos elementos en oraciones distintas. **¡OJO!** Cuidado con la elección del pretérito o del imperfecto.

antes	Arturo	conocer
ayer/anteayer (*the day before yesterday*)	Lucía	enamorarse
el año/verano/… pasado	mi familia y yo	ir
hace cinco (uno, dos,…) años	mis amigos de la escuela secundaria	jugar
nunca	mis padres/hermanos/hijos	prestar
siempre	Raquel	saber
todas las noches/semanas	yo	tener que
todos los días	¿ ?	trabajar
¿ ?		¿ ?

MODELO: Hace cinco años Raquel conoció a Arturo en Buenos Aires.

1. _____
2. _____
3. _____
4. _____
5. _____
6. _____
7. _____

7.2 USOS DE **SER** Y **ESTAR** CON EL PARTICIPIO PASADO

*Práctica   Oraciones en la voz pasiva

Paso 1. Escribe el participio pasado de cada uno de los siguientes verbos. Algunos ya se han hecho como modelos.

1. abrir: abierto
2. beber: bebido
3. comprar: comprado
4. decir: _____
5. hacer: _____
6. ir: _____
7. morir: _____
8. poner: _____
9. resolver: _____
10. romper: _____
11. saber: _____
12. terminar: _____
13. ver: _____

Paso 2. Ahora cambia las siguientes oraciones a la voz pasiva.

MODELO: La Secretaría de Hacienda y Crédito Público envió la carta. →
La carta fue enviada por la Secretaría de Hacienda y Crédito Público.

1. La madre de Raquel hizo los tamales.

   Los tamales fueron _____

2. Francisco escribió el informe.

   El informe fue _____

3. Citlali mandó las tarjetas postales (*postcards*).

   _____

4. Héctor encontró la carta de Ángel.

   _____

5. Lucía fotocopió el artículo.

   _____

6. Raquel resolvió el enigma de la carta.

   _____

Ampliación estructural: Más usos de **ser** y **estar:** Cambios de significado

Throughout the chapters of *Nuevos Destinos* you have used the verbs **ser** and **estar**. You have learned the basic distinctions between these two verbs **(Enfoque estructural 2.1)** and in this *Manual* you have learned uses of the verb **estar** to talk about what we perceive through our senses **(Ampliación estructural, Capítulo 2)**. In this chapter **(Enfoque estructural 7.2)** you have also used **ser** and **estar** with past participles to form the passive voice. In this section, you will learn about some words that carry a different connotation depending on whether they are used with **ser** or **estar**.

- As you know, **ser** is normally used with adjectives to indicate inherent qualities and characteristics. When **estar** is used to talk about what we perceive through our senses, this use often indicates the presence of certain qualities that are not inherent or typical of the person or thing in question.

Ese muchacho **es** muy alto.	*That boy is very tall. (It's a known fact.)*
Ese muchacho **está** muy alto.	*That boy is very tall! (He's surprisingly tall; he's much taller than most boys his age or since the last time I saw him.)*

- A number of adjectives in Spanish take on a different meaning depending on whether they are used with **ser** or **estar**. Some of the more common adjectives in this category are listed below with their meanings. Note that in some cases the adjectives may become nouns.

ADJECTIVE	SER	ESTAR
abierto/a	frank	open
aburrido/a	boring	bored
alegre	cheerful	in a good mood
borracho/a	drunkard *n.* (with **un/una**)	drunk
bueno/a	good (character)	tasty
callado/a	close-mouthed	silent
cerrado/a	narrow-minded	closed
ciego/a	blind	blinded (to reality)
cierto/a	true	sure
enfermo/a	sick person *n.*	sick (now)
interesado/a	selfish	interested
listo/a	clever	ready
loco/a	silly/crazy	frantic
malo/a	bad (character)	ill
molesto/a	annoying	bothered
nuevo/a	new	unused
preparado/a	learned/educated	ready
rico/a	rich	tasty
seguro/a	safe	confident
verde	green	unripe (*fruit*, etc.)
vivo/a	alert, lively	alive

- **Estar** is also used in many expressions with a prepositional phrase.

ESTOY...	I'M . . .
a dieta	on a diet
a favor de...	in favor of . . .
a punto de + *infinitive*	about to (*do something*)
de acuerdo	in agreement
de buen (mal) humor	in a good (bad) mood
de huelga	on strike
de luto	in mourning
de vacaciones	on vacation
de visita	visiting
de vuelta	back (I've returned)
en contacto con...	in touch with . . .
en contra de...	against . . .
sin trabajo	out of work (unemployed)

ESO ESTÁ...	THAT'S . . .
al alcance (de uno)	within (someone's) reach
de moda	in style
en oferta (liquidación)	on sale

*Práctica A. Dilo de otra manera

Escribe una oración breve con **ser** o **estar** y un adjetivo para expresar la idea de cada oración original. **¡OJO!** Puede haber más de una respuesta correcta en algunos casos.

MODELO: La familia Castillo tiene mucho dinero. →
La familia Castillo es rica.

1. Pati es una mujer que no dice mucho.

2. Ya estudiamos mucho para el examen.

3. ¡Esa niña es tan astuta!

4. Para mí, no es nada interesante mirar la televisión.

5. Nuestro campus no es un lugar peligroso.

6. ¡Qué sabrosa (*tasty*)!

7. Parece que tomaste demasiado vino, Tomás.

8. Ese señor perdió la vista.

9. Esa señora nunca escucha las opiniones de otros.

10. Raquel tiene dudas en cuanto a sus relaciones con Arturo.

11. Don Fernando todavía no ha muerto.

12. Raquel se sentía irritada por la llamada de Luis.

*Práctica B.   ¿Estás de acuerdo?

Lee las siguientes oraciones. Luego, escribe una expresión con **estar** y una frase preposicional que describa la situación.

MODELO: Todos dicen que sí. → Están de acuerdo.

1. Ramón le manda una carta a Raquel.

2. No estoy trabajando ahora.

3. ¡Qué buenos precios!

4. No le des esas noticias en este momento; él acaba de perder su trabajo.

5. Ellas no viven en la casa donde están sentadas.

6. Ése es el estilo más reciente.

7. No quiero postre, gracias.

8. Parece que los obreros tienen problemas con la gerencia (*management*).

Nombre _____ Fecha _____ Clase _____

¡MANOS A LA OBRA!

Actividad   Vamos de viaje

En este capítulo aprendiste a hablar de los viajes. Ahora imagínate que eres periodista y escribes para revistas dando información y consejos sobre los viajes.

Paso 1. Escoge el destino de un viaje. Luego, apunta cómo puedes hacer el viaje y la ropa que necesitas llevar. Incluye información sobre el clima de ese lugar, la duración del viaje y detalles sobre el tipo de artículos que debes llevar. Busca las palabras que no conozcas en un diccionario español-inglés.

Paso 2. Ya que has pensado en el viaje que vas a tomar y en la lista de lo que vas a llevar contigo, ahora necesitas hacer los arreglos para tu casa o apartamento. Haz una lista de lo que necesitas hacer antes de salir de viaje. El número 1 ya se ha hecho como modelo.

TENGO QUE...

1. cancelar el periódico.
2. _____
3. _____
4. _____
5. _____

Paso 3. Organiza tus ideas en un bosquejo (*outline*).

Paso 4. Escribe dos párrafos breves, con datos específicos, para informar a tus lectores sobre el viaje que propones (*you propose*) y lo que tienes que hacer antes de salir. ¡Usa tu imaginación!

Capítulo siete

Nombre _____ Fecha _____ Clase _____

CAPÍTULO

Malas noticias

EL VÍDEO

 Actividad A. Una carta de Arturo

Paso 1. En este episodio, Raquel recibe una carta de Arturo. Escucha el fragmento en que Raquel lee la carta e indica las oraciones a continuación que reflejan lo que escribió Arturo. (Las respuestas se dan en el CD.)

1. _____ Le han ofrecido trabajo a Arturo en Buenos Aires.
2. _____ Arturo está considerando aceptar un puesto en un hospital psiquiátrico.
3. _____ Su ex esposa también está en Buenos Aires.
4. _____ Arturo extraña a Raquel.
5. _____ Arturo va a regresar pronto a Los Ángeles.
6. _____ Va a llamar a Raquel en unos días.
7. _____ Quiere que Raquel vaya a Buenos Aires.

Paso 2. Ahora escribe dos o tres oraciones en las que expresas tu opinión sobre las relaciones entre Raquel y Arturo y/o lo que Raquel debe hacer.

_____
_____
_____
_____
_____

Capítulo ocho **161**

Actividad B. ▶ *Hace cinco años* ◀ El viaje a Puerto Rico

*Paso 1.** Mira las siguientes fotos de la historia que Raquel graba e indica el orden cronológico apropiado.

_____ _____ _____

_____ _____

*Paso 2.** Escribe el nombre de la persona a quien se refiere cada una de las siguientes oraciones en el espacio en blanco correspondiente.

Ángela, doña Carmen, Raquel, la vecina

1. _____ Sacó unas fotos de la tumba de Ángel y su esposa.
2. _____ Le dijo a Raquel que Ángel y su esposa habían muerto.
3. _____ Tiene un hermano que se llama Roberto.
4. _____ Su «hijo predilecto» era Ángel.
5. _____ Tiene un abuelo a quien no conoce.
6. _____ Le dijo a Raquel que la madre de Ángela era escritora.
7. _____ Según su nieta, tenía relaciones muy estrechas con Ángel.
8. _____ Quiere mudarse pronto.
9. _____ Va a conocer a los cuñados de Ángel.

Paso 3. Usa la clave de respuestas del Apéndice para verificar tus respuestas de los Pasos 1 y 2. Luego, escribe un breve resumen de este fragmento de lo que le pasó a Raquel al llegar a Puerto Rico. Basa tu resumen en las fotos del Paso 1, las oraciones del Paso 2 y la información y las palabras de la siguiente lista.

la calle del Sol, número 4; la capilla (*chapel*); el cementerio; el/la escritor(a); la limonada; la sombra (*shadow*); los tíos; la tumba; el/la vecino/a; el Viejo San Juan

 *Actividad C. Dos codicilos

En este episodio, Lucía recibe una carta del gobierno mexicano que le sorprende. Escucha el siguiente fragmento en que Lucía lee la carta. Luego, escribe la letra de cada frase de la columna a la derecha en el espacio en blanco correspondiente de la columna a la izquierda para formar oraciones sobre la información del fragmento.

1. _____ El objeto de la reunión es
2. _____ Lucía piensa que debe haber un error cuando
3. _____ Ni Raquel ni Ramón
4. _____ Lucía le pide a Marina que
5. _____ Marina tiene que mandar un *fax*
6. _____ Raquel también va a
7. _____ Lucía ya no quiere que Raquel
8. _____ Lucía sospecha que alguien

a. le haga una reservación para un vuelo a Los Ángeles hoy mismo.
b. lee que hay dos codicilos.
c. mencionaron nunca la existencia de un segundo codicilo.
d. le mande la cinta con la historia de los Castillo.
e. para decirle a Raquel que Lucía vuelve a California.
f. discutir la situación legal de La Gavia.
g. le está ocultando alguna información.
h. recibir una copia de la carta que Lucía acaba de leer.

Más allá del episodio

Actividad Ángela y su tía Olga

Paso 1. Ya conociste a Ángela y sabes un poco de su familia, pero Ángela todavía no ha hablado de su tía Olga, una persona muy importante en la vida de ella. ¿Cómo será? Lee las siguientes afirmaciones sobre las dos mujeres e indica si estás de acuerdo (Sí), si no estás de acuerdo (No) o si no estás seguro/a (NS).

Sí No NS 1. Ángela busca los consejos de Olga.
Sí No NS 2. La madre de Ángela era hermana de Olga.
Sí No NS 3. Olga trata de dominar a Ángela.
Sí No NS 4. Olga no le va a dar permiso a Ángela de ir a conocer a su abuelo, don Fernando.
Sí No NS 5. Olga se considera la «madre sustituta» de Ángela.
Sí No NS 6. Olga cree que es superior a los otros miembros de su familia.
Sí No NS 7. La persona de la familia que más ayuda a Ángela es Olga.
Sí No NS 8. Olga ha causado una división en la familia de Ángela desde la muerte de los padres de ésta.

Paso 2. Ahora escucha la siguiente narración sobre Ángela y su tía Olga y verifica las respuestas que indicaste en el Paso 1. **¡OJO!** No tendrás suficiente información para verificar todas tus respuestas. No te preocupes si no lo entiendes todo. Lo importante es sacar algunos detalles provechosos.

PRÁCTICA ORAL Y AUDITIVA

Enfoque léxico: El mundo del trabajo

*Actividad A. En la oficina

Escucha los siguientes anuncios y escribe cada palabra de la lista en el espacio en blanco correspondiente. **¡OJO!** No se describe una cosa de la lista.

el archivo, el calendario, la computadora, el *fax*, el módem

1. _____   3. _____
2. _____   4. _____

*Actividad B. Esto no es un teléfono

Mira el siguiente anuncio y escucha las preguntas. Las preguntas se leen dos veces. Después de oír cada una, para el CD y contéstala en el espacio en blanco correspondiente, según el anuncio.

MODELO: (oyes) ¿Ese aparato es un teléfono?
(escribes) Sí, es un teléfono.

Nombre _____ Fecha _____ Clase _____

***ptas.** is the abbreviation of **pesetas,** the unit of currency in Spain before the euro

1. _____
2. _____
3. _____
4. _____
5. _____

Actividad C. Diálogos

Lee los siguientes fragmentos de diálogos. Luego escucha la primera parte de cada uno y escribe la letra de la parte correspondiente en el espacio en blanco apropiado. (Las respuestas se dan en el CD.)

1. _____
2. _____
3. _____
4. _____
5. _____
6. _____

a. —¿Has mirado ya en tu portafolios? No creo que estén en el mío.
b. —¿Has mirado la conexión con la computadora? Ése es un problema muy frecuente.
c. Cómo no. Pero primero tengo que pasar a máquina estos apuntes de la licenciada Hinojosa.
d. —Bueno, como puede ver por mi currículum, he trabajado dos años en una empresa semejante.
e. —Yo me siento igual que tú. Y mi sueldo no ha cambiado desde hace dos años.
f. —Sí, necesito verla lo más antes posible.

Enfoque estructural

8.1 HABLANDO DEL PASADO: LOS TIEMPOS PERFECTOS

Práctica A. ¿Cierto o falso?

Paso 1. Escucha las siguientes preguntas. Luego, di en voz alta si has hecho esas cosas una vez, más de dos veces, muchas veces o nunca. Vas a oír las preguntas dos veces.

MODELO: (oyes) ¿Has dicho mentiras?
(dices) He dicho mentiras algunas veces. (Nunca he dicho mentiras.)

1. ... 2. ... 3. ... 4. ... 5. ... 6. ... 7. ...

Paso 2. Ahora indica si habías hecho las siguientes cosas antes de estudiar en la universidad. Vas a oír las preguntas dos veces.

MODELO: (oyes) ¿Habías escrito tu currículum?
(dices) Sí, había escrito mi currículum. (No, no había escrito mi currículum.)

1. ... 2. ... 3. ... 4. ... 5. ...

Práctica B.   Antes del Episodio 8

Paso 1. Un compañero tuyo te cuenta cosas que habían pasado en *Nuevos Destinos* antes del Episodio 8, pero está equivocado. Escucha cada afirmación y corrígela en voz alta. Trata de usar pronombres para evitar la repetición. (Las respuestas se dan en el CD. Cuando oigas la respuesta correcta, repítela en voz alta.)

MODELO: (oyes) Raquel había conocido a Arturo antes de ir a Buenos Aires.
(dices) No, Raquel no lo había conocido antes de ir a Buenos Aires.

1. ... 2. ... 3. ... 4. ... 5. ...

Paso 2. Ahora escucha algunas acciones y luego cuéntale a tu compañero qué ha pasado en este episodio, formando oraciones basadas en lo que oyes y en las indicaciones escritas. Usa el presente perfecto. (Las repuestas se dan en el CD. Cuando oigas la respuesta correcta, repítela en voz alta.)

MODELO: (oyes) ver el Episodio 8
(ves) nosotros
(dices) Nosotros hemos visto el Episodio 8.

1. yo
2. Raquel
3. el gobierno
4. Lucía
5. Raquel y Ángela
6. nosotros
7. tú

8.2 USANDO DOS PRONOMBRES EN LA MISMA ORACIÓN

Práctica   ¿Se lo contestaste?

Escucha las preguntas y contesta cada una, según las indicaciones. Sigue el modelo. (Las respuestas se dan en el CD. Cuando oigas la respuesta correcta, repítela en voz alta.)

MODELO: (oyes) ¿Le diste las llaves a Marina?
(ves) sí
(dices) Sí, se las di.

1. sí   2. no   3. no   4. sí   5. sí

PRÁCTICA ESCRITA

Enfoque léxico: El mundo del trabajo

Actividad A.   Rompecabezas y asociaciones

*__Paso 1.__ Busca e indica las palabras de la lista en el rompecabezas a continuación. ¡OJO! Las palabras pueden aparecer horizontal o verticalmente, en diagonal o al revés.

166   *Capítulo ocho*

Nombre _____ Fecha _____ Clase _____

aumento, computadora, correo electrónico, currículum, empleo, empresa, enviar, fallar, junta, mensaje, módem, negocio, notar, puesto, ratón, redactar, sueldo

```
F E X C C E F B O I Y R M E E E R A C
R E D A O P O Y A F O L I A S D R O T
M O D E M V E R R P U E D T A S R R E
A N E E P A U A E N Y O E M P R E C A
R A O L U R T P A P E L A R E I N E W
M A Q T T C A R C H Y V A O G A L L A
I M P R A L L A F W S U E C L O N E G
A E R D D R P O E S T L N U N U J E F
E S E R O A G E N D E L I R A S E N Y
S R E W R E D A C C A R E R O R E A V
C O L E A A R E T G H Y U I O F I C I
A E R M J L I R I N E G O C I O R W I
U C A L E E O Y O T N E M U A Y U E W
X S E A T N U J H J K L A L S E W U P
A E F E I V S M H O T S E U P Y P L N
R W R C A I M A I I E M E M P L E O U
R T O Q U A V X J Z U L L A P U E S T
E P O Y M R K L O E D A S E N R M K U
A E O P Y N J E R O B C Z L Y H E U Q
S E R L I M J Y I L O P Ñ Q U P O S S
E P O Y M R K L O E D A S E N R M K A
```

Paso 2. En el rompecabezas del Paso 1, hay tres grupos de palabras que se cruzan (*cross each other*). Escoge dos de estos grupos y, para cada grupo, escribe dos o tres oraciones en las que usas todas las palabras del grupo.

1. _____
_____
_____
_____

Capítulo ocho

2. _____

_____

_____

_____

*Actividad B. El mundo de negocios

Completa las siguientes oraciones con la palabra más apropiada entre paréntesis. No cambies la forma de los sustantivos, pero debes conjugar cada verbo en la forma correcta del presente perfecto.

1. La _____ (jefa / papelera) de esa importante _____ (cita / empresa) trabaja muchas horas cada semana.

2. Mi padre les _____ (enviar / fallar) esta mañana un mensaje personal a sus

   _____ (clientes / negocios) con información sobre la próxima

   _____ (junta / papelera).

3. En esta _____ (cita / compañía) los jefes ganan mucho dinero pero les pagan

   _____ (puestos / sueldos) muy bajos a los empleados.

4. El Sr. Gómez tiene un _____ (archivo / secretario) muy eficiente y muy simpático.

5. Hoy el director _____ (archivar / redactar) un importante _____

   (memorándum, contestador automático) para todos los _____ (colegas /

   negocios) sobre la próxima compra de cien _____ (impresoras / papeleras) y

   cien _____ (portafolios / ratones) para todas las computadoras.

Actividad C. Los empleados ideales

Contesta las siguientes preguntas con oraciones completas.

1. En tu opinión, ¿qué trabajos debe hacer normalmente un secretario o una secretaria?

   _____

   _____

   _____

2. ¿Qué cosas se usan típicamente en una oficina que también usan típicamente los estudiantes universitarios?

   _____

   _____

3. ¿Cómo es el jefe o la jefa ideal? (Contesta la pregunta desde el punto de vista de sus subordinados y desde el de la empresa.)

   _____

   _____

   _____

Enfoque léxico

¿CUÁL SE USA?

***Práctica A. Raquel y Arturo**

Piensa en la situación actual entre Raquel y Arturo y completa las oraciones con **pero, sino** o **sino que**.

1. A Raquel le molestó mucho leer la carta de Arturo, _____ ahora tiene que seguir trabajando.

2. Arturo no le decía que no quería regresar nunca a Los Ángeles, _____ necesita tiempo para pensar.

3. Ésta no es la decisión de Raquel, _____ la de Arturo.

4. Arturo no salió con su ex esposa, _____ es cierto que la vio en la conferencia.

5. Raquel entiende lo difícil que es para Arturo vivir en Los Ángeles, _____ no entiende por qué no la llama por teléfono en vez de escribirle una carta.

6. Arturo no parece estar enojado con Raquel, _____ confundido.

Práctica B. Preocupaciones

Contesta las siguientes preguntas según tu experiencia personal.

1. ¿Qué cosa te preocupa mucho?
   _____

2. ¿Hay alguna materia que te parece may difícil? ¿Cuál es?
   _____

3. ¿Qué te gusta comer cuando tienes muchísima hambre?
   _____

4. ¿Prefieres las fiestas con muchas personas o con pocas? ¿Por qué?
   _____

5. ¿Has visto alguna película muy buena en los últimos tres meses? ¿Cuál fue?
   _____

Enfoque estructural

8.1 HABLANDO DEL PASADO: LOS TIEMPOS PERFECTOS

Práctica   ¿Qué han / habían hecho?

*Paso 1. Seguramente habrás notado que Raquel ha cambiado en los últimos cinco años. Lee las siguientes frases y escribe oraciones completas para indicar estos cambios, usando el presente perfecto.

   MODELO: cortarse el pelo →
             Raquel se ha cortado el pelo.

1. conseguir una promoción en su trabajo

2. pintarse el pelo

3. comprar una casa

4. empezar a llevar ropa más elegante

5. ¿ ?

***Paso 2.** Ahora piensa en lo que sabes de la historia de la familia Castillo y la investigación de Raquel. Luego, usa las sugerencias a continuación u otras, si quieres, para escribir cuatro oraciones con el pluscuamperfecto.

MODELO: Cuando Raquel y Arturo empezaron a buscar a Ángel,... →
éste ya se había mudado a Puerto Rico

casarse, consultar, divorciarse, escribir, morir, mudarse

1. Antes de ir al cementerio,

2. Ángela le explicó a Raquel que su madre

3. Cuando Arturo conoció a Raquel,

4. Don Fernando siempre creyó que

5. ¿ ?

Paso 3. ¿Y tú? ¿Qué has hecho hoy? Escribe por lo menos cinco cosas que ya has hecho.

8.2 USANDO DOS PRONOMBRES EN LA MISMA ORACIÓN

*Práctica A. Pronombres

Lee las siguientes oraciones y escribe cada una de nuevo con los pronombres de complemento directo e indirecto.

> MODELO: El perro le ha robado la leche al gato. → El perro se la ha robado.

1. Ellos le han comprado una computadora portátil.

2. Juanita le explicaba la lección a su hermano.

3. Nosotros le compramos un Ferrari al vendedor.

4. El jefe le prestó 3.000 dólares a la secretaria.

5. Él les redactó el memorándum a los empleados.

6. El profesor no les asigna un libro caro a los estudiantes.

7. Nosotros les imprimimos el correo electrónico a los amigos.

8. El estudiante les había dejado un mensaje a sus padres.

Práctica B. Intercambio de regalos

*Paso 1. Dos hermanos están tratando de aclarar (*clear up*) quién regaló qué durante la última Navidad. Haz oraciones completas, según las indicaciones, y los dos tipos de pronombres en cada oración.

> MODELO: ¿El reloj? (papá / a mí) →
> Papá me lo regaló a mí.

1. ¿Los discos compactos? (la abuela / a mí)
   _____

2. ¿El suéter azul? (yo / al abuelo)
   _____

3. ¿La computadora? (papá y mamá / a Susana)
   _____

4. ¿El teléfono celular? (los abuelos / a ti)
   _____

5. ¿El cuadro? (nosotros / a los tíos)
   _____

6. ¿La pelota (*ball*) de fútbol? (tú / a mí)
   _____

Paso 2. Piensa en la Navidad, el Jánuca o el cumpleaños más reciente que celebraste. ¿Recuerdas qué recibiste y quién te lo regaló? ¿Qué regalos hiciste tú? ¿A quiénes? Haz una descripción de los regalos que recibiste y los que les hiciste a los otros.

_____

_____

_____

_____

_____

Ampliación estructural: Más sobre los usos de **se**

In several textbook and workbook chapters you have reviewed and practiced uses of the pronoun **se** in Spanish.

In this section you will learn to use **se** in reciprocal constructions and in constructions that indicate an unplanned or accidental occurrence.

EL *SE* RECÍPROCO

- Reciprocal actions are generally expressed in Spanish with reflexive pronouns. The English equivalent of this construction uses the expression *each other*.

Lucía y Raquel no **se conocían** cuando empezó la investigación.	*Lucía and Raquel didn't know each other when the investigation began.*
Ángel y su esposa, María Luisa, **se querían** mucho.	*Ángel and his wife, María Luisa, loved each other very much.*

- If the reflexive pronoun is used in a situation that could be either reciprocal or reflexive, the following may be added to clarify the possible ambiguity.

172 *Capítulo ocho*

RECIPROCAL = EACH OTHER

	two people	more than two people
Masculine or masculine and feminine:	el uno al otro	unos a otros
Feminine only:	la una a la otra	unas a otras

Lucía y Raquel van a **ayudarse, la una a la otra.**   *Lucía and Raquel are going to help each other.*

Nosotros **nos servimos unos a otros.**   *We served each other.*

SE USED FOR UNPLANNED OR ACCIDENTAL OCCURRENCES

- In Spanish there is a construction used for talking about events that are not planned. There is no English equivalent for this construction. The structure can be used as follows:

  se + *indirect object pronoun* (agrees with the person) + *verb* (third-person singular or plural)

  Se me olvidó mi libro hoy.   *I forgot my book today.*
  Se les perdieron las llaves.   *They lost their keys.*

  Note in the two previous examples that the verb agrees with the thing forgotten (**olvidó** = **el libro**) or lost (**perdieron** = **las llaves**).

- Other verbs that can be used in similar expressions include:

caer	to fall
descomponer (*like* **poner**)	to break down (*mechanical*)
manchar	to stain
quitar	to remove or get rid of
romper	to break

*Práctica A. Acciones recíprocas

Escribe la forma apropiada del verbo con el pronombre reflexivo correspondiente. Usa el tiempo verbal, según el contexto de la oración. En algunos casos, se puede usar más de un tiempo verbal.

MODELO: Raquel y Arturo no (escribir) con frecuencia. →
se escriben

1. En esa noche «inolvidable» Raquel y Arturo _____ (besar) en el jardín de la casa de Arturo.

2. Pedro Castillo y Raquel _____ (admirar) mucho.

3. Raquel y su mamá _____ (llamar) por teléfono de vez en cuando.

4. Tú y tus amigos _____ (ver) mucho en sus horas libres.

5. Mis compañeros y yo _____ (desear) suerte antes de los exámenes.

6. Los hermanos ya no _____ (pelear) tanto como cuando eran más chicos.

7. Los enamorados _____ (mirar) de una manera muy especial.

8. Nosotros no _____ (reconocer) en la reunión del colegio el año pasado.

*Práctica B. ¡Lo hice sin querer! (*I didn't mean to do it!*)

Completa las respuestas a las preguntas, usando una expresión con **se** para acontecimientos imprevistos (*unexpected*). Usa los dibujos como guía.

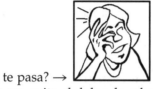

MODELO: ¿Qué te pasa? →
No se me quita el dolor de cabeza.

1. ¿Por qué llegaron Uds. tarde a clase?
   _____
   _____

2. ¿Qué le pasó a tu camisa?

3. ¿Por qué no usa sus lentes el profesor?

4. ¿Dónde están los cuadernos de este estudiante?
   _____
   _____

5. ¿Qué pasó con los vasos de refrescos que traía el mesero?
   _____
   _____

Nombre _____ Fecha _____ Clase _____

¡MANOS A LA OBRA!

Actividad Las metas profesionales y personales

En este capítulo supiste un poco sobre las relaciones entre los hombres y las mujeres, especialmente en el mundo del trabajo. ¿Has pensado tú en tus metas para el futuro?

Paso 1. Indica la importancia (del 1 al 5) que tienen para ti las siguientes metas.

5	4	3	2	1
muy importante	algo importante	no muy importante	nada importante	no sé o ya lo hice

1. _____ ganar mucho dinero
2. _____ casarme
3. _____ hacer estudios de posgraduado
4. _____ llegar a ser independiente de mis padres (hijos)
5. _____ tener hijos
6. _____ hacer nuevos amigos
7. _____ vivir en un lugar con muchas oportunidades para mi carrera
8. _____ establecerme en un puesto seguro, con pocos riesgos
9. _____ vivir cerca de mis padres (hijos, hermanos,...)
10. _____ otra _____

Paso 2. Escoge las tres metas más importantes que indicaste en el Paso 1. ¿Qué indican tus respuestas? ¿Piensas más en la carrera o en la familia? ¿Crees que el ser hombre o mujer tenga algo que ver con tus decisiones? ¿Por qué sí o por qué no? Escribe para cada una de las respuestas unas dos o tres oraciones explicando por qué es importante para ti lograr tal meta.

_____
_____
_____
_____
_____
_____
_____
_____

Capítulo ocho

LECTURA 4

Antes de leer

Abelardo Díaz Alfaro (1919–) nació en Caguas, Puerto Rico. *Terrazo*, su único libro, se publicó en 1948. El fragmento del que vas a leer, «Santa Clo va a La Cuchilla», es uno de los trece cuentos que contiene el libro.

Actividad

Paso 1. Revisa rápidamente el cuento y escribe el nombre del personaje con su descripción apropiada.

Peyo Mercé, Míster Johnny Rosas, Míster Rogelio Escalera, el jíbaro (*peasant*)

1. _____ Es un maestro viejo y «atrasado» que enseña en el barrio La Cuchilla.
2. _____ Es el supervisor de los maestros. Quiere «modernizar» a la gente de La Cuchilla.
3. _____ Es un maestro joven, recién graduado. El supervisor le dio el cargo de enseñar en La Cuchilla.
4. _____ Es nativo del pueblo.

Paso 2. Para comprender bien el cuento, es necesario saber algo sobre la cultura puertorriqueña. Lee los siguientes párrafos para comprender mejor el cuento.

1. Tradicionalmente, en los Estados Unidos, Santa Claus (Papá Noel) les trae regalos a los niños el 24 o el 25 de diciembre. Santa Claus llega en trineo (*sleigh*), entra en las casas por la chimenea y deja los regalos debajo de un árbol de Navidad. En cambio, en muchos países hispánicos se celebra la Epifanía o fiesta de los Reyes Magos. Éstos les traen regalos a los niños el 6 de enero. Los Reyes Magos llegan en camello y, generalmente, dejan regalos en los balcones o cerca de las ventanas de las casas.
2. Muchas fiestas y fechas importantes de los países hispánicos son diferentes de las de los Estados Unidos. La importancia e influencia de la religión católica es evidente en algunas fiestas y celebraciones de esos países. En el calendario religioso católico, cada día corresponde a un santo. Este calendario de los días de los santos se llama **el santoral.**

Santa Clo va a La Cuchilla (fragmento)

El rojo de una bandera tremolando[a] sobre una bambúa señalaba la escuelita de Peyo Mercé. La escuelita tenía dos salones separados por un largo tabique.[b] En uno de esos salones enseñaba ahora un nuevo maestro: Míster Johnny Rosas.

Desde el lamentable incidente en que Peyo Mercé lo hizo quedar mal ante Mr. Juan Gymns, el supervisor creyó prudente nombrar otro maestro para el barrio La Cuchilla que enseñara a Peyo los nuevos métodos pedagógicos y llevara la luz del progreso al barrio en sombras.[c]

Llamó a su oficina al joven y aprovechado maestro Johnny Rosas, recién graduado y que había pasado su temporadita en los Estados Unidos, y solemnemente le dijo: «Oye, Johnny, te voy a mandar al barrio La Cuchilla para que lleves lo último que aprendiste en pedagogía. Ese Peyo no sabe ni jota[d] de eso; está como cuarenta años atrasado en esa materia. Trata de cambiar las costumbres y, sobre todo, debes enseñar mucho inglés, mucho inglés.» […]

Johnny Rosas le dijo un día a Peyo: «Este barrio está muy atrasado. Tenemos que renovarlo. Urge traer cosas nuevas. Sustituir lo tradicional, lo caduco.[e] Recuerda las palabras de Mr. Escalera: Abajo la tradición. Tenemos que enseñar mucho inglés y copiar las costumbres del pueblo americano.»

[a]*waving* [b]*thin wall* [c]*shadows* [d]ni… nada (*coll.*) [e]*expired*

Nombre _____ Fecha _____ Clase _____

Y Peyo, sin afanarse[f] mucho, goteó[g] estas palabras: «Es verdad, el inglés es bueno y hace falta. Pero, ¡bendito! si es que ni el español sabemos pronunciar bien. Y con hambre el niño se embrutece.[h] La zorra[i] le dijo una vez a los caracoles:[j] «Primero tienen ustedes que aprender a andar para después correr.»

Y Johnny no entendió lo que Peyo quiso decirle.

El tabacal[k] se animó un poco. Se aproximaban las fiestas de Navidad. Ya Peyo había visto con simpatía a uno de sus discípulos haciendo tiples y cuatros de cedro y yagrumo.[l] Estas fiestas le traían recuerdos gratos de tiempos idos...

Y Johnny Rosas sacó a Peyo de su ensoñación[m] con estas palabras: «Este año hará su debut en La Cuchilla Santa Claus. Eso de los Reyes está pasando de moda. Eso ya no se ve mucho por San Juan. Eso pertenece al pasado. Invitaré a Mr. Rogelio Escalera para la fiesta; eso le halagará[n] mucho.»

Peyo se rascó la cabeza, y sin apasionamiento respondió: «Allá tú como Juana con sus pollos. Yo como soy jíbaro y de aquí no he salido, eso de los Reyes lo llevo en el alma. Es que nosotros los jíbaros sabemos oler[o] las cosas como olemos el bacalao.[p]»

Y se dió Johnny a preparar mediante unos proyectos el camino para la «Gala Premiere» de Santa Claus en La Cuchilla. Johnny mostró a sus discípulos una lámina en que aparecía Santa Claus deslizándose en un trineo tirado por unos renos...[q]

Y Míster Rosas preguntó a los jibaritos: «¿Quién es este personaje?» Y Benito... le respondió: «Místel, ése es año viejo colorao.»*

Y Johnny Rosas se admiró de la ignorancia de aquellos muchachitos y a la vez se indignó por el descuido de Peyo Mercé.

Llegó la noche de la Navidad. Se invitó a los padres del barrio.

Peyo en su salón hizo una fiestecita típica, que quedó la mar de lucida.[r] Unos jibaritos cantaban coplas y aguinaldos con acompañamiento de tiples y cuatros. Y para finalizar aparecían los Reyes Magos, mientras el viejo trovador Simón versaba sobre «Ellos van y vienen, y nosotros no.» Repartió arroz con dulce y bombones, y los muchachitos se intercambiaron «engañitos».[s]

Y Peyo indicó a sus muchachos que pasarían al salón de Mr. Johnny Rosas, que les tenía una sorpresa, y hasta había invitado al supervisor Mr. Rogelio Escalera.

En medio del salón se veía un arbolito artificial de Navidad. De estante a estante colgaban unos cordones rojos. De las paredes pendían coronitas de hojas verdes y en el centro un fruto encarnado.[t] En letras cubiertas de nieve se podía leer: «Merry Christmas»...

Los compadres miraban atónitos todo aquello que no habían visto antes. Míster Rogelio Escalera se veía muy complacido.

Unos niños subieron a la improvisada plataforma y formaron un acróstico con el nombre de Santa Claus. Uno relató la vida de Noel y un coro de niños entonó «Jingle Bells», haciendo sonar unas campanitas. Y los padres se miraban unos a otros asombrados. Míster Rosas se ausentó un momento. Y el supervisor Rogelio Escalera habló a los padres y niños felicitando al barrio por tan bella fiestecita y por tener un maestro tan activo y progresista como lo era Míster Rosas...

Y de pronto surgió en el umbral[u] de la puerta la rojiblanca figura de Santa Claus con un enorme saco a cuestas,[v] diciendo en voz cavernosa: «Here is Santa, Merry Christmas to you all!»

Un grito de terror hizo estremecer[w] el salón. Unos campesinos se tiraban por las ventanas, los niños más pequeños empezaron a llorar y se pegaban a las faldas de las comadres, que corrían en desbandada.[x] Todos buscaban un medio de escape. Y Míster Rosas corrió tras ellos, para explicarles que él era quien se había vestido de tan extraña forma; pero entonces aumentaba el griterío y se hacía más agudo el pánico. Una vieja se persignó[y] y dijo: «¡Conjurao sea! ¡Si es el mesmo demonio jablando en americano!»* [...]

[f]*apurarse* [g]*managed to say* [h]*se... becomes more stupid* [i]*fox* [j]*snails* [k]*tobacco plantation* [l]*tiples... wooden string instruments* [m]*daydream* [n]*gustará* [o]*to smell* [p]*codfish* [q]*reindeer* [r]*quedó... estuvo muy bien* [s]*regalitos* [t]*flesh-colored* [u]*threshold* [v]*a... on his back* [w]*hizo... shook* [x]*en... in great confusion* [y]*se... crossed herself*

---

*El personaje de «año viejo» se refiere a la representación tradicional de un hombre viejo en muchas celebraciones del Año Nuevo. «Colorao», en la pronunciación de los campesinos del cuento, es **colorado**, lo que significa **de color rojo**.

*En el habla coloquial de la isla, significa: «¡Dios mío! ¡Si es el mismo demonio hablando en inglés!»

A lo lejos se escuchaba el griterío de la gente en desbandada. Y Míster Escalera, viendo que Peyo Mercé había permanecido indiferente... vació todo su rencor en él... «Usted, Peyo Mercé, tiene la culpa de que en pleno siglo XX se den en este barrio esas salvajadas.»

Y Peyo, sin inmutarse,[z] le contestó: «Míster Escalera, yo no tengo la culpa de que ese santito no esté en el santoral puertorriqueño.»

[z]sin... *without batting an eyelash*

Después de leer

*Actividad A. Comprensión

Pon en el orden apropiado (del 1 al 8) el siguiente resumen del cuento.

_____ Johnny prepara una fiesta Navideña e invita a Míster Rogelio Escalera.

_____ El supervisor mandó a Míster Johnny Rosas a enseñar en la escuela de La Cuchilla.

_____ Johnny decide renovar el barrio y enseñarle a la gente las costumbres norteamericanas.

_____ Toda la gente se asusta y empieza a gritar, a llorar y sale huyendo.

_____ Peyo hace una fiesta típica en su salón de clase.

_____ La gente entra en el salón de Johnny, decorado con un árbol artificial y todo cubierto de nieve artificial.

_____ Santa Claus aparece en la puerta del salón con un saco de regalos.

_____ Míster Rogelio Escalera se enoja con Peyo Mercé y dice que la gente de La Cuchilla es salvaje.

Actividad B. Opinión

1. En tu opinión, ¿cuáles de las siguientes descripciones se refieren a Johnny Rosas (J) y cuáles describen a Peyo Mercé (P)?

    a. _____ Es joven e ingenuo.

    b. _____ No sabe mucho de la cultura de la gente de La Cuchilla ni entiende a la gente.

    c. _____ Es muy humilde y se considera un hombre poblano.

2. Indica tu opinión sobre las siguientes afirmaciones, colocando una X en el espacio apropiado.

    a. Rogelio cree que el barrio La Cuchilla necesita renovación. ¿Por qué?

       _____ No es tan moderno como los Estados Unidos.

       _____ Quiere elevar la calidad de vida de la gente del barrio.

       ¿otra? _____

    b. Peyo Mercé le permite a Johnny Rosas hacer la fiesta. ¿Por qué?

       _____ Peyo sabe que la gente se va a asustar al ver a Santa Claus.

       _____ Peyo no quiere interferir en los asuntos de su colega.

       _____ Peyo también quiere «modernizar» el barrio.

       ¿otra? _____

c. La sorpresa de Rogelio Escalera no tiene éxito. ¿Por qué?

_____ La gente de La Cuchilla no es muy inteligente.

_____ La Cuchilla es demasiado tradicional.

_____ Johnny no consideró la importancia y la influencia de la religión en la vida de la gente.

_____ Peyo no educó bien a la gente.

¿otra? _____

Actividad C. Expansión

¿Cómo se puede mejorar la vida de un barrio como La Cuchilla? ¿Realmente necesita renovación un pueblo así? Selecciona una de las siguientes afirmaciones y escribe algunas oraciones para expresar tus ideas.

1. La mejor manera de ayudar a la gente es educándola. Los países pobres necesitan educación sobre…

   _____
   _____
   _____

2. La gente de estos pueblos no es realmente pobre. Se debe dejar a la gente como es. Yo recomiendo…

   _____
   _____
   _____

Nombre _____ Fecha _____ Clase _____

CAPÍTULO

¡Imposible!

EL VÍDEO

Actividad A. Dos codicilos

*Paso 1. En este episodio, Lucía ha vuelto a Los Ángeles y habla con Raquel. Lee los siguientes fragmentos de su conversación e identifica quién lo dijo, Lucía o Raquel.

1. _____ «Siento haberte hecho esperar. Recibí tu *fax* pero no pude cancelar la cita.»

2. _____ «He aprovechado el tiempo para escuchar la cinta y tomar notas.»

3. _____ «¿Hay alguna información que te sirva en particular?»

4. _____ «Esta misma mañana recibí un citatorio del gobierno… »

5. _____ «No sabía nada del segundo codicilo hasta recibir tu *fax*.»

6. _____ «¿Tú tampoco sabes nada?»

7. _____ «Pero tú tienes relaciones con la familia por Arturo, ¿no?»

8. _____ «No quiero ni pensar en ir a esa reunión con los abogados del gobierno sin estar segura de esto.»

Paso 2. Ahora escucha este fragmento de la conversación entre Lucía y Raquel e indica las oraciones que reflejen las opiniones de Lucía. (Las respuestas se dan en el CD.)

Lucía…

1. _____ cree que Raquel sabe más de lo que admite acerca del segundo codicilo.

2. _____ sospecha que Ramón quiere confundirla.

3. _____ piensa que el segundo codicilo es ilegal.

4. _____ duda que el gobierno mande un citatorio por equivocación.

5. _____ no quiere ir a una reunión oficial sin estar segura del asunto.

Capítulo nueve **181**

Actividad B. ▶ *Hace cinco años* ◀ La familia puertorriqueña

*Paso 1. Lee las siguientes citas e identifica quién dijo cada una.

doña Carmen   Ángela   tío Jaime   tía Olga   Raquel

1. _____ «...Raquel nos trae importantes noticias de México.»

2. _____ «El padre de Ángela, que en paz descanse, nunca mencionó nada de su familia.»

3. _____ «¿Trae algún documento?»

4. _____ «Si me permiten, todo empezó durante la Guerra Civil española.»

5. _____ «¿Cómo dices? ¿A México? Pero Ángela, ¿tienes que ir a México ahora?»

Paso 2. Escucha el siguiente fragmento del episodio y luego escribe una breve explicación de las dos situaciones a continuación.

1. Olga piensa que Ángela no debería ir a México. ¿Por qué?

   _____
   _____

2. Olga nunca supo nada de la familia de Ángel. ¿Por qué crees tú que Ángel no le dijo nada de su pasado a su familia puertorriqueña?

   _____
   _____

*Actividad C. Opciones

Al final de este episodio, Lucía se da cuenta de que Raquel no se siente bien. ¿Recuerdas de qué hablan las dos abogadas? Escucha el fragmento en que Lucía y Raquel hablan y luego indica si las oraciones a continuación son ciertas (C) o falsas (F). Corrige las oraciones falsas. Puedes escuchar el fragmento más de una vez, si quieres.

C   F   1. Lucía teme (*fears*) que haya ofendido a Raquel.

   _____

C   F   2. Lucía está sorprendida al saber de las relaciones entre Arturo y Raquel.

   _____

C F 3. Raquel le explica que Arturo está en la Argentina con su ex esposa.

C F 4. Raquel dice que, por si fuera poco (*on top of everything*), las complicaciones de los dos codicilos le preocupan también.

C F 5. Lucía le dice a Raquel que tiene que considerar las opciones y que tiene que elegir la mejor.

Más allá del episodio

Actividad Luis Villarreal, el ex novio de Raquel

Paso 1. En este episodio, Raquel le dice a Lucía que la llamada de Luis está complicando su situación. Ya sabes quién es Luis, pero ¿cuánto sabes de él? Lee las siguientes afirmaciones sobre él e indica si estás de acuerdo (Sí), si no estás de acuerdo (No) o si no estás seguro/a (NS).

Sí No NS 1. Luis y Raquel eran novios en la universidad.
Sí No NS 2. Raquel terminó con Luis cuando ella conoció a Arturo.
Sí No NS 3. Luis también estudió Derecho.
Sí No NS 4. Raquel se graduó antes que Luis.
Sí No NS 5. Luis es mexicano.
Sí No NS 6. Luis vive ahora en Los Ángeles.
Sí No NS 7. Raquel tiene ganas de ver a Luis.
Sí No NS 8. Luis dejó a Raquel por otra muchacha.
Sí No NS 9. Arturo y Luis se han conocido.

Paso 2. Ahora escucha la narración sobre Luis Villarreal y verifica las respuestas que indicaste en el Paso 1. No te preocupes si no lo entiendes todo. Lo importante es sacar algunos detalles provechosos.

PRÁCTICA ORAL Y AUDITIVA

Enfoque léxico: De compras

Actividad A. ¿Qué lugar?

Paso 1. Durante su largo viaje, Raquel tuvo que ir a varias tiendas y comercios. Mira los siguientes dibujos y escribe el nombre apropiado debajo de cada uno. Luego, escucha cada descripción y escribe la letra de la tienda o comercio en el espacio en blanco correspondiente. ¡OJO! Hay un dibujo extra. (Las respuestas se dan en el CD.)

Palabra útil: el cuero   *leather*

a. _____   b. _____   c. _____

d. _____   e. _____   f. _____

1. ____ 2. ____ 3. ____ 4. ____ 5. ____

Paso 2. Ahora escucha las listas que Raquel se escribió y pon el nombre de la tienda en el espacio en blanco correspondiente. (Las respuestas se dan en el CD.)

la carnicería, la joyería, la licorería, la pescadería, la pollería, el supermercado, la tintorería, la verdulería

1. _____   4. _____
2. _____   5. _____
3. _____   6. _____

Actividad B. En las tiendas

Paso 1. ¿Quién lo dijo, el cliente o el dependiente? Escucha los siguientes fragmentos de diálogos en las tiendas. Vas a oír los fragmentos dos veces. Después de cada fragmento, indica si lo dijo el cliente (C) o el dependiente (D). (Las respuestas se dan en el CD.)

1. ____ 2. ____ 3. ____ 4. ____ 5. ____ 6. ____

Paso 2. Los siguientes fragmentos son respuestas y reacciones a las preguntas y comentarios que oíste en el Paso 1. Vas a oír cada fragmento otra vez. Luego, escribe la letra de la respuesta o reacción apropiada en el espacio en blanco correspondiente. (Las respuestas se dan en el CD.)

1. ____
2. ____
3. ____
4. ____
5. ____
6. ____

a. Creo que voy a necesitar una 40.
b. Pues, avíseme si le puedo servir en algo.
c. Sí, alguien me está buscando otra talla.
d. No, realmente prefiero los zapatos negros.
e. Me gustaría ver los vestidos formales, por favor.
f. Sí. Ahora se lo traigo.

Enfoque estructural

9.1 PIDIENDO ALGO EN FORMA DIRECTA: LOS MANDATOS FORMALES

Práctica Instrucciones

Paso 1. Escucha las instrucciones del profesor y cámbialas a mandatos formales. **¡OJO!** Algunas instrucciones están en la forma plural (Uds.) y/o son negativas. (Las respuestas se dan en el CD. Cuando oigas la respuesta correcta, repítela en voz alta.)

MODELO: (oyes) Debe escribir una composición.
(dices) Escriba una composición.

1. … 2. … 3. … 4. … 5. … 6. … 7. … 8. …

Paso 2. Ahora, ¿puedes imaginar lo que le dijo don Fernando a Raquel antes de empezar la investigación? Escucha las siguientes posibilidades y cámbialas a mandatos formales. (Las respuestas se dan en el CD. Cuando oigas la respuesta correcta, repítela en voz alta.)

MODELO: (oyes) investigar si es cierta la información de la carta
(dices) Investigue si es cierta la información de la carta.

1. … 2. … 3. … 4. … 5. … 6. … 7. … 8. …

*Paso 3. Dictado. Ahora escucha la siguiente narración, escribiendo en los espacios en blanco las palabras que faltan. **¡OJO!** No te olvides de escribir los acentos cuando los mandatos vayan seguidos de pronombres. Puedes escuchar más de una vez, si quieres.

¿No nos conoce? Pues, _____,[1] porque somos la tienda más grande de muebles para el exterior y el interior de su casa en todo el estado. _____[2] por venir a vernos: _____[3] la oportunidad de servirle y mostrarle nuestros fantásticos precios. No _____[4] más y _____[5] a divertirse. Tenemos todo lo que Ud. necesita para su patio y para dar una fiesta especial al aire libre. _____[6] eficiente con su tiempo y _____[7] consejos. Y luego _____[8] a sus amigos: «La Casita lo tiene todo —¡y más barato!»

9.2 EL PRESENTE DE SUBJUNTIVO CON EXPRESIONES IMPERSONALES

Práctica A.   ¿Qué opinas tú?

Escucha los siguientes comentarios e indica tus reacciones según las indicaciones escritas. (Las respuestas se dan en el CD. Cuando oigas la respuesta correcta, repítela en voz alta.)

MODELO: (oyes) Lucía pide la ayuda de Raquel.
(ves)   lógico
(dices) Es lógico que Lucía pida la ayuda de Raquel.

1. urgente
2. increíble
3. cierto
4. ojalá
5. triste
6. obvio
7. ojalá
8. lógico

Práctica B.   ¡Ojalá!

Vas a oír algunas afirmaciones. Indica unos deseos con respecto a esas afirmaciones, usando **ojalá que…** y las indicaciones a continuación. (Las respuestas se dan en el CD. Cuando oigas la respuesta correcta, repítela en voz alta.)

MODELO: (oyes) Don Fernando está muy mal.
(ves)   estar mejor
(dices) Ojalá que don Fernando esté mejor.

1. puede ir a Puerto Rico
2. conocerlo
3. resolverlo
4. ser menos gruñona
5. dejarla ir a México

PRÁCTICA ESCRITA

Enfoque léxico: De compras

Actividad A.   Tiendas

Paso 1. Haz una lista de por lo menos tres de las cosas que se venden en cada una de las siguientes tiendas.

1. en un almacén _____
2. en una frutería _____
3. en una papelería _____
4. en una carnicería _____
5. en una pescadería _____
6. en una zapatería _____

Paso 2. Ahora contesta las siguientes preguntas relacionadas con las compras.

1. ¿Cuáles son por lo menos dos tipos de tiendas donde se puede comprar ropa?

   _____

2. Muchas veces los grandes supermercados pueden sustituir a los pequeños comercios tradicionales. ¿Qué secciones de artículos puedes encontrar en el supermercado más grande de tu zona?

   _____

   _____

3. ¿Te interesa el comercio? ¿Piensas tener tu propia tienda? ¿Qué venderías allí? (Si no te interesa la idea de tener tu propio negocio, indica tu tipo de tienda favorita y por qué es tu preferida.)

   _____

   _____

   _____

Actividad B. Definiciones

Paso 1. Define brevemente en español las siguientes palabras.

1. la estafa _____
2. la ganga _____
3. regatear _____
4. la venta _____

Paso 2. Ahora escribe un breve párrafo que defina lo que es para ti un buen día de compras. ¿Con quién y cómo vas? ¿Adónde vas? ¿Qué compras?

_____

_____

_____

_____

_____

_____

_____

Enfoque léxico

¿CUÁL SE USA?

Práctica A. Explicaciones

Contesta las preguntas a continuacíon con una razón o excusa, usando una expresión diferente en cada respuesta.

porque, debido a, a causa de, como

1. Tu profesor te pregunta: ¿Por qué no entregaste tu ensayo hoy? ¿No apuntaste la fecha de entrega (*due date*)?

    Tu respuesta: _____

2. Llegas al aeropuerto y hay muchísima gente esperando porque hay varios vuelos que están atrasados (*delayed*). Le preguntas a un empleado de la aerolínea por qué hay tanta demora.

    Su respuesta: _____

3. No te gusta viajar por avión y tus amigos no entienden por qué.

    Tu explicación: _____

Práctica B. Preguntas personales

Contesta las preguntas personales a continuación. No tienes que decir la verdad si no quieres que tu profesor(a) la sepa.

1. Cuando estás lejos de tu casa, ¿a quiénes extrañas más, a tu familia o a tus amigos?

2. ¿A cuántas clases has faltado este semestre? Si faltaste a alguna, ¿por qué fue?

3. ¿Echas de menos a alguna persona en particular en este momento? ¿A quién?

4. Si una persona pierde un vuelo en un avión que luego se estrella (*crashes*), ¿crees que es pura suerte o que es su destino?

Enfoque estructural

9.1 PIDIENDO ALGO EN FORMA DIRECTA: LOS MANDATOS FORMALES

*Práctica A. ¡Hágalo! ¡No lo hagas!

Paso 1. Escribe las formas correspondientes a los mandatos formales de los siguientes verbos en la forma de Ud. ¡OJO! Cuidado con la colocación (*placement*) de pronombres.

Nombre _____ Fecha _____ Clase _____

	AFIRMATIVO	NEGATIVO
1. conocernos	_____	_____
2. pedírmelo	_____	_____
3. saberlo	_____	_____
4. empezarlos	_____	_____
5. dárnosla	_____	_____
6. tocarla	_____	_____
7. perdérmela	_____	_____
8. explicarlo	_____	_____

Paso 2. Unos pacientes le piden consejos a su doctora. Haz el papel de la doctora, contestándoles con mandatos formales y según las indicaciones. No te olvides de sustituir todos los objetos directos e indirectos por pronombres cuando sea posible.

MODELO: ¿Podemos comer hamburguesas todos los días? (no) →
No, no las coman todos los días.

1. ¿Debemos comer verduras todos los días? (sí)

   _____

2. ¿Debemos hacer ejercicio con frecuencia? (sí)

   _____

3. ¿Podemos tomar el sol todos los días? (no)

   _____

4. ¿Está bien fumar? (no)

   _____

5. Sólo descansamos cinco horas cada noche. ¿Está bien? (no)

   _____

Práctica B. ¡Exprésese!

*Paso 1. Imagínate que eres el profesor / la profesora de una clase rebelde. Lee las siguientes situaciones y escribe un mandato formal apropiado para cada una.

MODELO: El estudiante no le trae la tarea. →
¡Tráigame la tarea!

1. Varios estudiantes duermen en la clase.

   _____

2. Un estudiante no aprende el vocabulario.

   _____

3. Dos estudiantes copian las respuestas de otro estudiante.

   _____

Capítulo nueve

4. Un estudiante hace mucho ruido con los zapatos.
   _____

5. Tres estudiantes no llegan a tiempo.
   _____

6. Una estudiante escucha música durante la clase.
   _____

7. Una estudiante habla durante un examen.
   _____

8. Unos estudiantes no ponen sus libros debajo de las sillas durante el examen.
   _____

Paso 2. Ahora escribe un mandato formal dirigido a cada una de las siguientes personas. ¡Usa tu imaginación!

MODELO: a su profesor(a) → Profesor, ¡explique mejor la lección!

1. a los políticos del país _____
2. a los estudiantes de la clase _____
3. a los estudiantes que no estudian otro idioma _____
4. a tu vecino/a que tiene un perro ruidoso _____
5. a tu jefe/a _____
6. a ¿ ? _____

9.2 EL PRESENTE DE SUBJUNTIVO CON EXPRESIONES IMPERSONALES

Práctica A. Es increíble que...

*Paso 1. Completa cada una de las siguientes oraciones con la forma apropiada del subjuntivo o indicativo de los verbos entre paréntesis.

1. Es importante que los estudiantes _____ (ir) a sus clases.
2. Es esencial que nosotros _____ (saber) la verdad.
3. Es increíble que ese señor _____ (estar) vivo después del accidente.
4. Es obvio que esa chica _____ (ser) muy inteligente.
5. Es triste que ellos no _____ (querer) a los animales.
6. Es lógico que una madre _____ (amar) a su hijo.
7. Es cierto que nosotros _____ (estudiar) en la biblioteca los viernes.
8. Es necesario que ella _____ (viajar) a Nueva York.
9. Es preferible que Juan _____ (venir) en el tren de las 10:30.

Nombre _____ Fecha _____ Clase _____

Paso 2. Ahora imagínate que les dejas un mensaje escrito a tus hijos. Son mayores ya y pueden hacer algunas compras mientras trabajas. Dales instrucciones para ir a por lo menos cuatro tiendas para comprar comida para la cena, regalos para unos amigos, zapatos para ellos mismos, etcétera. Usa expresiones impersonales en tus instrucciones.

MODELO: Es necesario que vayan a la frutería a comprar manzanas y peras. También es esencial que compren…

_____
_____
_____
_____
_____
_____
_____
_____

Práctica B. Opiniones personales

Paso 1. Haz los cambios necesarios en las siguientes oraciones para indicar tus opiniones personales. **¡OJO!** Algunas oraciones no requieren el subjuntivo.

MODELO: Algunas personas se preocupan demasiado por la moda.
Es ridículo que algunas personas se preocupen demasiado por la moda.

1. Los zapatos de plataforma están de moda otra vez.

   Es sorprendente/bueno que _____

2. Muchos jóvenes prefieren la ropa negra.

   Es cierto/terrible _____

3. Muchas personas usan demasiado su tarjeta de crédito.

   Es terrible/conveniente _____

4. Muchos diseñadores (*designers*) no comprenden las necesidades de los consumidores.

   Es obvio/malo _____

5. Me gusta regatear en todas las tiendas.

   Es imprescindible/imposible _____

Paso 2. Ahora expresa tu reacción a las siguientes ideas y explica brevemente por qué opinas así.

1. Los tatuajes (*tattoos*) están de moda.

   _____
   _____

Capítulo nueve

2. _____ (nombre de alguien que conoces) gasta mucho dinero en ropa.

3. Hollywood se preocupa mucho por la apariencia física de los artistas.

4. Hay muchos programas de radio que ponen exclusivamente música de los años 60 y 70.

5. Hay muchas/pocas tiendas cerca de la universidad.

Ampliación estructural: Usos del artículo definido e indefinido

You have already reviewed the forms of the definite and indefinite articles in Spanish (Enfoque estructural P.1) and know that articles must agree in number and gender with the nouns they accompany. Although there are parallel uses of articles in English and Spanish, there are also several differences. The most common differences in the use of articles in Spanish are outlined below with examples that serve to illustrate the contrasts between the two languages.

The definite article is used in Spanish in the following situations:

- with generalized concepts and abstract nouns

    Prefiero comprar **el pan** en una panadería.
    I prefer to buy bread at a bakery.

    ¿Qué significa **la libertad** para ti?
    What does freedom mean to you?

- with nouns that begin a sentence

    Los estudiantes dicen que no quieren exámenes, pero no es cierto.
    Students say they don't want tests, but it isn't true.

- with languages (except after **en, de,** the verb **hablar** or when mentioned as a school subject)

    Muchos estudiantes escriben **el español** mejor de lo que lo hablan.
    Many students write Spanish better than they speak it.

    but:

    ¿Hablas **español** con tus amigos?
    Do you speak Spanish with your friends?

    ¿A qué hora es tu clase de **español**?
    What time is your Spanish class?

- with parts of the body and personal possessions (instead of possessive adjectives)

    Antes de comer, lávense **las manos.**
    Wash your hands before eating.

    Quítate **la gorra** en clase, por favor.
    Take off your cap in class, please.

- to avoid repeating a noun

    Los padres de Raquel y **los** de Lucía nacieron en México.
    Raquel's parents and Lucía's were born in Mexico.

- with dates, seasons, when telling time, and with days of the week (except to say what day it is, was, will be…)

No hay clase **el lunes.**	*We don't have class on Monday.*
Nos gusta mirar los episodios de *Nuevos Destinos* **los viernes.**	*We like to watch* Nuevos Destinos *episodes on Fridays.*
Raquel nació **el 16 de septiembre** de 1957.	*Raquel was born on September 16, 1957.*

    but:

Hoy es **miércoles.**	*Today is Wednesday.*

- with titles of respect, except when talking to the person

Este semestre tengo español con **el profesor Rivera.**	*This semester I have Spanish with Professor Rivera.*
—Buenas tardes, **profesor Rivera.**	*Good afternoon, Professor Rivera.*

The indefinite article is used less frequently in Spanish than in English. It is *omitted* in the following situations:

- with unmodifed nouns indicating profession, religion, nationality, or political affiliation

Lucía es abogada.	*Lucía is a lawyer.*

    but:

Lucía es **una abogada excelente.**	*Lucía is an excellent lawyer.*

- with the adjectives **cien(to), mil, otro, medio, tal,** and **cierto.**

Pronto vamos a mirar **otro** episodio de *Nuevos Destinos.*	*Soon we're going to watch another episode of* Nuevos Destinos.
Elena sacó **100** por ciento en el último examen.	*Elena got a 100 percent on the last exam.*

- with personal possessions or clothing, when the quantity is not emphasized

Ese señor nunca usa **abrigo,** aun cuando hace mucho frío.	*That man never wears a coat, even when it's really cold.*

- after the words **de** and **como** when used to mean *as*

¿Te gustaría trabajar **de salvavidas** en la playa?	*Would you like to work as a lifeguard at the beach?*

- after the verbs **tener, buscar,** and **encontrar,** unless the quantity is emphasized

Ángela va a **buscar apartamento;** dice que no aguanta éste sin sus padres.	*Angela says she's going to look for an apartment; she says she can't stand this one without her parents.*
¿Qué te pasa? Parece que **tienes catarro.**	*What's the matter with you? It seems like you have a cold.*

    but:

Lucía **tiene** sólo **un hermano.**	*Lucía has only one brother.*

Práctica A. ¿Se usa o no? (I)

Completa las siguientes oraciones con el artículo definido (**el, la, los, las**) cuando sea necesario. Si la oración no necesita artículo, deja vacío el espacio en blanco.

1. ¿Te quitas _____ zapatos en clase?
2. Raquel buscaba a _____ Sra. Suárez en Sevilla.
3. ¿Siempre hablas en _____ español en clase?
4. En las culturas hispanas, el tema de _____ muerte no es un tabú.
5. _____ natación es un ejercicio excelente.
6. Vamos a ver una película en clase _____ martes.
7. «_____ Dr. Jiménez, el paciente ya llegó.»
8. Mañana es _____ jueves.
9. _____ leche contiene muchas vitaminas.
10. No sé nada de _____ chino.

Práctica B. ¿Se usa o no? (II) Completa las siguientes oraciones con el artículo indefinido singular (**un, una**) cuando sea necesario. Si la oración no necesita artículo, deja vacío el espacio en blanco.

1. Raquel es _____ abogada excelente.
2. Buscamos _____ secretaria para nuestra oficina.
3. Quisiera tomar _____ refresco.
4. Mi abuela era _____ católica.
5. Compré _____ coche rojo ayer.
6. Necesito _____ otro diccionario; éste no es muy bueno.
7. Roberto trabajaba antes de _____ asistente de un antropólogo.
8. En ese libro hay _____ 1.000 ideas para encontrar _____ empleo mejor.

¡MANOS A LA OBRA!

Actividad   El regalo del cual nunca me olvidaré

En este capítulo has repasado el tema de las compras. Y a veces la compra que uno hace es un regalo. Piensa en un regalo especial que has recibido. Puede ser algo comprado, hecho a mano o algún favor que alguien te hizo.

Paso 1. Completa el siguiente bosquejo con información sobre el regalo que recibiste.

I. el regalo

A. fue un(a) _____

B. lo recibí de _____ (¿quién?)

C. me lo regaló para _____ (¿qué ocasión?)

Nombre _____ Fecha _____ Clase _____

II. descripción del regalo

   A. tres adjetivos que describen el regalo

   _____

   _____

   _____

   B. el regalo fue especial porque _____

Paso 2. Ahora usa la información del Paso 1 para escribir un párrafo sobre el mejor regalo que has recibido. Incluye tu reacción al recibir el regalo.

_____
_____
_____
_____
_____
_____
_____
_____
_____
_____

Paso 3. (Optativo) Léele tu párrafo a un compañero / una compañera de clase *sin mencionar el regalo que recibiste*. Por supuesto, puedes indicar lo que sentías al recibir el regalo y, hasta cierto punto, describir el regalo en sí. Tu compañero/a, tomando en cuenta tu descripción y tu personalidad, tiene que adivinar cuál fue el regalo que recibiste.

Nombre _____ *Fecha* _____ *Clase* _____

CAPÍTULO

10

Pistas

EL VÍDEO

*Actividad A.   ▶ **Hace cinco años** ◀   El viaje a San Germán

Paso 1. En este episodio, Ángela, Raquel y una prima de Ángela viajan juntas a San Germán para que Raquel conozca a la abuela de Ángela, doña Carmen. ¿Recuerdas cómo fue el viaje? Mira las siguientes fotos e indica el orden cronológico apropiado de ellas.

_____   _____

_____   _____

_____   _____

Capítulo diez **197**

*Paso 2. Todas las siguientes oraciones son falsas. Escucha el fragmento de la visita a doña Carmen y corrige cada una de las oraciones. Puedes escuchar el fragmento más de una vez, si quieres.

1. Ángela estudió en una universidad en San Juan.

2. Ángela se quedó en San Germán para cuidar a su abuela.

3. Antes de la muerte de su esposa, Ángel visitaba a doña Carmen de vez en cuando.

4. Doña Carmen prefiere que los Castillo vengan a Puerto Rico a conocerla.

5. El hermano de Ángela está en San Juan ahora.

Actividad B. *Hace cinco años* En el cuarto de Ángel

*Paso 1. Durante la visita a doña Carmen, ésta le dice a Ángela que debe ver lo que hay en el cuarto de su padre, Ángel. Allí, Ángela y Raquel encuentran un libro, *Recuerdos*, que Ángel escribió hace muchos años. Escucha el fragmento del Episodio 10 en el que Ángela lee parte de ese libro. Luego, contesta las siguientes preguntas. Puedes escuchar el fragmento más de una vez, si quieres.

1. ¿De qué guerra le hablaba a Ángel su madre cuando él era joven?

2. ¿Cuándo fue la primera vez que Ángel vio el mar?

3. ¿Cómo se llevaba Ángel con su medio hermano, Arturo?

4. ¿Qué escribió Ángel al pensar en su madre?

5. ¿Por qué recordó con tanto cariño a sus amigos del puerto?

6. ¿Cómo describió Ángel a su esposa?
   _____

7. ¿Qué era lo más importante en la vida de Ángel en el momento de escribir *Recuerdos*?
   _____

Paso 2. *Recuerdos* es algo más que Raquel puede mostrarle a don Fernando como resultado de su investigación. ¿Qué otras pruebas acumula Raquel durante su investigación y cómo le sirven? Escucha las descripciones y empareja cada una con la prueba apropiada. Escribe la letra de cada prueba en el espacio en blanco correspondiente. (Las respuestas se dan en el CD.)

a.

b.

c.   d.

e.

1. _____ 2. _____ 3. _____ 4. _____ 5. _____

Actividad C. Jorge Alonso

***Paso 1.** En este episodio, Raquel habla de una persona más en la historia: el novio de Ángela, Jorge Alonso. ¿Recuerdas qué dicen Raquel y Lucía de Jorge? Indica los comentarios que las abogadas hacen de él.

1. _____ Jorge se casó con Ángela.
2. _____ Jorge y Ángela se divorciaron.
3. _____ Jorge no tiene escrúpulos.
4. _____ A Jorge le interesa el dinero de Ángela.
5. _____ Jorge fue un esposo fiel.
6. _____ Jorge es un buen hombre.
7. _____ Jorge ayudó a Raquel y a Ángela en la investigación.
8. _____ Jorge coqueteó con Raquel.

Paso 2. Verifica las respuestas del Paso 1 en la clave de respuestas. Escucha el siguiente diálogo entre Jorge y Raquel. Puedes tomar apuntes, si quieres. Luego, basándote en los comentarios que indicaste en el Paso 1 y en lo que oíste en el diálogo, haz una breve descripción de la personalidad de Jorge.

_____
_____
_____
_____
_____
_____
_____
_____

Nombre _____ Fecha _____ Clase _____

Más allá del episodio

Actividad Jorge Alonso

Paso 1. Ya sabes algo de Jorge Alonso, el entonces novio y luego esposo de Ángela. ¿Pero cuánto sabes de él? Lee las siguientes afirmaciones sobre él e indica si estás de acuerdo (Sí), si no estás de acuerdo (No) o si no estás seguro/a (NS).

Sí   No   NS   1.   Cuando Ángela lo conoció, Jorge ya estaba casado.
Sí   No   NS   2.   Jorge le cae bien a la abuela de Ángela, doña Carmen.
Sí   No   NS   3.   Ángela estaba ciega (*blind*) de amor por Jorge, especialmente por las muchas atenciones de éste.
Sí   No   NS   4.   Jorge tenía muchas novias y era muy mentiroso y manipulador.
Sí   No   NS   5.   Jorge es muy ambicioso y trabajador.
Sí   No   NS   6.   Jorge no quería que Ángela vendiera el apartamento en San Juan porque allí tenía recuerdos de los padres de ella.
Sí   No   NS   7.   Jorge trataba de ayudar y aconsejar a Ángela en asuntos económicos.
Sí   No   NS   8.   Jorge quería que Ángela le comprara un cine viejo para convertirlo en teatro.

Paso 2. Ahora escucha la siguiente narración sobre Jorge Alonso y verifica las respuestas que indicaste en el Paso 1. No te preocupes si no lo entiendes todo. Lo importante es sacar algunos detalles provechosos.

PRÁCTICA ORAL Y AUDITIVA

Enfoque léxico: Los buenos modales

Actividad Modales y consejos

Paso 1. Escucha las siguientes descripciones e indica si cada persona tiene buenos modales (B) o malos modales (M). (Las respuestas se dan en el CD.)

MODELO: (oyes)   Un hombre tiene el sombrero puesto en la iglesia.
         (escribes) M

1. _____   2. _____   3. _____   4. _____   5. _____

*Paso 2. ¿Qué les recomiendas a las personas que tienen malos modales? Escucha las siguientes situaciones. Luego, para el CD para hacerle a cada persona una recomendación o reacción. Puedes usar palabras y expresiones de la lista u otras, si quieres.

MODELO: Te aconsejo que...

aconsejar, deber, desear, insistir en, recomendar (ie), sugerir (ie, i); es aconsejable que, es imprescindible que, es inaceptable que, es indispensable que

1. _____
2. _____
3. _____
4. _____
5. _____

Capítulo diez   **201**

Enfoque estructural

10.1 EXPRESANDO DESEOS, EMOCIONES Y DUDAS CON EL PRESENTE DE SUBJUNTIVO

Práctica A. ¿Qué crees?

Paso 1. Escucha las afirmaciones y, después de cada una, forma una oración con la afirmación que oíste y la expresión indicada en el *Manual*. ¡**OJO!** Cuidado con el uso del subjuntivo y del indicativo. (Las respuestas se dan en el CD. Cuando oigas la respuesta correcta, repítela en voz alta.)

> MODELO: (oyes) Don Fernando sabe que Ángela y Roberto son sus nietos.
> (ves) dudo
> (dices) Dudo que don Fernando sepa que Ángela y Roberto son sus nietos.

1. Raquel duda
2. doña Carmen no está segura de
3. los tíos sienten
4. Jorge insiste en
5. doña Carmen recomienda
6. Lucía está segura de
7. esperamos
8. Lucía aconseja
9. es probable

Paso 2. Ahora escucha las preguntas personales y expresa en voz alta tu reacción a cada una, usando una de las expresiones de la lista a continuación. Vas a oír las preguntas dos veces.

aconsejo, (no) creo, (no) dudo, espero, (no) estoy seguro/a de, me alegro de, niego, quiero, prefiero, recomiendo, siento, tengo miedo de

> MODELO: (oyes) ¿Asisten tus compañeros de clase al laboratorio?
> (dices) Aconsejo que mis compañeros asistan al laboratorio.

1. ... 2. ... 3. ... 4. ... 5. ... 6. ...

Práctica B. Reacciones

Paso 1. Indica si las siguientes oraciones son ciertas (C) o falsas (F) para ti. Si son falsas, para el CD y corrígelas.

C F 1. _____

C F 2. _____

C F 3. _____

C F 4. _____

C F 5. _____

C F 6. _____

Paso 2. Hay un refrán en español que dice: «Perro ladrador, poco mordedor». Mira la siguiente tira cómica de Quino. Luego, vas a oír algunas afirmaciones falsas sobre el dibujo. Usando las indicaciones dadas, corrige las afirmaciones para que sean ciertas. (Las respuestas se dan en el CD. Cuando oigas la respuesta correcta, repítela en voz alta.)

1. No, no es obvio que...
2. El hombre se alegra de que...
3. El perro quiere que...
4. No, no es cierto que...
5. El hombre no desea que...

10.2 PIDIENDO ALGO EN FORMA DIRECTA: LOS MANDATOS INFORMALES

Práctica A. Da la forma correcta

Paso 1. Da el mandato informal afirmativo de los verbos que oigas. (Las respuestas se dan en el CD. Cuando oigas la respuesta correcta, repítela en voz alta.)

MODELO: (oyes) cantar
(dices) canta

1. ... 2. ... 3. ... 4. ... 5. ... 6. ... 7. ...

Paso 2. Ahora da el mandato informal negativo de los verbos que oigas. (Las respuestas se dan en el CD. Cuando oigas la respuesta correcta, repítela en voz alta.)

1. ... 2. ... 3. ... 4. ... 5. ... 6. ... 7. ...

Práctica B. Sugerencias

Tu amigo Bernardo tiene una personalidad algo problemática. Siempre se queja y, como buen amigo o buena amiga, tú le haces las sugerencias de siempre. Escucha sus quejas y hazle una sugerencia apropiada para cada una. (Las respuestas se dan en el CD. Cuando oigas la respuesta correcta, repítela en voz alta.)

MODELO: (oyes) Saco malas notas.
(dices) No saques malas notas.

1. ... 2. ... 3. ... 4. ... 5. ... 6. ...

PRÁCTICA ESCRITA

Enfoque léxico: Los buenos modales

Actividad A. Crucigrama

*__Paso 1.__ Lee las siguientes definiciones y completa el crucigrama con las palabras apropiadas de la lista a continuación. (Sólo se definen las palabras horizontales.) Al completar el crucigrama, llena el espacio en blanco con la expresión vertical que forman las palabras horizontales.

baúl, codo, darle la mano, dudar, extraña, llevarse bien, palillo, pertenecer, recuerdo, ruega, sugerencia, suplicar, teme

Nombre _____ Fecha _____ Clase _____

HORIZONTALES:

1. entenderse
2. echa de menos
3. una parte del cuerpo
4. sirve para sacar la comida que queda en los dientes
5. formar parte de
6. recomendación
7. no creer
8. tiene miedo
9. mueble de madera (*wood*) muy grande que muchos usan para guardar recuerdos
10. objeto que se guarda como memoria de una persona o un acontecimiento pasado
11. gesto que se hace para saludar a alguien
12. pide
13. pedir con humildad

VERTICAL: _____

Paso 2. Ahora escribe un breve párrafo para describir o dar ejemplos de los buenos modales, usando por lo menos seis palabras del crucigrama.

_____
_____
_____
_____
_____
_____
_____

Capítulo diez **205**

Actividad B. Sugerencias y consejos

Paso 1. ¿Qué cosas sugieren estas personas? Escribe una sugerencia o recomendación que te podría dar cada una de las siguientes personas.

1. Mis padres (hijos, tíos, hermanos,...) me recomiendan que _____
2. Mi mejor amigo/a me sugiere que _____
3. El presidente del país nos recomienda que _____
4. Mi profesor(a) de _____ nos _____ que _____
5. La Asociación de Médicos de América (AMA) siempre nos aconseja que
_____

Paso 2. ¿Qué les recomiendas o sugieres tú a las siguientes personas?

1. a tu mejor amigo/a: _____
2. a _____, un compañero / una compañera de clase: _____
3. al presidente / a la presidenta de la universidad: _____
4. al presidente de los Estados Unidos: _____
5. ¿ ? _____ : _____

Enfoque léxico

¿CUÁL SE USA?

*Práctica A. Lucía y Raquel

Completa el siguiente párrafo con las palabras más apropiadas de las opciones entre paréntesis.

Lucía quiere _____¹ (apoyar / mantener / aguantar) a Raquel durante estos momentos difíciles. Entiende que no es fácil _____² (apoyar / mantener / soportar) relaciones a larga distancia y por eso _____³ (prueba / trata de) ser comprensiva con Raquel. Lucía nunca podría _____⁴ (apoyar / mantener / soportar) ese tipo de relaciones, pero siente admiración por Raquel por hacerlo.

Práctica B. Preguntas personales

Contesta las siguientes preguntas personales con oraciones completas.

1. ¿Cuándo fue la última vez que probaste alguna nueva comida? ¿Qué comida fue? ¿Te gustó?

2. ¿Qué haces para mantener buenas relaciones con tus amigos?

3. ¿Has tratado de hacer algo que te resultó difícil de hacer? ¿Qué cosa fue?

4. ¿Cuál es una de las características de una persona que te es difícil de aguantar?

5. Por lo general, ¿cuántos pares de zapatos te pruebas antes de decidirte por uno?

6. ¿Qué características personales buscas en la persona que esperas que te apoye emocionalmente?

Enfoque estructural

10.1 EXPRESANDO DESEOS, EMOCIONES Y DUDAS CON EL PRESENTE DE SUBJUNTIVO

*Práctica A.   ¡Ay, ese Jorge!

La siguiente narración revela lo que pensó Raquel cuando conoció a Jorge, el novio de Ángela. Completa el párrafo con la forma apropiada de los verbos entre paréntesis. **¡OJO!** Los verbos pueden estar en el presente de subjuntivo, de indicativo o en el infinitivo.

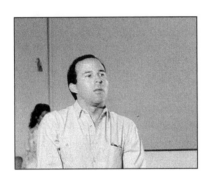

_____¹ (Ser) una lástima que chicas como Ángela _____² (enamorarse) de alguien como Jorge. Es cierto que Jorge no _____³ (ser) feo, pero yo _____⁴ (temer) que su belleza[a] _____⁵ (ser) sólo una fachada.[b] Espero que Ángela _____⁶ (darse) cuenta de que Jorge no es una buena persona. Dudo mucho que él _____⁷ (tener) buenas intenciones hacia Ángela: ¡es increíble que él _____⁸ (intentar) coquetear conmigo! Yo _____⁹ (alegrarse) mucho de que la abuela de Ángela _____¹⁰ (estar) tan unida a su nieta. Es importante que la abuela y los tíos le _____¹¹ (hablar) a Ángela y que le _____¹² (hacer) ver la realidad. ¡Me molesta tanto que ese Jorge _____¹³ (ser) tan fresco! Le quiero _____¹⁴ (decir) a Ángela lo que pienso, pero es obvio que ella no desea _____¹⁵ (escuchar) nada en contra de «su Jorge».

[a]*good looks*   [b]*facade*

Práctica B. Deseos y temores (fears)

Haz una oración completa para cinco de las indicaciones de las dos columnas y una terminación lógica. Cada oración debe reflejar los deseos y temores de estas personas.

   MODELO: Mis padres esperan que yo los visite con frecuencia.

yo
mis padres/hijos/abuelos
mi novio/a / esposo/a / compañero/a
mi mejor amigo/a
mi profesor(a) de _____

_____, mi actor favorito / actriz favorita
¿ ?

alegrarse de
desear
esperar
necesitar
preferir
querer
rogar
temer

1. _____
2. _____
3. _____
4. _____
5. _____

10.2 PIDIENDO ALGO EN FORMA DIRECTA: LOS MANDATOS INFORMALES

Práctica A. Mandatos en la clase de español

Paso 1. ¿Cuáles son los cuatro mandatos afirmativos y los cuatro mandatos negativos que oigas con más frecuencia en la clase de español? Escríbelos en la forma informal. Usa los siguientes verbos u otros, si quieres.

   completar   dar   entregar   escribir   escuchar   hablar   hacer   leer   llegar

LOS MANDATOS AFIRMATIVOS

1. _____
2. _____
3. _____
4. _____

LOS MANDATOS NEGATIVOS

1. _____
2. _____
3. _____
4. _____

Paso 2. (Optativo) Comparte algunos de los mandatos del Paso 1 con la clase. ¿Están de acuerdo tus compañeros de clase? ¿Está de acuerdo tu profesor(a)?

Práctica B. Mandatos a los personajes de Nuevos Destinos

Si pudieras (*you could*) darles consejos a algunos personajes de *Nuevos Destinos*, ¿qué les dirías? Dale mandatos informales, uno negativo y otro afirmativo, a cada uno de los siguientes personajes.

1. Raquel

    (afirmativo): _____

    (negativo): _____

2. Arturo

    (afirmativo): _____

    (negativo): _____

3. Lucía

    (afirmativo): _____

    (negativo): _____

4. Ángela

    (afirmativo): _____

    (negativo): _____

5. ¿ ?

    (afirmativo): _____

    (negativo): _____

Ampliación estructural: Usos del infinitivo como mandato

The infinitive form of verbs in Spanish may be used in special types of command constructions. You may have seen or heard the following constructions throughout your study of Spanish.

1. For addressing commands to a group of people in a familiar (i.e., informal) setting, the preposition **a** may be placed before an infinitive to form an affirmative command.

¡A comer!	*Let's eat!*
¡A bailar!	*Everyone dance!*
¡A trabajar!	*(Let's) Get to work!*

2. The infinitive may also be used to give direct instructions or directions. This usage is particularly common on street signs, in public buildings, and in recipes.

No fumar.	*No smoking*
Tocar antes de entrar.	*Knock before entering.*
No estacionar.	*No parking.*
Primero, **cortar** la cebolla. Luego, **freír** la cebolla en…	*First, cut the onion. Then, fry the onion in …*

Capítulo diez

***Práctica ¡A trabajar!**

Cambia los siguientes mandatos directos e indirectos por mandatos que usen el infinitivo.

1. No pise el césped. (*Don't step on the grass.*) _____
2. La comida está lista. Vamos a cenar ahora. _____
3. No tiren basura aquí. _____
4. Lave las papas y póngalas en el horno ya calentado.
   _____
5. Siga derecho (*straight ahead*). _____
6. No corran en los pasillos. _____
7. Sirva el guacamole con tortillas fritas de maíz.
   _____
8. Vamos a celebrar la Noche Vieja. _____

¡MANOS A LA OBRA!

Actividad Consejos para un(a) estudiante de intercambio en los Estados Unidos

Paso 1. En este curso y en otros que has tomado en español, has aprendido sobre algunas costumbres y tradiciones de los países hispánicos. ¿Has pensado en la impresión que tienen los estudiantes del mundo hispánico de la cultura de los Estados Unidos? Usa lo que aprendiste en este capítulo sobre los consejos para ayudar a un(a) estudiante que tiene dudas sobre algunas costumbres de los Estados Unidos. Lee cada una de las situaciones a continuación y piensa en cuál puede ser la razón del problema en cada una.

1. «No entiendo por qué a la familia con quien vivo les molesta que yo fume. Nunca lo hago en su casa porque sé que ellos no fuman. Sé también que mucha gente en los Estados Unidos fuma.»
2. «Cada vez que converso con gente que he conocido aquí, noto que ellos no se acercan mucho a mí mientras hablamos. No creo que yo tenga mal aliento,[a] y también, me baño todos los días. ¿Por qué hacen eso?»
3. «Cuando contesto el teléfono en casa, las personas que llaman nunca me preguntan cómo estoy. ¡Ni me saludan! Sólo me dicen con quién quieren hablar. La gente aquí es tan mal educada... no entiendo por qué.»
4. «Una vez un grupo de amigos me invitó al cine y quedamos en[b] encontrarnos frente al cine a las 7:00 para tomar algo antes de la función. Llegué unos minutos tarde, a las 7:20, y ya se habían ido. No lo podía creer. ¿No pudieron esperarme un rato más?»

[a]mal... *bad breath* [b]quedamos... decidimos

Paso 2. Ahora da una explicación de cada problema y ofrece una sugerencia al / a la estudiante.

1. _____
   _____
2. _____
   _____

3. _____

4. _____

Paso 3. (Optativo) Intercambia tus explicaciones y consejos con las de un compañero / una compañera. ¿Estás de acuerdo con las sugerencias que él/ella da? ¿Está de acuerdo él/ella con tus sugerencias? Coméntenlas, ofreciendo sugerencias alternativas cuando puedan.

LECTURA 5

Antes de leer

La poeta Nancy Morejón (1944–) nació en Cuba y es de ascendencia africana. En 1964, ganó el Premio de Poesía por sus dos tomos (*volumes*) de poesía: *Mutismo* (1962) y *Amor, ciudad atribuída* (1964). En 2001, ganó el Premio Nacional de Literatura, el premio más prestigioso de literatura de su país. En su poema «Madre», Morejón celebra a su madre y a todas las madres que les influencian de manera positiva a sus hijos.

Actividad

Las siguientes palabras aparecen en el poema. Empareja cada palabra con la definición correspondiente. Si no sabes qué significa una palabra, intenta adivinar el sentido. Usa un diccionario sólo al ser necesario.

1. _____ acantilado
2. _____ descalzo
3. _____ garrote
4. _____ cal
5. _____ orfelinato
6. _____ aposento
7. _____ marfil
8. _____ mimbre
9. _____ vitral
10. _____ pañuelo
11. _____ acunar
12. _____ entraña
13. _____ alzar

a. casa para niños sin padres
b. una pequeña tela para limpiar la nariz
c. ventana
d. partes internas del cuerpo
e. instrumento para ejecutar (matar) a una persona
f. material para hacer canastas y muebles
g. sustancia blanca; CaO es su símbolo químico
h. lleno de rocas o piedras
i. levantar
j. posada o casa
k. movimiento para calmar a un niño
l. similar a un cuerno; parte de un elefante
m. sin zapatos

Madre

Mi madre no tuvo jardín
sino islas acantiladas
flotando, bajo el sol,
en sus corales delicados.
No hubo una rama limpia
en su pupila sino muchos garrotes.
Qué tiempo aquel cuando corría, descalza,
sobre la cal de los orfelinatos
y no sabía reír
y no podía siquiera mirar el horizonte.
Ella no tuvo el aposento de marfil,
ni la sala de mimbre,
ni el vitral silencioso del trópico.
Mi madre tuvo el canto y el pañuelo
para acunar la fe de mis entrañas,
para alzar su cabeza de reina desoída
y dejarnos sus manos, como piedras preciosas,
frente a los restos fríos del enemigo.

Después de leer

*Actividad A. Comparaciones

Paso 1. En el poema se describe lo que tuvo y lo que no tuvo la madre. Prepara dos listas según lo que leíste en el poema.

Tuvo / Hacía	No tuvo / No hacía

Paso 2. Escribe frases para explicar en términos generales qué representan las cosas en las listas.

Lo que tuvo o hacía: _____

Lo que no tuvo o no hacía: _____

Actividad B. El homenaje

A pesar de lo que no tuvo la madre, en el poema se indica que la madre les dio algo de mucho valor a sus hijos. Explica en tus propias palabras lo que la madre les dio.

_____

_____

_____

Actividad C. Expansión

Piensa en tu madre o tu padre, o en una persona muy importante para ti. En tu opinión, ¿qué es la cosa de más valor que has recibido de esa persona? Escribe un breve párrafo que explica lo que es y su importancia en tu vida.

Nombre _____ Fecha _____ Clase _____

CAPÍTULO

11

Entre hermanos

EL VÍDEO

 Actividad A. ▶ *Hace cinco años* ◀ **El accidente**

Paso 1. En este episodio, ves que el hermano de Ángela fue víctima de un accidente arqueológico en México. ¿Recuerdas qué pasó? Escucha los fragmentos del Episodio 11 para emparejarlos con las siguientes fotos. Escribe la letra de cada foto en el espacio en blanco correspondiente. Los fragmentos que oyes están en el orden cronológico apropiado. (Las respuestas se dan en el CD.)

a.

b.

c.

d.

e.

f.

g.

h.

1. ____   4. ____   7. ____
2. ____   5. ____   8. ____
3. ____   6. ____

Capítulo once **215**

*Paso 2. Ahora empareja las frases de las dos columnas para formar oraciones que resuman el episodio. Escribe la letra de la columna a la derecha en el espacio en blanco correspondiente de la columna a la izquierda.

1. _____ Ángela y Raquel iban a salir para el aeropuerto cuando
2. _____ Cuando Ángela y Raquel llegaron a México, alquilaron un coche y
3. _____ Al llegar al pueblo, no podían pasar al sitio del accidente porque
4. _____ Fueron al hospital del pueblo donde
5. _____ El Padre Rodrigo les dijo que
6. _____ Mientras Ángela y Raquel esperaban para ver si sacaban a Roberto,
7. _____ Ángela y Raquel trataron de llamar a Pedro, pero
8. _____ Cuando por fin pudieron sacar a Roberto,

a. vieron el nombre R. Castilla en la lista de las personas atrapadas.
b. la línea siempre estaba ocupada.
c. manejaron hacia el sitio de la excavación.
d. lo llevaron a un hospital para hacerle un examen.
e. llegó el tío Jaime con la noticia del accidente.
f. hubo un derrumbe (*collapse*) en la excavación.
g. él conocía a la persona de la lista y que no era Roberto.
h. el camino estaba bloqueado.

Actividad B. La familia de Lucía

*Paso 1. En este episodio, Lucía le cuenta a Raquel algo de su familia. Lucía le dice que puede imaginarse la angustia de Ángela mientras esperaba el rescate de su hermano, pues ella también tiene sólo un hermano. Escucha el fragmento en que Lucía le explica el susto que su hermano le dio a la familia. Luego, indica si las siguientes oraciones son ciertas (C) o falsas (F). Corrige las oraciones falsas. Puedes escuchar el fragmento más de una vez, si quieres.

C   F   1. El padre de Lucía murió en un accidente de excavación.

C   F   2. Después de la muerte de su padre, el hermano de Lucía se fue de casa sin comunicarse con su familia por un mes.

C   F   3. Cuando desapareció el hermano de Lucía, su madre también murió.

C   F   4. Lucía y su hermano nacieron en Los Ángeles.

C   F   5. El padre de Lucía trabajaba en Toluca y fue inventor.

C   F   6. La familia de Lucía se mudó a California después de la muerte de su padre.

C   F   7. Al hermano de Lucía no le gustaba la vida en los Estados Unidos.

C F 8. Ahora el hermano de Lucía es ingeniero y está casado, con dos hijos.

Paso 2. Ahora escribe por lo menos tres oraciones para explicar el resentimiento que Lucía dice que su hermano siente. Puedes volver a escuchar el fragmento del Paso 1, si quieres.

Palabras útiles: acostumbrarse, el cambio (*change*), duro/a (*hard, difficult*), la escuela, el/la inmigrante, el prejuicio

_____

_____

_____

_____

_____

_____

Actividad C. ▶ *Hace cinco años* ◀ El plan de Ángela

*****Paso 1.** Has visto que Raquel y Ángela se llevan bastante bien. Pero, ¿sabías que tuvieron una pequeña discusión (*argument*)? ¿Por qué o por quién habrán discutido? Escucha la conversación entre Raquel y Ángela y completa cada una de las siguientes oraciones con la información que falta. Puedes escuchar la conversación más de una vez, si quieres.

1. Ángela quiere vender su casa y luego darle _____
2. Ángela piensa que Jorge puede usar el dinero para _____
3. Ángela cree que cuando Jorge abra un teatro, de noche ella puede _____
4. Raquel sugiere que sería mejor que Jorge _____
5. Ángela se enoja y acusa a Raquel de ser _____
6. Raquel dice que doña Carmen, quien ha vivido muchos años, tiene _____
7. Ángela le pregunta a Raquel por qué todo el mundo _____
8. Raquel dice que su madre tiene razón cuando dice que los asuntos de otros no deben

_____

Capítulo once **217**

Paso 2. Ahora escribe un breve párrafo en el que le explicas a Ángela por qué todo el mundo se opone a sus relaciones con Jorge. Puedes volver a escuchar la conversación del Paso 1 y referirte a la información de episodios anteriores, si quieres.

_____
_____
_____
_____
_____
_____
_____

Más allá del episodio

Actividad   Roberto Castillo Soto: ¿De tal palo, tal astilla?

Paso 1. ¿Cuánto sabes de Roberto, el hermano de Ángela? ¿Crees que es como su padre, Ángel Castillo? Lee cada una de las siguientes afirmaciones e indica si describe sólo a Roberto (R), sólo a Ángel (A), a los dos (D) o si no describe a ninguno de los dos (N).

R A D N   1. Fue muy buen estudiante.
R A D N   2. De pequeño, era independiente y soñador (*dreamer*).
R A D N   3. Tenía un padre que le daba mucho apoyo.
R A D N   4. Le interesaba el arte.
R A D N   5. Era de una familia de dos hijos.
R A D N   6. Sentía inquietud por conocer otros lugares.
R A D N   7. Participaba activamente en asuntos políticos.
R A D N   8. Empezó a interesarse por las civilizaciones indígenas cuando tenía 10 años.

Paso 2. Ahora escucha la siguiente narración sobre Roberto y verifica las respuestas que indicaste en el Paso 1. No te preocupes si no lo entiendes todo. Lo importante es sacar algunos detalles provechosos.

Nombre _____ Fecha _____ Clase _____

PRÁCTICA ORAL Y AUDITIVA

Enfoque léxico: El mundo de hoy

Actividad A.   Una reunión de concejales (council members)

Paso 1. Los concejales de una ciudad tuvieron una reunión recientemente. Primero, lee la lista de temas a continuación. Luego, escucha los comentarios de cinco de ellos; cada uno trata temas que le preocupan de la ciudad. Finalmente, indica el tema de cada comentario. Escribe la letra del tema apropiado en el espacio en blanco correspondiente. (Las respuestas se dan en el CD.)

    a.   el reciclaje
    b.   la protección de las especies en peligro de extinción
    c.   la explotación de recursos naturales
    d.   el desperdicio del agua
    e.   la conservación de energía

    1. ____   2. ____   3. ____   4. ____   5. ____

*Paso 2. Ahora vuelve a escuchar los comentarios del Paso 1 y escribe el número de cada uno bajo la categoría a continuación más apropiada. ¿Cuál es el punto de vista de cada concejal?

DEFENSOR(A) DEL MEDIO AMBIENTE: DEFENSOR(A) DE LOS INTERESES ECONÓMICOS:

_____   _____

Actividad B.   Definiciones

Paso 1. Escucha cada una de las definiciones y escribe la palabra apropiada de la lista en el espacio en blanco correspondiente. Vas a oír las definiciones dos veces. **¡OJO!** Hay cuatro palabras extras. (Las respuestas se dan en el CD.)

la capa de ozono, los desechos, el desempleo, desperdiciar, la dictadura, la energía, la escasez, evitar, la guerra, la hambruna, la ley, la libertad, la pobreza, reciclar, los recursos naturales, el sindicato

1. _____   5. _____   9. _____
2. _____   6. _____   10. _____
3. _____   7. _____   11. _____
4. _____   8. _____   12. _____

*Paso 2. Ahora escribe cada una de las palabras que indicaste del Paso 1 bajo la categoría más apropiada.

EL MEDIO AMBIENTE   CUESTIONES POLÍTICAS Y SOCIALES

_____   _____
_____   _____
_____   _____
_____   _____
_____   _____

Capítulo once **219**

Actividad C. La democracia

Paso 1. Mira la tira cómica de Quino y escucha los siguientes comentarios. Vas a oír los comentarios dos veces. Luego, indica si cada uno es cierto (C) o falso (F). (Las respuestas se dan en el CD.)

Nombre _____ Fecha _____ Clase _____

1. C F
2. C F
3. C F
4. C F
5. C F

*Paso 2. Ahora escucha las siguientes oraciones sobre los Estados Unidos. Vas a oír las oraciones dos veces. Luego, indica si cada una es cierta (C) o falsa (F). Corrige las oraciones falsas.

1. C F
   _____
2. C F
   _____
3. C F
   _____
4. C F
   _____
5. C F
   _____

Enfoque estructural

11.1 EL PRESENTE DE SUBJUNTIVO CON CONJUNCIONES DE PROPÓSITO O CONDICIÓN

Práctica A. Condiciones

Paso 1. Escucha las siguientes oraciones sobre los días tensos antes del rescate de Roberto. Luego, combina cada una con las indicaciones a continuación para formar una oración nueva. ¡OJO! Algunas respuestas requieren el infinitivo. (Las respuestas se dan en el CD. Cuando oigas la respuesta correcta, repítela en voz alta.)

MODELO: (oyes) Ángela y Raquel van a San Germán.
         (ves)   para / Raquel conoce a doña Carmen
         (dices) Ángela y Raquel van a San Germán para que Raquel conozca a doña Carmen.

1. sin / su familia lo aprueba
2. antes / Ángela sale para México
3. para / Ángela y Raquel van directamente a la excavación
4. a condición de / el Padre Rodrigo las acompaña
5. en caso de / sacan a Roberto
6. con tal de / Roberto tiene suficiente aire

Paso 2. Ahora escucha otra serie de oraciones, éstas sobre Raquel y Lucía. Combina cada una con las indicaciones a continuación para formar una oración nueva. ¡OJO! Algunas respuestas requieren el infinitivo. (Las respuestas se dan en el CD. Cuando oigas la respuesta correcta, repítela en voz alta.)

MODELO: (oyes) Lucía habla con Raquel.
         (ves)   a fin de / Raquel le explica lo del segundo codicilo.
         (dices) Lucía habla con Raquel a fin de que Raquel le explique lo del segundo codicilo.

Capítulo once **221**

1. antes de / el gobierno tiene la reunión
2. para / Lucía las escucha durante sus citas
3. con tal de / Arturo la llama pronto
4. sin / Lucía visita a su familia
5. a menos / Lucía encuentra el segundo codicilo

Actividad B. En la historia de *Nuevos Destinos*

Paso 1. Escucha los fragmentos de oraciones en el CD y emparéjalos lógicamente con las frases a continuación, escribiendo el número del fragmento que oigas al lado de la frase apropiada. Vas a oír los fragmentos dos veces. ¡OJO! Hay dos frases a continuación que no se usan. (Las respuestas se dan en el CD.)

_____ para demostrarles a los norteamericanos que él es igual que ellos.

_____ a fin de que Raquel le cuente más sobre el caso Castillo.

_____ sin que Arturo lo sepa.

_____ para que Raquel la ponga en contacto con los Castillo.

_____ sin decirle nada a nadie.

_____ en caso de que Lucía no encuentre el segundo codicilo.

_____ antes de que se pueda hacer nada.

11.2 EL PRESENTE DE SUBJUNTIVO PARA REFERIRSE A LO INDEFINIDO O INEXISTENTE

Práctica A. Antes y ahora

Escucha las oraciones y combina cada una con las indicaciones a continuación para formar una oración nueva. ¡OJO! Algunas oraciones requieren el indicativo, no el subjuntivo. (Las respuestas se dan en el CD. Cuando oigas la respuesta correcta, repítela en voz alta.)

MODELO: (oyes) Lucía no conoce a nadie.
(ves) tener información sobre el codicilo
(dices) Lucía no conoce a nadie que tenga información sobre el codicilo.

Palabra útil:

la pastilla   *pill*

1. saber dónde está Roberto
2. dar información sobre Roberto
3. llamarse R. Castilla
4. hacerla dormir
5. explicar lo del segundo codicilo
6. ayudar a Lucía
7. salir a las 4:00

Práctica B. ¿Hay o no hay?

Mira la siguiente escena y contesta las preguntas que oigas. (Las respuestas se dan en el CD. Cuando oigas la respuesta correcta, repítela en voz alta.)

MODELOS: (oyes) ¿Hay alguien que saque fotos?
(dices) Sí, hay una mujer que saca las fotos.
(oyes) ¿Hay alguien que coma un helado?
(dices) No, no hay nadie que coma un helado.

1. … 2. … 3. … 4. … 5. …

PRÁCTICA ESCRITA

Enfoque léxico: El mundo de hoy

Actividad A. Crucigrama

***Paso 1.** Lee las siguientes oraciones incompletas. Busca la palabra de la lista que completa cada una y escríbela en los espacios correspondientes del crucigama.

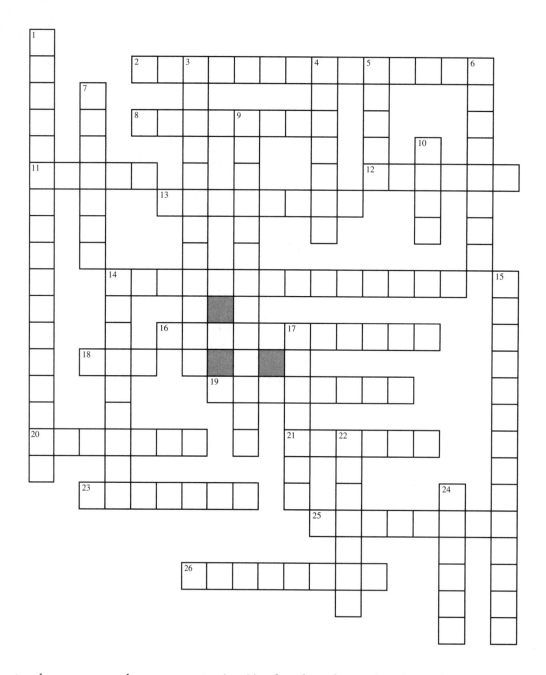

agotan, bosques, capa de ozono, contaminación, desechos, desempleo, desperdiciar, discriminación, energía, escasez, especies, evita, explota, guerra, hambruna, huelga, ley, libertad, lucharon, medioambiental, pobreza, proteger, realizó, recursos naturales, sobrepoblación, solar, vota

Nombre _____ Fecha _____ Clase _____

HORIZONTALES

2. Hoy en día hay una política _____ porque muchos se preocupan por problemas como el desperdicio de los recursos naturales y la contaminación del aire y del agua.

8. Muchas personas protestan por el exceso de _____ que las fábricas depositan en el ambiente.

11. Hay personas y compañías que consideran la energía _____ como una alternativa al uso de la energía eléctrica.

12. Debemos buscar alternativas para todas las actividades que, por usar en exceso los recursos naturales, los _____.

13. La organización Greenpeace International tiene como misión _____ el medio ambiente y las especies en peligro de extinción.

14. La _____ no es sólo un problema racial, sino que puede ser también de tipo religioso, sexual y económico.

16. Muchos de los productos que usamos contribuyen a la destrucción de la _____.

18. Para que una democracia funcione, la _____ tiene que proteger a todos los ciudadanos, incluso a los que parecen no merecerlo (*to deserve it*).

19. La _____ es un concepto abstracto que lleva consigo ciertas responsabilidades concretas.

20. El sector industrial necesita los recursos naturales, y por eso los _____, pero es necesario que a la vez los conserve y los recicle.

21. La amenaza (*threat*) de otra _____ mundial, y ésta posiblemente nuclear, ha infundido (*injected*) bastante sobriedad (*sobriety*) en las relaciones internacionales.

23. La _____ es un problema que afecta también a los ricos, porque en una democracia todos debemos ser responsables de los problemas sociales.

25. La _____ es, en gran parte, resultado del clima y la falta de métodos agrícolas adecuados.

26. Hay muchas _____ de animales, insectos y plantas en el Amazonas que aún no se han documentado.

VERTICALES

1. Costa Rica ha establecido una campaña (*campaign*) para la conservación de sus muchos _____.

3. Varios líderes internacionales se reunieron para una conferencia a fin de que las industrias dejaran de _____ los recursos naturales globalmente.

4. Los _____ son muy importantes porque los árboles son esenciales para la conservación del aire y del agua.

5. El reciclaje es muy útil porque _____ el desperdicio a nivel individual y global.

6. Muchos jóvenes _____ y murieron en guerras cuyo propósito no entendían.

7. El sindicato no _____ sus planes de lograr un aumento de sueldo por medio de la huelga.

9. Cuando hay un derrame (*spill*) grande de petróleo en el océano, la _____ del agua y de las costas es desastrosa.

10. El que _____ en las elecciones tiene voz en su gobierno.

Capítulo once 225

14. Cuando aumenta el _____, los problemas de la pobreza y el desamparo (*homelessness*) también aumentan.

15. Para reducir el problema de la _____, el gobierno de China impuso (*imposed*) el control natal: sólo permite ahora un hijo o una hija por familia.

17. Muchas investigaciones se orientan a la búsqueda de fuentes (*sources*) alternativas de _____.

22. La _____ de agua es sólo uno de los problemas que causan las sequías (*droughts*).

24. En el Canadá, los maestros de las escuelas estuvieron de _____ para protestar no sólo por asuntos económicos sino también por las condiciones y los programas del sistema educativo.

Paso 2. Ahora escribe un breve párrafo en el que explicas las relaciones entre la política y los problemas medioambientales usando palabras del crucigrama. Puedes escribir sobre relaciones específicas, generales o ideales y, por supuesto, debes expresar tu propia opinión. Escribe por lo menos cinco oraciones.

_____
_____
_____
_____
_____
_____
_____
_____
_____

Actividad B. Asociaciones

*****Paso 1.** Empareja los siguientes conceptos, escribiendo la letra de cada palabra de la columna a la derecha en el espacio en blanco correspondiente de la columna a la izquierda.

1. _____ la sobrepoblación
2. _____ la dictadura
3. _____ la guerra
4. _____ la política
5. _____ el sindicato
6. _____ la discriminación

a. la ley
b. la pobreza
c. los derechos humanos
d. la huelga
e. el ejército
f. la censura

Paso 2. Ahora escribe una oración para cada par de palabras en la que explicas o muestras cómo se relacionan.

1. _____
2. _____

3. _____
4. _____
5. _____
6. _____

Enfoque léxico

¿CUÁL SE USA?

*Práctica A.   En otras palabras

Reemplaza las palabras en *letra cursiva* con la forma correcta del verbo más apropiado de la siguiente lista.

ahorrar, aprobar, gastar, guardar, pasar, salvar

1. Los doctores *lograron resucitar* al paciente.
   _____

2. Tuve que *usar* casi todo mi dinero en la compra de libros este semestre.
   _____

3. ¿Puedes *darme* la sal, por favor?
   _____

4. Si quieres mantener la casa en orden, es importante *poner* todo en su lugar.
   _____

5. Voy a sacar una mala nota en física este semestre. No *salí bien en* ninguno de los exámenes.
   _____

6. Quiero ser más disciplinada con mi dinero. Voy a *poner en el banco* el 20% de mi sueldo.
   _____

Práctica B.   En tu opinión

Contesta las siguientes preguntas según tu opinión.

1. ¿Cuál es la mejor manera de pasar las vacaciones?
   _____

2. ¿Por qué es difícil para algunos guardar un secreto?
   _____

3. Si no apruebas un examen, ¿te motiva esto a estudiar más para la próxima vez o a estudiar menos? ¿Por qué?
   _____

4. ¿Por qué es difícil para algunas personas ahorrar dinero? ¿Es difícil para ti?

   _____

5. ¿Por qué se gasta dinero a veces en cosas innecesarias?

   _____

Enfoque estructural

11.1 EL PRESENTE DE SUBJUNTIVO CON CONJUNCIONES DE PROPÓSITO O CONDICIÓN

Práctica A.   ¿Qué conjunción?

***Paso 1.** Completa cada una de las siguientes oraciones con la conjunción entre paréntesis más apropiada.

MODELO: Julio estudia _____ (para que / sin que) su padre esté orgulloso. →
para que

1. Te doy el dinero _____ (a condición de que / a menos que) lo uses para reparar el coche.

2. No necesitas los guantes (*gloves*) y el abrigo _____ (a menos que / con tal de que) pienses regresar muy tarde.

3. Él sólo llega temprano a trabajar _____ (antes de que / con tal de que) le paguen horas extras.

4. Uds. deben pagar la cuenta _____ (antes de / sin que) salir del restaurante.

5. Debemos ir de huelga _____ (a condición de que / a fin de que) nos aumenten los sueldos.

Paso 2. Ahora escribe tres oraciones originales sobre los propósitos y las condiciones de tu vida. Usa tres conjunciones diferentes. **¡OJO!** Cuidado con el uso del subjuntivo y del infinitivo.

a condición de que, a fin de que, a menos que, antes de (que), con tal de que, en caso de que, para (que), sin (que)

1. _____
2. _____
3. _____

***Práctica B.   Emilio Hinojosa**

Como sabes, Emilio Hinojosa, el hermano de Lucía, no se sintió muy feliz cuando su familia dejó México para venirse a vivir a Los Ángeles. Para comprender un poco mejor lo que él sentía entonces, completa el siguiente párrafo con la forma correcta de los verbos entre paréntesis. **¡OJO!** No todos los verbos requieren el subjuntivo.

¡A mí no me gusta este país! Mi padre nos trajo aquí para que nosotros _____[1]

(vivir) mejor, pero yo no vivo mejor. Él dice que hemos venido a fin de _____[2] (encontrar) mejores oportunidades. ¡Pero aquí no hay mejores oportunidades a menos que uno

_____³ (ser) gringo! Bueno, yo voy a estudiar mucho para que los norteamericanos

_____⁴ (ver) que nosotros los mexicanos somos tan inteligentes como ellos. Me

quedo aquí con mi familia con tal de que yo _____⁵ (poder) irme cuando sea mayor.

A menos que mis papás _____⁶ (estar) enfermos y me _____⁷

(necesitar), me regreso a México cuando termine la universidad. Y en caso de que mis papás

_____⁸ (estar) viejos y enfermos, me busco un trabajo, ahorro el dinero y me los

llevo a México conmigo.

11.2 EL PRESENTE DE SUBJUNTIVO PARA REFERIRSE A LO INDEFINIDO O INEXISTENTE

Práctica ¿Hay alguien que... ?

*__Paso 1.__ Indica si existen los siguientes personajes en *Nuevos Destinos*. Si existen, da el nombre correspondiente. Si no, escribe **No existe. ¡OJO!** Escribe tus respuestas basándote en lo que pasa o lo que ya ha pasado, no en lo que *va* a pasar.

1. alguien que haya trabajado en una oficina en Miami _____
2. alguien que sea profesor(a) de universidad _____
3. alguien que haya nacido en Chile _____
4. alguien que tenga ocho hijos _____
5. alguien que esté divorciado/a _____
6. alguien que sea actor/actriz _____
7. alguien que quiera arruinar a don Fernando _____

Paso 2. Ahora escribe oraciones completas indicando si tienes un amigo / una amiga que se encuentre en las siguientes situaciones.

MODELO: tener una casa en la playa →
No conozco a nadie que tenga una casa en la playa. (Conozco a alguien que tiene una casa en la playa.)

1. estar divorciado/a

_____

2. estar casado/a por tercera vez

_____

3. tener más de cinco hijos

_____

4. estudiar en la ciudad de Nueva York

_____

5. vivir en otro país

___

6. estar muy triste ahora

___

Ampliación estructural: Los pronombres relativos

Relative pronouns are used to link two or more simple sentences or ideas.

A. Los usos de que

The most common relative pronoun in Spanish is **que,** which can be used to mean *that, which,* or *who.*

Lucía revisa todas las carpetas. Las carpetas contienen información sobre la familia Castillo.	*Lucía looks over all the folders. The folders have information about the Castillo family.*
Lucía revisa todas las carpetas **que** contienen información sobre la familia Castillo.	*Lucía looks over all the folders that have information about the Castillo family.*
Lucía tiene un hermano. Su hermano es mayor que ella.	*Lucía has a brother. Her brother is older than she (is).*
Lucía tiene un hermano **que** es mayor que ella.	*Lucía has a brother who is older than she.*

There are many cases in which the relative pronoun *that* is optional in English. In Spanish, the pronoun **que** must be used in such cases.

Raquel sabe **que** Arturo tiene algunas dudas sobre su futuro con ella.	*Raquel knows (that) Arturo has some doubts about his future with her.*
Lucía espera **que** Raquel no se ofenda por sus preguntas personales.	*Lucía hopes (that) Raquel isn't offended by her personal questions.*

B. Los usos de quien y quienes

The relative pronouns **quien** and **quienes** are used to mean *who* in reference to people. These pronouns have two common uses. The first use is in nonrestrictive clauses, which are clauses set off with commas and used to provide additional information about a person or persons. This first use is primarily for formal, written Spanish.

Roberto, **quien** estuvo atrapado en la excavación, salió sano y salvo.	*Roberto, who was trapped in the excavation, came out safe and sound.*
Los hijos de don Fernando, **quienes** no sabían nada de su matrimonio con Rosario, estaban sorprendidos al saber de su pasado.	*Don Fernando's children, who didn't know anything about his marriage to Rosario, were surprised to learn of his past.*

The pronouns **quien** and **quienes** are also used to mean *whom* after a preposition.

La hermana María Teresa, **con quien** Ángela y Raquel se quedaron en México, era muy simpática y comprensiva.	*Sister María Teresa, the nun that Ángela and Raquel stayed with in Mexico, was very nice and understanding.*
¿**En quién** pensaba Lucía cuando Raquel le hablaba de Roberto?	*Who was Lucía thinking about when Raquel talked to her about Roberto?*

The translations of the previous examples point out some of the colloquial uses of relative pronouns with prepositions in English. Note that it is common to end a clause or sentence with a preposition in English. It is also common to use *who* or *that* instead of the more grammatically correct *whom*. In Spanish, however, a preposition cannot end a clause, even in less formal speech. Likewise, only the relative pronouns **quien** or **quienes** can be used in the above construction.

C. Los usos de **lo que** y **lo cual**

- **Lo que** is used to refer to an idea, situation, action, or concept. There are many different phrases used in English to mean **lo que.** They include: *that which, what,* and *the thing.*

    Lo que no entiendo es por qué Ángela se casó con Jorge.
    What (The thing) I don't understand is why Ángela married Jorge.

    Ángela aprecia mucho todo **lo que** ha hecho Raquel por ayudarla.
    Ángela very much appreciates everything that Raquel has done to help her.

- **Lo cual** is used to make reference to an idea already stated in the sentence. This phrase cannot begin the sentence.

    Lucía pensaba que Raquel sabía más de lo que decía sobre los codicilos, **lo cual** es lógico en esas circunstancias.
    Lucía thought (that) Raquel knew more than she was saying about the codicils, which is logical under the circumstances.

*Práctica A.   ¿A quién se refiere?

Escribe la letra de las descripciones a continuación junto a los nombres de los personajes correspondientes. Puede haber más de una descripción para algunos personajes.

1. _____ Raquel es la persona que
2. _____ Lucía es la persona que
3. _____ Arturo es la persona que
4. _____ Ángela es la persona que
5. _____ Roberto es la persona que
6. _____ Don Fernando es la persona que

a. ayudó en la investigación en Buenos Aires.
b. dejó la Isla para estudiar en México.
c. nació en México y después se mudó a California.
d. conoció a Raquel en un cementerio.
e. murió poco después de terminar la investigación.
f. decidió que iba a perdonar a su hermano.
g. dejó parte de la herencia a su familia puertorriqueña.
h. viajó por varios países para llevar a cabo la investigación.

Práctica B. Opiniones personales

Agrega tus ideas personales para formar oraciones completas con las indicaciones a continuación.

MODELO: la película / más me gusta →
La película que más me gusta es *Como agua para chocolate.*

1. la materia / más me cuesta (*causes me difficulty*)

   _____

2. las mejores noticias / yo he recibido en mi vida

   _____

3. la persona / más quiero conocer

   _____

4. la parte del mundo / más me gustaría visitar

5. la actividad de clase / más me gusta

***Práctica C.   Dime más**

Lee las oraciones a continuación y escribe una pregunta con **quién** o **quiénes** para obtener más información.

MODELO: Voy a llamar a alguien. → ¿A quién vas a llamar?

1. Vivo con algunas personas.

2. Una vez le dediqué un poema a una persona.

3. En este momento estoy pensando en alguien.

4. En mi cuarto tengo fotos de algunas personas.

5. Visito con frecuencia a algunas personas.

6. Estoy enojada con alguien en este momento.

7. Me gusta comprar regalos para algunas personas.

8. El libro que compré fue escrito por alguien famoso.

¡MANOS A LA OBRA!

Actividad   Un folleto medioambiental

Paso 1. En este capítulo has repasado el tema del medio ambiente. Ahora imagínate que necesitas escribir un folleto que informe a los estudiantes de tu universidad de algunas cosas que pueden o no deben hacer para proteger y conservar el medio ambiente. Primero, haz una lista de cosas que son parte de tu rutina diaria que puedan cambiarse en beneficio del medio ambiente. Luego, añade otros hábitos que debes adoptar o evitar.

MODELO: Puedes caminar más en vez de usar el coche para ir a todas partes.

Nombre _____ Fecha _____ Clase _____

Paso 2. Ahora escribe el folleto. Empieza con una introducción que explique el propósito del folleto, con por lo menos diez consejos y termina con una conclusión. Trata de incluir también algunas conjunciones de propósito y condición.

_____
_____
_____
_____
_____
_____
_____
_____
_____
_____
_____
_____
_____

Paso 3. Ahora escoge de la lista que escribiste tres de los hábitos que tú piensas cambiar por dos semanas. Luego escribe un párrafo breve para cada uno, explicando la importancia de este cambio y tu plan de acción para llevarlo a cabo.

_____
_____
_____
_____
_____
_____
_____
_____
_____
_____
_____
_____
_____
_____

CAPÍTULO

12 Asuntos de familia

EL VÍDEO

 Actividad A. ▶ *Hace cinco años* ◀ ¿Quién lo dijo?

Paso 1. En este episodio, hay algunos personajes que se conocen por primera vez. Escucha los fragmentos a continuación e identifica a la persona que habla y a la persona de quien o con quien habla. (Las respuestas se dan en el CD.)

Ángela, Arturo, la doctora, don Fernando, Juan, Pati, Pedro, Raquel, la recepcionista, Roberto, Rosario

1. _____ habla con _____.
2. _____ habla de _____.
3. _____ habla de _____.
4. _____ habla de _____.
5. _____ habla de _____.
6. _____ habla de _____.
7. _____ habla de _____.
8. _____ habla con _____.
9. _____ habla con _____.
10. _____ habla con _____.

***Paso 2.** ¿Recuerdas cuándo se conocen los personajes en este episodio? Indica el orden cronológico apropiado y escribe el lugar donde se conocieron. Puedes volver a escuchar los fragmentos del Paso 1, si quieres. Los fragmentos que oíste sí están en el orden cronológico apropiado.

en casa de Pedro, en el hospital, en el hotel

ORDEN		LUGAR
_____	Arturo conoce a los hijos de don Fernando.	_____
_____	Ángela conoce a Arturo y a Pedro.	_____
_____	Arturo y Pedro se conocen.	_____
_____	Roberto conoce a Raquel y a Arturo.	_____

Capítulo doce **235**

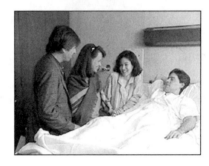

Paso 3. Escribe un párrafo breve para explicar la importancia de cada uno de los momentos especiales mencionados a continuación, más algunos detalles que recuerdes de ese momento. Puedes volver a escuchar los fragmentos del Paso 1, si quieres.

1. Arturo conoció a sus sobrinos, Ángela y Roberto.

   _____
   _____
   _____
   _____
   _____

2. Arturo conoció a la familia Castillo.

   _____
   _____
   _____
   _____
   _____

3. Juan y Pati discutieron sus problemas.

   _____
   _____
   _____
   _____
   _____

236 *Capítulo doce*

Nombre _____ Fecha _____ Clase _____

Actividad B. ▶ *Hace cinco años* ◀ **Arturo conoce a sus sobrinos**

*Paso 1. En este episodio Arturo conoce a sus sobrinos, Ángela y Roberto. ¿Recuerdas qué pasó? Lee las siguientes oraciones sobre ese encuentro y completa cada una con palabras de la lista.

agradecido, Ángela, ansiosa, Arturo, bien, bienvenida, descansar, hablar, hospital, muy poco, Pedro, Raquel, saludar, sorprendida

1. Arturo y _____ hablaban en la puerta del cuarto de Roberto cuando _____ y Ángela llegaron al _____.

2. Raquel estaba muy _____ cuando vio a quiénes hablaban en la puerta del cuarto de Roberto.

3. Pedro le dijo a Raquel que estaba muy _____ por todo lo que ella hizo.

4. _____ entró al cuarto de Roberto sin _____ a nadie porque estaba muy _____ por ver a su hermano.

5. Raquel le explicó a Ángela que Roberto estaba _____ y que sólo necesitaba _____.

6. _____ le dijo a Ángela que tenían mucho de que _____ porque él sabía _____ de ella y su hermano.

7. Pedro le dio a Ángela la _____ a la familia Castillo.

*Paso 2. Ahora lee las siguientes oraciones sobre el primer encuentro entre Arturo y Roberto. Luego, escucha el fragmento del encuentro e indica si cada oración es cierta (C) o falsa (F). Para el CD y corrige las oraciones falsas.

 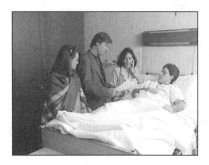

Capítulo doce 237

C F 1. Arturo está contento porque ahora puede resolver su conflicto con Raquel.

C F 2. Ángela ya había hablado de Raquel con Roberto.

C F 3. Arturo y Roberto le están muy agradecidos a Raquel por unir a la familia.

C F 4. Arturo dice que Roberto tiene la misma sonrisa que Rosario.

C F 5. Roberto aún se siente muy cansado y enfermo.

C F 6. Ángela dice que Roberto se comió dos desayunos.

C F 7. Arturo trajo algunas cosas de Puerto Rico para mostrárselas a Ángela y a Roberto.

Actividad C. ▶ *Hace cinco años* ◀ **Juan y Pati**

*Paso 1. ¿Qué recuerdas de Juan y Pati? Contesta brevemente las siguientes preguntas sobre la pareja. Luego, verifica tus respuestas en la clave de respuestas.

1. ¿Cómo se relacionan con la familia Castillo?

2. ¿Dónde viven?

3. ¿Cuáles son sus profesiones?

4. ¿Cuántos hijos tienen?

Paso 2. Ahora escucha la conversación entre Juan y Pati e indica las oraciones que describen su situación. (Las respuestas se dan en el CD.)

1. _____ Juan le pregunta a Pati por qué ella está enojada.
2. _____ Pati está preocupada por problemas con el teatro.
3. _____ Pati le pregunta a Juan si puede llamar a Nueva York.
4. _____ Juan le dice que quiere que tengan un hijo pronto.
5. _____ Juan está enojado porque siente que la vida de Pati le es más importante que la familia.
6. _____ Pati explica que su familia le es muy importante pero necesita atender a algunos problemas en su trabajo en este momento.
7. _____ Juan quiere que Pati resuelva sus problemas por teléfono.
8. _____ Pati sugiere que ellos vayan juntos a Nueva York por unos días.
9. _____ Juan le dice a Pati que su padre se va a enojar con ella.
10. _____ Pati le dice que ella va a Nueva York y regresará a México después de resolver su problema.

Más allá del episodio

Actividad   Juan y Pati

Paso 1. Ya aprendiste algo de Pati, la esposa de Juan, pero ¿cuánto sabes de ella? Lee las siguientes afirmaciones sobre ella e indica si estás de acuerdo (Sí), si no estás de acuerdo (No) o si no estás seguro/a (NS).

Sí No NS 1. Pati es de una familia de clase obrera que, al contrario de la familia de Juan, no tenía mucho dinero.
Sí No NS 2. Pati es la mayor de seis hermanos, y por eso siempre tuvo que trabajar mucho.
Sí No NS 3. Pati es algo idealista, y por eso ha tenido problemas en su carrera.
Sí No NS 4. Juan y Pati se conocieron en la Universidad de Nueva York donde los dos ya eran profesores.
Sí No NS 5. Juan y Pati no se enamoraron al principio, pero se hicieron buenos amigos y pasaron bastante tiempo juntos.
Sí No NS 6. Después de que Pati se fue a Nueva York, Ramón le dijo a Juan que su problema era que él (Juan) tenía envidia del éxito de Pati en su trabajo.
Sí No NS 7. Juan y Pati se separaron por casi un año, pero después de la muerte de don Fernando, Juan regresó a Nueva York donde se reconciliaron.
Sí No NS 8. Juan y Pati son felices ahora con su hijo, y regresan a menudo a México para visitar a la familia.

Paso 2. Ahora escucha la siguiente narración sobre Juan y Pati y verifica las respuestas que indicaste en el Paso 1. No te preocupes si no lo entiendes todo. Lo importante es sacar algunos detalles provechosos.

PRÁCTICA ORAL Y AUDITIVA

Enfoque léxico: Preocupaciones comunes

Actividad A. La historia de un amor frustrado

Paso 1. Escucha la siguiente historia sobre las relaciones entre Matilde y Juanjo.

*Paso 2. Ahora escucha las siguientes afirmaciones e indica si son ciertas (C) o falsas (F). Corrige las oraciones falsas para que sean ciertas.

C   F   1. _____

C   F   2. _____

C   F   3. _____

C   F   4. _____

C   F   5. _____

Actividad B. Etapas de la vida

Paso 1. Escucha las siguientes palabras y escribe la etapa de vida que asocias con cada una: la niñez, la juventud, la madurez o la vejez. Vas a oír las palabras dos veces. Es posible que asocies más de una etapa con algunas palabras.

    MODELO: (oyes)   los amigos de la escuela primaria
               (escribes) la niñez

1. _____
2. _____
3. _____
4. _____
5. _____
6. _____
7. _____
8. _____

Paso 2. Ahora escribe una oración para explicar el porqué de las asociaciones que indicaste en el Paso 1. Puedes volver a escuchar las palabras, si quieres.

1. _____
2. _____
3. _____
4. _____

Nombre _____ Fecha _____ Clase _____

5. _____
6. _____
7. _____
8. _____

Enfoque estructural

12.1 EL PRESENTE DE SUBJUNTIVO PARA EXPRESAR ACCIONES EN EL FUTURO

Práctica A. ¿Acción pasada, habitual o futura?

Escucha cada una de las siguientes oraciones e indica si se refiere a una acción pasada, una acción habitual o una acción futura. Recuerda: Sólo las acciones futuras van en el subjuntivo. (Las respuestas se dan en el CD.)

	ACCIÓN PASADA	ACCIÓN HABITUAL	ACCIÓN FUTURA
1.	☐	☐	☐
2.	☐	☐	☐
3.	☐	☐	☐
4.	☐	☐	☐
5.	☐	☐	☐
6.	☐	☐	☐
7.	☐	☐	☐
8.	☐	☐	☐

Práctica B. Habla Roberto Castillo

Paso 1. Escucha cada una de las siguientes frases y luego forma una oración indicando lo que diría Roberto. Escribe la letra de la frase más apropiada en el espacio en blanco correspondiente. Vas a oír las frases dos veces. (Las respuestas se dan en el CD.)

1. _____ a. yo era pequeño. b. yo sea pequeño.
2. _____ a. tengo más dinero. b. tenga más dinero.
3. _____ a. la conoció. b. la conozca.
4. _____ a. él vuelve de la Argentina. b. él vuelva de la Argentina.
5. _____ a. conocí a mi abuelo. b. conozca a mi abuelo.
6. _____ a. tengo un fin de semana largo. b. tenga un fin de semana largo.
7. _____ a. tengo una semana libre. b. tenga una semana libre.

Paso 2. Escucha las preguntas a continuación y contéstalas según las indicaciones. **¡OJO!** Usa el subjuntivo en las cláusulas adverbiales. (Las respuestas se dan en el CD. Cuando oigas la respuesta correcta, repítela en voz alta.)

MODELO: (oyes) ¿Cuándo va a hablar Arturo con Roberto?
(ves) en cuanto / Roberto despertarse
(dices) Arturo va a hablar con Roberto en cuanto Roberto se despierte.

1. después de que / descansar lo suficiente
2. en cuanto / sus hijos prepararlo para el encuentro
3. no / hasta que / los dos admitir sus sentimientos con sinceridad
4. cuando / resolver los problemas del teatro
5. tan pronto como / llegar a la Ciudad de México

12.2 EL PRESENTE PERFECTO DE SUBJUNTIVO

Práctica A.   ¿Posible o improbable?

Vas a oír una oración que acompaña a cada uno de los siguientes dibujos. Indica si crees que la acción que se menciona en cada oración es posible o improbable en relación con el dibujo. (Las respuestas se dan en el CD. Cuando oigas la respuesta correcta, repítela en voz alta.)

MODELO: (oyes) La niña ha jugado un partido de fútbol llevando ese vestido.
(dices) Es improbable que la niña haya jugado un partido de fútbol llevando ese vestido.

1.

2.

Nombre _____ Fecha _____ Clase _____

3.

4.

Práctica B. Reacciones

Escucha las oraciones y forma oraciones nuevas con las expresiones correspondientes a continuación. (Las respuestas se dan en el CD. Cuando oigas la respuesta correcta, repítela en voz alta.)

MODELO: (oyes) Arturo no ha llamado a Raquel todavía.
(ves) es lástima
(dices) Es lástima que Arturo no haya llamado a Raquel todavía.

1. temo
2. dudo
3. me alegro
4. es normal
5. es lógico
6. es bueno

PRÁCTICA ESCRITA

Enfoque léxico: Preocupaciones comunes

Actividad A. Relaciones léxicas

*Paso 1. Indica la palabra que no pertenece a cada grupo de palabras. Luego, añade una palabra más que se relaciona con las otras dos palabras (no tiene que ser del vocabulario). Luego, escribe una oración para explicar o mostrar cómo se relacionan las tres palabras.

MODELO: a. la vejez   b. el noviazgo   c. la juventud →
(b. el noviazgo;) la madurez: La juventud, la madurez y la vejez son etapas de la vida.

1. a. casarse   b. divorciarse   c. cuidar

_____

2. a. afectuoso   b. envidioso   c. cariñoso

_____

3. a. el cariño   b. el enfrentamiento   c. el odio

_____

Capítulo doce   **243**

4. a. el matrimonio   b. la luna de miel   c. el odio

5. a. enamorarse   b. tener envidia   c. tomarle cariño a alguien

6. a. el cariño   b. el amor   c. el compañero

7. a. el odio   b. el divorcio   c. el afecto

8. a. la enfermedad   b. la boda   c. la inquietud

9. a. enfrentarse con   b. llevarse bien   c. tener celos

10. a. la cita   b. el matrimonio   c. la enfermedad

Paso 2. Define brevemente en español cada una de las siguientes palabras. Luego, escribe una oración en la que usas la palabra definida.

1. la juventud

2. la madurez

3. la vejez

Actividad B. Asociaciones

Paso 1. Identifica la cosa, la situación o a la persona de *Nuevos Destinos* que asocias con cada una de las siguientes palabras. Luego, explica por qué tienes esas asociaciones.

1. la enfermedad

2. la inquietud

3. el odio

4. la preocupación

5. el enfrentamiento _____

Paso 2. Ahora escoge una de las palabras del Paso 1 y escribe un breve párrafo en el que describes una situación tuya que asocias con la palabra. Trata de usar palabras del vocabulario de este capítulo.

_____
_____
_____
_____
_____
_____
_____

Actividad C. Preguntas personales

Contesta las siguientes preguntas con oraciones completas.

1. ¿Cómo te imaginas la cita romántica ideal? ¿Has tenido alguna cita así? ¿La has visto en alguna película?

   _____
   _____
   _____

2. ¿Te has casado ya o te gustaría casarte? ¿Crees en el matrimonio? ¿Por qué es bueno/malo casarse?

   _____
   _____
   _____

3. En tu opinión, ¿cuáles son las ventajas y los inconvenientes de cada una de las siguientes etapas de la vida?

   la niñez: _____
   _____

   la juventud: _____
   _____

   la madurez: _____
   _____

   la vejez: _____
   _____

4. ¿En qué etapa de la vida te gustaría estar ahora? ¿Por qué?

_____

_____

_____

Enfoque léxico

¿CUÁL SE USA?

*Práctica A. ¿Cuál es el problema?

Completa el siguiente diálogo con la forma correcta del verbo más apropiado de la lista. ¡OJO! No se usan todas las opciones.

fallar, fracasar, lograr, reprobar, suceder, tener éxito

RAMÓN: ¿Qué te _____¹, Juan?

JUAN: No sé. Temo que mi matrimonio haya _____².

RAMÓN: ¿Por qué dices eso?

JUAN: Parece que Pati y yo nunca _____³ entendernos.

RAMÓN: Juan, no quiero criticarte, pero me parece que tienes celos de Pati porque ella _____⁴ en su trabajo mientras que tú no estás muy contento con el tuyo.

*Práctica B. En otras palabras

Reemplaza las palabras en letra cursiva con la forma correcta de la palabra o expresión más apropiada de la lista.

fallar, fracasar, lograr, reprobar, suceder, tener éxito

1. Enrique *no aprobó* el examen de español. _____

2. Espero que *puedas* encontrar suficiente información para escribir el informe.

   _____

3. En la vida, *pasan* muchas cosas inesperadas. _____

4. *Todo me resultó bien* y después de la entrevista, me ofrecieron el puesto.

   _____

5. Es bueno mantener el coche en buen estado para que no *se descomponga* en el camino.

   _____

6. Si pones mucho esfuerzo en un proyecto y aprendes mucho, no digas que *no tuviste éxito*

   _____ porque no sacas una A.

Nombre _____ Fecha _____ Clase _____

Enfoque estructural

12.1 EL PRESENTE DE SUBJUNTIVO PARA EXPRESAR ACCIONES EN EL FUTURO

Práctica A.   El futuro

Escribe diez oraciones sobre lo que crees que te va a pasar en el futuro. Usa las indicaciones para formar oraciones con cláusulas adverbiales.

MODELO: comprar una computadora / en cuanto →
Voy a comprar (compraré) una computadora en cuanto tenga un buen trabajo.

1. ser rico / tan pronto como

2. viajar al extranjero / antes de que

3. ayudar a los necesitados (*the needy*) / hasta que

4. vivir junto al mar / en cuanto

5. comprar una casa / después de que

6. estudiar en otro país / en cuanto

7. visitar a (persona) / tan pronto como

8. utilizar el transporte público / hasta que

9. ir a (país) / antes de que

10. usar el Internet / después de que

Práctica B.   Mi vida

Paso 1. Completa las siguientes oraciones de una manera lógica.

1. Cuando me case _____.

   Si ya estás casado/a: Cuando me casé _____.

2. Cuando era pequeño/a _____.

3. Estudio por la mañana/tarde/noche hasta que _____.
4. Voy a acostarme después de que _____.
5. Voy a _____ tan pronto como _____.
6. En cuanto _____, voy a _____.

Paso 2. ¿Cuándo piensas hacer las siguientes cosas?

    MODELO: casarme →
        Pienso casarme cuando encuentre a la persona perfecta para mí.

1. casarme / divorciarme

2. tener hijos / nietos

3. comprarme un coche nuevo

4. ir a un país donde se habla español

12.2 EL PRESENTE PERFECTO DE SUBJUNTIVO

Práctica A. Expresando dudas

¿Qué dudas que hayan hecho las siguientes personas? Escribe oraciones completas usando las indicaciones dadas. Puedes usar las sugerencias de la lista a continuación u otras acciones, si quieres.

    MODELO: mi mejor amigo/a →
        Dudo que mi mejor amigo/a haya sacado una «A» en su último examen.

SUGERENCIAS:

aprender chino
comer comida rusa
descubrir el significado de la vida
ganar mucho dinero
subir al Monte Everest
tener una cita romántica esta semana

1. mi mejor amigo/a

    Dudo que _____.

2. mi padre / mi madre / mis hijos / mis hermanos

    Dudo que _____.

3. el presidente de los Estados Unidos

    Dudo que _____.

4. Madonna

    Dudo que _____.

5. mis compañeros de la clase de español y yo

   Dudo que _____

6. mis amigos de la escuela secundaria

   Dudo que _____

7. ¿ ?

   Dudo que _____

Práctica B. ▶ *Hace cinco años* ◀ Momentos de la historia

Lee las siguientes oraciones sobre *Nuevos Destinos* y usa las expresiones de la lista para dar tu opinión sobre ellas. ¡OJO! En los casos que requieren el subjuntivo, debes usar el presente perfecto de subjuntivo.

(no) creer, (no) dudar, parecer, (no) pensar, saber, (no) ser cierto/a, (no) ser posible, (no) ser probable, suponer

MODELO: Juan estudió en España. →
Dudo que Juan haya estudiado en España.
Me parece que Juan estudió en España.

1. Carlos y Gloria volvieron a vivir en La Gavia.

   _____

2. Luis estuvo contento en Nueva York.

   _____

3. Los padres de Raquel se preocuparon mucho por ella durante la investigación.

   _____

4. Carmen, la segunda esposa de don Fernando, murió de una enfermedad muy grave.

   _____

5. Ángela rompió con Jorge después de su viaje a México.

   _____

Ampliación estructural: La posición de adjetivos

You have already learned and practiced the use of adjectives in various chapters throughout your textbook. In this section you will review the rules that you have learned about adjective placement and learn about a special group of adjectives that change meaning depending on whether they precede or follow a noun.

- Descriptive adjectives specify characteristics such as color, size, shape, religion, nationality, and personal qualities. Past participles are also included in this group. Descriptive adjectives usually follow the noun they modify.

un idioma **extranjero**	*a foreign language*
las camisas **blancas**	*the white shirts*
un vaso **roto**	*a broken glass*

- Adjectives specifying quantity, whether general or specific, precede the noun. Most cardinal numbers (**dos, tres,...**) do not agree with the nouns they modify.* Ordinal numbers (**segundo, tercero,...**) do agree with their corresponding nouns.

mucha gente	*many people*
dos siglos	*two centuries*
la **segunda** vez	*the second time*

- Adjectives used to refer to a quality that is assumed, inherent, or well-known often precede the noun. In this case, the adjective is not being used to distinguish the noun from others but rather to emphasize the descriptive quality. This position is often used as a poetic device for stylistic effect.

la **bella princesa**	*the beautiful princess*
el **enorme universo**	*the enormous universe*
el **terrible accidente**	*the terrible accident*
un **hermoso día**	*a beautiful day*

- When two or more adjectives are used to modify the same noun, they usually both follow the noun. If one of the adjectives is considered less distinguishing or less important, it may precede the noun.

un edificio **grande, moderno** y **eficiente**	*a large, modern, and efficient building*
un **típico** pueblo **pequeño**	*a typical small town*

- Certain adjectives take on a different meaning, depending on their position with regard to the noun they modify. Some common adjectives of this type are:

ADJECTIVE	MEANING BEFORE THE NOUN	MEANING AFTER THE NOUN
antiguo/a	former	ancient, old
cierto/a	certain, particular	definite, sure
diferente	various	different
gran/grande	great (**gran**)	big (**grande**)
mismo/a	same	myself/yourself/himself/herself . . .
nuevo/a	new to owner	brand-new
pobre	unfortunate	poor, not rich
puro/a	mere, sheer	pure, not tainted
único/a	only; sole	unique; only (*child*)
viejo/a	long-lasting, long-time	old; elderly

*Práctica A. Números

Escribe los números indicados en las frases a continuación.

MODELO: 40 años → cuarenta

1. (21) _____ estudiantes (*m.*)

2. (4) _____ familias

---

*There are exceptions to this agreement rule. When a number ending in **uno** comes before a noun (**21 años, 31 sillas,** and so on) the number must end in **-ún** or **-una** to show gender agreement. However, the number is *not* pluralized. Numbers ending in **-ciento** show both number and gender agreement.

ventiún años	*twenty-one years*
treinta y una sillas	*thirty-one chairs*
trescientas personas	*three hundred people*

3. (500) _____ naciones

4. (51) _____ variedades

5. (1) _____ niño

6. (800) _____ años

***Práctica B. ¿Dónde se coloca?**

Escribe el adjetivo indicado en la posición correcta, según el contexto de cada oración.

MODELO: Él es el _____ presidente _____ del país; acaban de elegir a uno nuevo. (antiguo) → antiguo presidente

1. Ella es una _____ mujer _____; no hay otra como ella. (única)

2. El _____ niño _____ estaba enfermo el día de su cumpleaños, así que tuvieron que cancelar la fiesta en Disneylandia. (pobre)

3. Esta moneda (*coin*) es muy valiosa; es de _____ oro _____. (puro)

4. ¿Ya viste mi _____ coche _____? Me lo vendió un vecino porque él cambia de coche cada dos años. (nuevo)

5. Esa muchacha tiene un _____ encanto _____ que es difícil de explicar. (cierto)

6. Somos _____ amigos _____; nos conocimos en la escuela primaria. (viejos)

¡MANOS A LA OBRA!

Actividad   Relaciones

En este capítulo has observado la interacción entre algunos de los personajes de la historia. También expresaste tus opiniones sobre las características importantes para lograr el éxito en las relaciones sentimentales. Ahora vas a escribir sobre la manera en que formamos nuestros conceptos en cuanto a las relaciones interpersonales.

Paso 1. Primero, escoge uno de los tipos de relaciones de la siguiente lista.

RELACIONES...

_____ entre miembros de la familia   _____ entre novios

_____ entre amigos   _____ entre esposos

_____ entre colegas del trabajo

Capítulo doce

Paso 2. Ahora lee la siguiente lista de cosas que influyen en nuestras ideas sobre las relaciones. Indica el orden de importancia de estos factores según su influencia en las relaciones que escogiste en el Paso 1. El número 1 es el más importante.

_____ la televisión   _____ la religión

_____ los padres   _____ los amigos

_____ la música   _____ los maestros

_____ las revistas y los periódicos   _____ los cuentos infantiles

_____ la biología   _____ los ejemplos de gente famosa

_____ ¿otro? _____

Paso 3. Escribe un párrafo sobre los dos factores cuya influencia consideres más importante en determinar las ideas que tenemos sobre las relaciones. ¿Son positivos o negativos esos factores? Explica.

LECTURA 6

Antes de leer

Rubén Darío (1867–1916) nació en Nicaragua. Desde adolescente empezó a imitar a los poetas franceses de la época. Viajó a Chile donde estudió a otros poetas y después publicó su primer libro de poesía. Muchos lo consideran el primer escritor profesional de Latinoamérica. Una preocupación grande en su poesía era el destino personal, la muerte y el significado de la vida. Estos temas están reflejados en «Lo fatal», el poema que aparece a continuación.

*Actividad

Antes de leer el poema, estudia estas palabras que aparecen en el poema. Empareja la palabra de la columna A con su sinónimo de la columna B.

	A		B
1.	____ dichoso	a.	dirección
2.	____ pesadumbre	b.	parte de un árbol
3.	____ rumbo	c.	lugar sin sol; proyección
4.	____ temor, espanto	d.	tener dudas
5.	____ sombra	e.	feliz
6.	____ sospechar	f.	miedo
7.	____ tentar (ie)	g.	esperar
8.	____ racimo, ramo	h.	causar tentación
9.	____ aguardar	i.	tristeza

Lo fatal

A René Pérez.

Dichoso el árbol que es apenas sensitivo,
y más la piedra dura, porque ésa ya no siente,
pues no hay dolor más grande que el dolor de ser vivo,
ni mayor pesadumbre que la vida consciente.

Ser, y no saber nada y ser sin rumbo cierto,
y el temor de haber sido y un futuro terror...
Y el espanto seguro de estar mañana muerto,
y sufrir por la vida y por la sombra y por

lo que no conocemos y apenas sospechamos,
y la carne que tienta con sus frescos racimos,
y la tumba que aguarda con sus fúnebres[a] ramos,
¡y no saber adónde vamos,
ni de dónde venimos!...

[a]*funereal*

Después de leer

*Actividad A. Comprensión

Contesta las siguientes preguntas con oraciones completas, basándote en el poema.

1. Según el poeta, ¿cuál es el dolor más grande de la vida?

   _____

   _____

2. ¿Por qué cree el poeta que las piedras son felices? ¿Qué indica con respecto a los árboles?

   _____

   _____

3. ¿Qué le preocupa al poeta con respecto a la vida en el futuro?

_____

_____

Actividad B. Opinión

1. Escribe dos listas de los adjetivos y sustantivos que aparecen en el poema, indicando los que representan lo positivo y los que representan lo negativo. ¿Son contradictorias las dos listas o tienen algo en común?

LO POSITIVO	LO NEGATIVO
_____	_____
_____	_____
_____	_____
_____	_____

2. Como es de imaginar, Darío le tenía miedo a la muerte. ¿Qué palabras reflejan su intensa preocupación por la muerte? Subráyalas en el poema. ¿Cómo te sientes tú con respecto a la muerte? Explica brevemente.

_____

_____

_____

_____

Actividad C. Expansión

Hay varios refranes en español que expresan ideas distintas de la vida y la muerte. Lee los refranes a continuación. ¿Presentan ideas semejantes a las de Darío? ¿Puedes pensar en algunos refranes o expresiones idiomáticas en inglés que tratan del mismo tema? ¿Qué imágenes presentan?

ESPAÑOL

Más vale atole* con risas que chocolate con lágrimas.
La vida no es senda (*path*) de rosas.
Así es la vida.

INGLÉS

Life's not a bed of roses.

(otros): _____

_____

_____

---

*El atole es una bebida caliente y dulce. En algunos países se hace de maíz.

CAPÍTULO

Medidas drásticas

EL VÍDEO

 *Actividad A. ▶ **Hace cinco años** ◀ ¿Dónde está don Fernando?

Paso 1. En este episodio, Ángela y Roberto querían conocer a don Fernando, pero no pudieron. ¿Recuerdas qué pasó? Escucha el fragmento del Episodio 13 e indica si cada una de las siguientes oraciones es cierta (C) o falsa (F). Corrige las oraciones falsas. Puedes escuchar el fragmento más de una vez, si quieres.

C   F   1. Ángela, Roberto, Raquel y Pedro van a visitar a don Fernando juntos.

_____

C   F   2. Raquel entra primero para que don Fernando no se emocione demasiado.

_____

C   F   3. Roberto y Ángela tienen mucho miedo.

_____

C   F   4. Raquel sale del cuarto sorprendida porque don Fernando no está allí.

_____

C   F   5. La enfermera les dice que don Fernando está en otra habitación.

_____

Paso 2. Ahora escucha la conversación entre don Fernando y Mercedes. Luego, contesta las preguntas a continuación. Puedes escuchar más de una vez, si quieres.

1. ¿Dónde están don Fernando y Mercedes?

_____

2. ¿Qué le parece espantosa a don Fernando?

_____

Capítulo trece   **255**

3. ¿Cuándo regresan don Fernando y Mercedes a La Gavia?

4. ¿Qué le aconseja Mercedes a su padre? (Indica dos cosas.)

5. ¿Qué hará don Fernando si no sale en dos días?

*Actividad B. ▶ *Hace cinco años* ◀ Gloria y la sucursal en Miami

Paso 1. Aunque la familia Castillo es una familia adinerada (con mucho dinero), ha tenido sus problemas financieros. En este episodio, supiste que casi pierden La Gavia. Lee cada uno de los fragmentos del episodio a continuación e identifica a la persona que lo dijo.

la agente de bienes raíces, un auditor, Carlos, Juan, Mercedes, Pedro, Ramón

1. _____ «Que tomen medidas drásticas. Que cierren la oficina en Miami, que es la causa de los problemas.»

2. _____ «Es una buena oferta. …La Gavia Inn. Suena bien, ¿verdad?»

3. _____ «Una agente de bienes raíces. Un empresario de los Estados Unidos quiere comprar La Gavia. Nos ha hecho una oferta.»

4. _____ «¿Comprar La Gavia? ¿Y desde cuándo está en venta? ¡La hacienda es lo que más quiere papá!»

5. _____ «Posiblemente Fernando dejó algo incluido en su testamento sobre la venta de La Gavia.»

6. _____ «Carlos nunca ha manejado bien el dinero. Bueno, él nunca ha manejado bien muchas cosas.»

7. _____ «Es hora de corregir esta situación. No puedo ocultar más la verdad.»

Paso 2. Ahora escucha el fragmento en que Carlos explica por qué hay irregularidades en los libros de la sucursal en Miami y por qué tienen problemas financieros. Luego, completa las siguientes oraciones con la información que falta.

1. Carlos dice que Gloria _____ por _____.

2. Ella lleva _____ años jugando en lugares como las Bahamas, Atlantic City y _____.

3. Carlos quería _____ y darle tiempo. Por eso pagó sus _____.

4. Como las _____ de Gloria eran cada vez más costosas, Carlos sacó dinero de la _____.

5. Carlos no acudió a la familia por _____ porque su tío y sus hermanos son tan _____ y tan distinguidos.

6. Cuando se escapa para jugar, Gloria siempre regresa después de uno o dos _____, después de que ha _____ todo.

Más allá del episodio

Actividad Carlos y Gloria

Paso 1. En este episodio aprendiste un poco más acerca de Carlos y Gloria, pero ¿cuánto sabes de la pareja? Lee las siguientes afirmaciones e indica si estás de acuerdo (Sí), si no estás de acuerdo (No) o si no estás seguro/a (NS).

Sí No NS 1. Los problemas financieros que tuvo la familia se debían en gran parte al vicio de Gloria.
Sí No NS 2. Carlos mintió (*lied*) cuando Ramón le preguntó sobre los problemas.
Sí No NS 3. Carlos temía que Gloria le pidiera un divorcio si él decía la verdad sobre su vicio.
Sí No NS 4. El vicio de Gloria empezó cuando se mudaron a los Estados Unidos.
Sí No NS 5. Don Fernando quería que Carlos dirigiera la oficina de Miami porque necesitaban una persona honesta y de confianza en esa sucursal.
Sí No NS 6. Carlos usó dinero de la oficina de Miami para pagar las deudas de su esposa.
Sí No NS 7. La familia no quiso ayudarles a Carlos y a Gloria con sus problemas.
Sí No NS 8. Gloria ha encontrado un abogado que le ayuda a conseguir más dinero de la herencia de la familia Castillo.

 Paso 2. Ahora escucha la siguiente narración sobre Carlos y Gloria y verifica las respuestas que indicaste en el Paso 1. No te preocupes si no lo entiendes todo. Lo importante es sacar algunos detalles provechosos.

PRÁCTICA ORAL Y AUDITIVA

Enfoque léxico: Actividades y pasatiempos

Actividad A. El tiempo libre

Mira los siguientes dibujos y luego escucha las descripciones. Empareja el número de cada descripción con el dibujo apropiado. (Las respuestas se dan en el CD.)

Nombre _____ Fecha _____ Clase _____

a.

b.

c.

d.

e.

1. ____ 2. ____ 3. ____ 4. ____ 5. ____

Actividad B. Asociaciones

Paso 1. Escucha las siguientes oraciones y para el CD después de cada una para escribir el deporte o la actividad que asocias con la situación. Puedes escribir más de un deporte o actividad. Vas a oír las oraciones dos veces.

    MODELO: (oyes)   Hace mal tiempo y dos amigos no quieren salir de casa.
              (escribes) jugar al ajedrez / a las cartas

1. _____
2. _____
3. _____
4. _____
5. _____
6. _____

Paso 2. Escoge una de las situaciones del Paso 1 y escribe un breve párrafo sobre una experiencia tuya relacionada con el deporte o la actividad.

_____
_____
_____
_____
_____

Capítulo trece   **259**

Enfoque estructural

13.1 HABLANDO DEL FUTURO

Práctica A. Formas del futuro

Vas a oír el infinitivo de algunos verbos. Cuando lo oigas, di la forma del verbo en el futuro que corresponda con el sujeto que ves en el *Manual*. (Las respuestas se dan en el CD. Cuando oigas la respuesta correcta, repítela en voz alta.)

> MODELO: (oyes) practicar
> (ves) yo
> (dices) practicaré

1. yo
2. tú
3. Ud.
4. nosotros
5. Uds.
6. ellas
7. Amalia y Felipe
8. tú y yo
9. tú y tu familia

Práctica B. En veinte años

Paso 1. Mira la siguiente tira cómica de Quino, en el que Mafalda (la niña morena) y su amiga Susana (la rubia) hablan. Luego, escucha las oraciones, las cuales tienen que ver con las dos niñas en veinte años. Indica si los comentarios te parecen probables (P) o improbables (I).

[a]¡Dios… *My God! This girl and her little boy!… I can't stand her!*   [b]¡Es… *That's the last straw!*

1. P I
2. P I
3. P I
4. P I
5. P I

Paso 2. Ahora imagínate a ti mismo/a dentro de veinte años. ¿Cómo será tu vida? Escucha las siguientes preguntas y contéstalas en voz alta con oraciones completas. Vas a oír las preguntas dos veces.

> MODELO: (oyes) ¿Vivirás en la misma ciudad?
> (dices) Sí, viviré en la misma ciudad. (No, no viviré en la misma ciudad.)

1. … 2. … 3. … 4. … 5. … 6. …

13.2 EXPRESANDO LO QUE HARÍAS: EL CONDICIONAL

Práctica A. Formas del condicional

Vas a oír el infinitivo de algunos verbos. Cuando lo oigas, di la forma del verbo en el condicional que corresponda con el sujeto que ves en el *Manual*. (Las respuestas se dan en el CD. Cuando oigas la respuesta correcta, repítela en voz alta.)

MODELO: (oyes) practicar
(ves) yo
(dices) practicaría

1. yo
2. tú
3. nosotros
4. Uds.
5. Ud.
6. Marisol y Catalina
7. Rafael y Joaquín

Práctica B. Situaciones

Escucha cada una de las siguientes situaciones y explica cuál de las dos actividades correspondientes harías.

MODELO: (oyes) Son las 10:00 de la noche un viernes y quieres pasarlo bien.
(ves) salir con tus amigos / ver una película
(dices) Saldría con mis amigos. *o* Vería una película.

1. llamar a alguien / leer una novela
2. ir a un restaurante / ver una película
3. ponerme *bluejeans* / vestirme elegantemente
4. salir con otros amigos / quedarme con mi amigo
5. pagar con la tarjeta de crédito / esperar hasta tener el dinero

PRÁCTICA ESCRITA

Enfoque léxico: Actividades y pasatiempos

Actividad A. Relaciones léxicas

*Paso 1. Indica la palabra que no pertenece a cada grupo de palabras. Luego, añade una palabra más que se relaciona con las otras dos palabras (no tiene que ser del vocabulario). Luego, escribe una oración para explicar o mostrar cómo se relacionan las tres palabras.

MODELO: a. entrenar b. pasear c. practicar →
(b. pasear;) jugar: Entrenar, practicar y jugar se relacionan con la participación en los deportes.

1. a. el ajedrez   b. las cartas   c. el alpinismo

2. a. bucear   b. caminar   c. patinar

Capítulo trece   **261**

3. a. nadar   b. pintar   c. bucear

4. a. ver una película   b. visitar un museo   c. entrenar

5. a. el fútbol   b. el baloncesto   c. la natación

6. a. disfrutar   b. entrenar   c. pasarlo bien

7. a. sacar fotos   b. pintar   c. andar en bicicleta

8. a. hacer *camping*   b. ver una película   c. escalar montañas

Paso 2. Contesta las siguientes preguntas con oraciones completas.

1. ¿Qué actividades y deportes se puede hacer en el agua?

2. ¿Qué puedes hacer para pasarlo bien cuando hace muy mal tiempo?

3. ¿En qué ciudades hay mucho turismo relacionado con el juego?

4. ¿Qué actividades son populares en los parques?

5. ¿Qué se puede hacer en un viaje turístico?

*Actividad B.   Crucigrama

Lee las siguientes definiciones y completa el crucigrama con las palabras de la lista a continuación.

ajedrez, alpinismo, andar en bicicleta, bucear, caminar, cartas, correr, entrenar, escalamos montañas, fútbol, gozar, jardín, juego, museo, nadar, natación, pasarlo bien, pasear, patinar, pesca, sacar, tiempo libre, tocar un instrumento, trabajar, ver una película

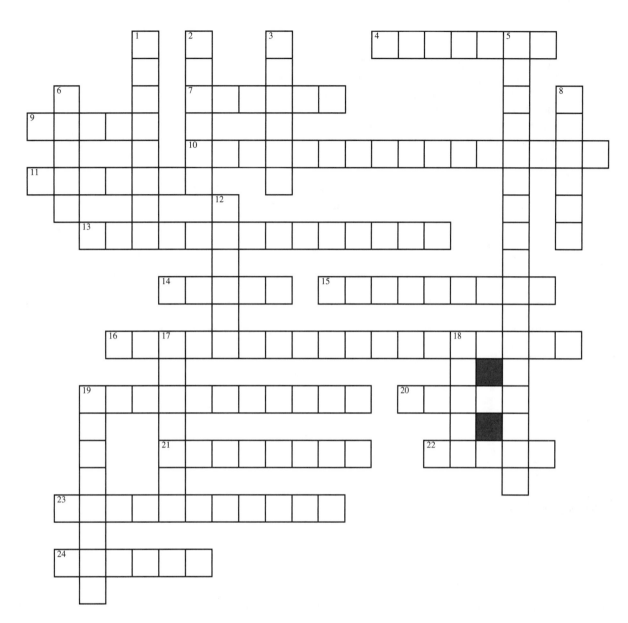

HORIZONTALES

4. juego intelectual entre dos personas en el que la pieza (*piece*) más importante es el rey
7. lo que se hace rápidamente con los pies cuando se participa en una carrera (*race*)
9. fotografiar o _____ fotos
10. pasear en un vehículo de pedales y dos ruedas (*wheels*)
11. pasear con botas que tienen ruedas
13. lo que se hace en el cine
14. muchas personas van a Las Vegas y Atlantic City por el _____
15. deporte que consiste en escalar montañas
16. lo que todos los miembros de una orquesta saben hacer
19. período temporal en que no se tiene que trabajar
20. actividad que consiste en sacar peces del agua
21. deporte acuático cuyas competiciones casi siempre tienen lugar en piscinas olímpicas
22. disfrutar
23. divertirse
24. un lugar donde generalmente se cultivan flores

Capítulo trece 263

VERTICALES

1. prepararse para jugar mejor un deporte o para una competición
2. actividad acuática para la cual se necesita tanques de oxígeno
3. 52 cosas que se usan para jugar un juego muy popular en los casinos
5. lo que hacemos para llegar al punto más alto de un lugar que tiene una vista muy pintoresca
6. sostenerse flotando y moverse en el agua
8. deporte en que dos equipos de once jugadores tratan de meter (*make*) goles con los pies
12. andar a pie o en coche por diversión o para tomar el aire
17. acto general de ir de un sitio a otro usando los pies
18. lugar que se visita para ver cuadros y esculturas de artistas famosos
19. para mantener bonito un jardín, hay que hacer esto

Paso 2. Ahora describe lo que haces cuando tienes mucho tiempo libre. Usa palabras del crucigrama. Debes escribir por lo menos cinco oraciones.

_____
_____
_____
_____
_____
_____
_____

Enfoque léxico

¿CUÁL SE USA?

*Práctica A. Relaciones léxicas

Indica la palabra que no pertenece a cada grupo de palabras. Luego, escribe una oración para explicar cómo se relacionan las otras dos palabras.

1. el cura / la cura / la medicina
   _____

2. el coma / la coma / el punto
   _____

3. el modo / la moda / la manera
   _____

4. el suelo / la suela / la tierra
   _____

5. el puerto / la puerta / la ventana
   _____

6. el giro / la gira / el guía

7. el bando / la banda / la música

8. el capital / la capital / el dinero

9. el pendiente / la pendiente / el coche

10. el derecho / la derecha / la izquierda

*Práctica B. ¿Qué es?

Lee cada descripción a continuación e indica en el espacio en blanco correspondiente la palabra de la lista que se describe.

el cometa/la cometa; el corte/la corte; el frente/la frente; el mango/la manga; el partido/la partida; el peso/la pesa

1. Se pone esto en un coctel de frutas.

2. Se usa esto en el gimnasio para fortalecer los músculos.

3. Se lleva un caso legal a este lugar.

4. Se mira esto esta tarde en el campo de fútbol.

5. Se observa esto en el cielo durante la noche.

6. Se sienta la gente allí para ver mejor.

Enfoque estructural

13.1 HABLANDO DEL FUTURO

*Práctica A. Tu horóscopo

Completa el siguiente párrafo con el futuro de los verbos entre paréntesis.

Esta semana _____¹ (ser) ideal para tu vida social y amorosa. Tú _____² (tener) varios compromisos[a] sociales. Un amigo te _____³ (pedir) ayuda, y tú se la _____⁴ (dar). En cuanto al amor, los astros[b] predicen una semana especial: _____⁵ (poder) aparecer una persona nueva e importante en tu vida. También _____⁶ (hacer: tú) nuevos amigos. Si estás casado o casada _____⁷ (haber) momentos especiales que _____⁸ (poner) romance en tus relaciones.

Pero en el área económica, nada te _____⁹ (salir) bien. ¡No gastes mucho esta semana!

[a]*engagements* [b]*stars*

Práctica B. En treinta años

Paso 1. Piensa en los siguientes personajes de *Nuevos Destinos* y pronostica (*predict*) qué harán y dónde y cómo estarán dentro de treinta años. Escribe oraciones pronosticadoras usando el tiempo futuro.

MODELO: Lucía: → En treinta años, Lucía ya estará casada y tendrá hijos mayores.

1. Raquel y Arturo

_____

Nombre _____ Fecha _____ Clase _____

2. Luis

_____

3. Ángela y Roberto

_____

4. tía Olga

_____

5. Juan y Pati

_____

Capítulo trece **267**

6. Carlos y Gloria

_____

7. Ramón y Consuelo

_____

8. Mercedes

_____

Paso 2. Ahora imagínate a ti mismo/a en treinta años. Escribe tres oraciones en las que pronosticas tu propio futuro y tres más sobre el futuro de una persona importante en tu vida.

MODELO: En treinta años yo ya estaré casado/a y tendré tres hijos.
Mi hermano Bill vivirá en las montañas para gozar de sus deportes favoritos: el alpinismo en el verano y el esquí en el invierno.

Nombre _____ Fecha _____ Clase _____

MI FUTURO:

1. _____
2. _____
3. _____

EL FUTURO DE ALGUIEN IMPORTANTE EN MI VIDA:

1. _____
2. _____
3. _____

13.2 EXPRESANDO LO QUE HARÍAS: EL CONDICIONAL

Práctica A. Gustos diferentes

*****Paso 1.** La familia de Francisco Tejeiro, el compañero de trabajo de Raquel, no puede ponerse de acuerdo en cuanto a las vacaciones: cada miembro de su familia tiene gustos diferentes. Completa las siguientes oraciones según las indicaciones, agregando otras palabras cuando sea necesario. Usa el condicional en tus oraciones.

MODELO: yo / gustar / ir / lugar exótico →
Me gustaría ir a un lugar exótico.

1. mi madre / querer / descansar / hotel de lujo

   _____

2. mi padre / sus hermanos / preferir / hacer *camping* / las montañas

   _____

3. mi hermano Manolo / hacer turismo / Italia

   _____

4. pero / Ann, la novia de Manolo / ir / Tailandia

   _____

5. mis abuelos / decir / que / preferir / crucero (*cruise*) al Caribe

   _____

Paso 2. ¿Y tú y tu familia? ¿Tienen gustos diferentes? Imagínate que Uds. van a planear unas vacaciones de diez días. ¿Qué querría hacer cada miembro de tu familia? Escribe un breve párrafo.

_____
_____
_____
_____
_____
_____

Capítulo trece **269**

Práctica B. Una nueva identidad

A muchas personas les gustaría ser otra persona para que puedan resolver situaciones o hacer cosas que normalmente no pueden hacer ellos mismos. Escribe oraciones con el condicional, indicando lo que harías tú si fueras (*you were*) cada una de las personas a continuación.

    MODELO: Melanie Griffith, la esposa de Antonio Banderas →
               Yo aprendería español.

1. padre / madre de diez hijos

2. un(a) turista en Buenos Aires

3. Bill Gates, el dueño de Microsoft

4. tu profesor(a) de español

5. un ganador / una ganadora del Premio Nóbel de la Paz

6. un político / una mujer político importante

7. el Rey Juan Carlos I de España

8. ¿ ?

Ampliación estructural: Expresando probabilidad: El futuro y el condicional

In this chapter you have learned and practiced the use of the future and the conditional tenses in Spanish. Another use of these tenses in Spanish is to express probability.

- Expressing probability about the present with the future tense
English uses phrases such as *do you suppose/think, I wonder, must be,* and *probably* to express the same ideas as the future tense in Spanish.

¿Qué **habrá** en el segundo codicilo del testamento de don Fernando?	*What do you suppose is in the second codicil of don Fernando's will?*
¿**Sabrá** Gloria algo más de esto?	*Do you think Gloria knows something more about this?*
¿Qué **estará pensado** Lucía?	*I wonder what Lucía is thinking.*

- Expressing probability about the past with the conditional tense
  Just as the future tense in Spanish can be used to express probability about the present, so can the conditional tense be used to express probability about the past.

¿Qué hora **sería** cuando Lucía terminó su trabajo anoche?	*I wonder what time Lucía finished her work last night?*
¿Por qué **tardaría** tanto Carlos en decirle la verdad a su familia sobre los problemas de Gloria?	*Why do you suppose Carlos took so long to tell his family about Gloria's problems?*

*Práctica A.   ¿Qué habrá pasado?

Vuelve a escribir las oraciones a continuación, usando el futuro o el condicional de los verbos indicados, según el contexto.

MODELO: Raquel **debe ser** una persona muy paciente. →
Raquel **será** una persona muy paciente.

1. Don Fernando **seguramente era** muy viejo cuando murió.

   _____

2. ¿**Crees que** Raquel le **esconde** algo a Lucía?

   _____

3. Jorge **probablemente** no **trataba** bien a Ángela después de casarse.

   _____

4. Raquel **debe estar** preocupada por su situación con Arturo.

   _____

5. Gloria **probablemente regresa** cuando haya perdido todo su dinero.

   _____

6. ¿**Crees que** Gloria **tenía** algo que ver con el segundo codicilo?

   _____

Práctica B.   ¿Por qué... ?

Escribe respuestas a las preguntas de la lista a continuación, usando el condicional para especular sobre una explicación lógica a cada situación.

MODELO: ¿Por qué no vino a clase ayer Rita? → Estaría enferma.

1. ¿Por qué llegó la policía al campus?

   _____

2. ¿Por qué sonó la alarma en el edificio?

   _____

3. ¿Por qué cancelaron las clases?

4. ¿Por qué se enojó el estudiante cuando vio su nota?

5. ¿Por qué lloraba tu compañera de cuarto?

6. ¿Por qué algunos no han comprado su libro de texto todavía?

¡MANOS A LA OBRA!

Actividad   Mis actividades favoritas

En este capítulo hablaste mucho sobre las actividades y los pasatiempos. ¿Cuáles son tus actividades favoritas?

Paso 1. Lee las siguientes situaciones y escribe una o dos actividades que más te gusta hacer cuando te encuentres en cada situación.

1. cuando estás muy triste o contento/a

2. cuando tienes unas horas libres

3. cuando quieres celebrar una ocasión especial

Paso 2. Ahora piensa en una ocasión específica para ilustrar una de las actividades de tu lista en el Paso 1. Describe un incidente interesante que te haya pasado, contestando las preguntas a continuación.

1. ¿Con quién estabas?
2. ¿Dónde estabas?
3. ¿Qué hiciste? ¿Qué hicieron las otras personas, si no estabas solo/a?
4. ¿Cómo resultó?
5. ¿Por qué fue interesante la experiencia?

CAPÍTULO

14 Voces del pasado

EL VÍDEO

Actividad A. Recuerdos de Luis

Paso 1. En este episodio, Luis llama a Raquel otra vez. Lee el fragmento en el que Raquel habla con Luis por teléfono y escribe lo que crees que le dice Luis a Raquel.

RAQUEL: ¡Hola, Luis!

LUIS: _____ 1

RAQUEL: Ya sé… Lo siento, pero no creas que me había olvidado. Como te dije, tuve una semana horrible, de muchas presiones.

LUIS: _____ 2

RAQUEL: Sí… seguro que tú trabajas tanto o más que yo.

LUIS: _____ 3

RAQUEL: ¿Mañana? No, no, mejor pasado mañana. Mañana estoy ocupada por la noche.

LUIS: _____ 4

RAQUEL: No, no, no… no hace falta que me recojas, podemos encontrarnos en el restaurante.

LUIS: _____ 5

RAQUEL: Si insistes, te espero en mi casa a las siete.

LUIS: _____ 6

RAQUEL: Hasta entonces.

***Paso 2.** Después de hablar con Luis, Raquel recuerda varios momentos del pasado que tienen que ver con él. Lee los fragmentos de esas conversaciones de la columna a la derecha y emparéjalos con las afirmaciones de la columna a la izquierda.

1. _____ La madre de Raquel le dice a ella que Luis está en Los Ángeles.
2. _____ La madre de Raquel le dice a Luis que Raquel está en México.
3. _____ Luis se aparece en México de repente y sorprende a Raquel y a Arturo.
4. _____ Tanto Arturo como Luis insisten en pagar la cuenta del restaurante.
5. _____ Luis consigue su primer trabajo en Nueva York después de graduarse.
6. _____ Mientras Raquel les presenta a Arturo a sus padres, Luis llega a la habitación.
7. _____ Raquel riñe (*scolds*) a su madre por invitar a Luis a México sin avisarle a ella.
8. _____ Luis arregla un fin de semana en Zihuatanejo para dos sin consultar con Raquel.
9. _____ Raquel le dice a su madre que Luis es parte de su pasado y que ella ha cambiado mucho.
10. _____ Raquel lee el mensaje que Luis le dejó antes de salir de México.

a. «Tenía Ud. razón, María. La idea de venir a México fue una muy buena sugerencia de Ud.»
b. «Es que yo les dije que los había invitado.»
c. «Sí. Tienes razón. Tú ya eres una mujer y ya piensas como una adulta.»
d. «No tenías ningún derecho de hacer venir aquí a Luis sin preguntarme, sin avisarme siquiera.»
e. «Pensé darte una sorpresa, pero el sorprendido fui yo, al encontrarte con Arturo.»
f. «¿¿Luis?? …¡Vaya sorpresa! ¿Y qué haces aquí?»
g. «¿No crees que es mejor consultar a las personas antes de hacer planes de este tipo?»
h. «¿De vacaciones? ¿Y por qué no las aprovechas para ir a México?»
i. «No hablo con él desde hace cinco años, cuando estuvimos en México.»
j. «Yo no puedo, Luis. Me falta un año para graduarme. Yo no puedo irme ahora.»

*Paso 3. Después de pensarlo un poco, Raquel llamó a Luis. ¿Qué le dijo Raquel a Luis? Escucha el mensaje que Raquel le dejó y completa las siguientes oraciones con la información que falta.

1. Raquel llama a Luis para _____ de pasado mañana.

2. Raquel está en _____ en que no se siente preparada como para ese tipo de reencuentro.

3. Raquel dice que las relaciones entre ella y Luis no tienen _____.

4. Raquel le agradece mucho a Luis que la _____.

*Actividad B. *Hace cinco años* Don Fernando

Paso 1. En este episodio, don Fernando expresa algunas dudas a su familia. ¿De qué duda? Escucha el fragmento sobre unos momentos incómodos en La Gavia y luego contesta las siguientes preguntas sobre la escena.

1. ¿Por qué baja de su habitación don Fernando a hablar con la familia?

2. Y mañana, ¿qué quiere hacer don Fernando?

3. ¿Quién ayuda a don Fernando a volver a su habitación?

4. ¿Qué le pregunta Raquel a Ángela?

5. ¿Por qué es importante mostrarle a don Fernando esa cosa?

Paso 2. Don Fernando tiene más sorpresas para su familia en este episodio. Lee las siguientes oraciones y luego escucha el fragmento para indicar si cada una es cierta (C) o falsa (F). Vuelve a escucharlo para corregir las oraciones falsas.

C   F   1.   A Mercedes le gustaría fundar un orfanato o una escuela en La Gavia.
___

C   F   2.   Don Fernando no tiene el dinero para iniciar una fundación.
___

C   F   3.   Don Fernando quiere que todos sus hijos organicen y administren la fundación.
___

Actividad C.   Entre los documentos

*__Paso 1.__ En este episodio Lucía recibe los documentos que Ramón le envió. ¿Qué encuentra entre los documentos? Escucha el fragmento en el que Lucía habla consigo misma mientras revisa lo que recibió de Ramón. Luego, completa la tabla a continuación con la información que falta.

DOCUMENTOS/ CARPETAS[a]	CARPETA DE ____1	CARPETA DE ÁNGEL	DOS ____5
contenido:	recibos de clínicas ____2	____3 ____4 sus dibujos	nombre del ____6

[a]*folders*

Paso 2. Ahora explica la importancia o el posible significado de los tres documentos indicados en el Paso 1.

1. ___

2. ___

3. ___

Más allá del episodio

Actividad Los padres de Raquel

Paso 1. Ya sabes algo de la madre de Raquel, pero ¿cuánto sabes de las relaciones entre Raquel y sus padres? Lee las siguientes afirmaciones y luego indica si estás de acuerdo (Sí), si no estás de acuerdo (No) o si no estás seguro/a (NS).

Sí No NS   1. Con excepción del incidente en México, Raquel y su madre siempre se han llevado bien.

Sí No NS   2. María, la madre de Raquel, adora a Luis.

Sí No NS   3. Aunque no le fue fácil, María admitió su error y le pidió perdón a Raquel por haber invitado a Luis a México.

Sí No NS   4. Aunque María es a veces un poco dominante, también puede ser flexible.

Sí No NS   5. Las relaciones entre Raquel y su madre han ido mejorando.

Sí No NS   6. María explicó que invitó a Luis a México porque tenía miedo de que Raquel se mudara a la Argentina.

Sí No NS   7. Pancho, el padre de Raquel, tiene que servir de mediador entre María y Raquel con frecuencia.

Sí No NS   8. Pancho y Arturo no se llevaban bien al principio.

Sí No NS   9. Ahora Pancho trata a Arturo como si fuera su hijo y se llevan bien a pesar de ser muy diferentes.

Sí No NS 10. Arturo ha despertado en Pancho un interés por el arte.

Paso 2. Ahora escucha la siguiente narración sobre los padres de Raquel y verifica las respuestas que indicaste en el Paso 1. No te preocupes si no lo entiendes todo. Lo importante es sacar algunos detalles provechosos.

Capítulo catorce

PRÁCTICA ORAL Y AUDITIVA

Enfoque léxico: Celebraciones y tradiciones

Actividad A. Los días festivos

Paso 1. Escucha cada una de las siguientes descripciones y escribe la letra del dibujo correspondiente en el espacio en blanco. Luego, escribe el nombre de la celebración. (Las respuestas se dan en el CD.)

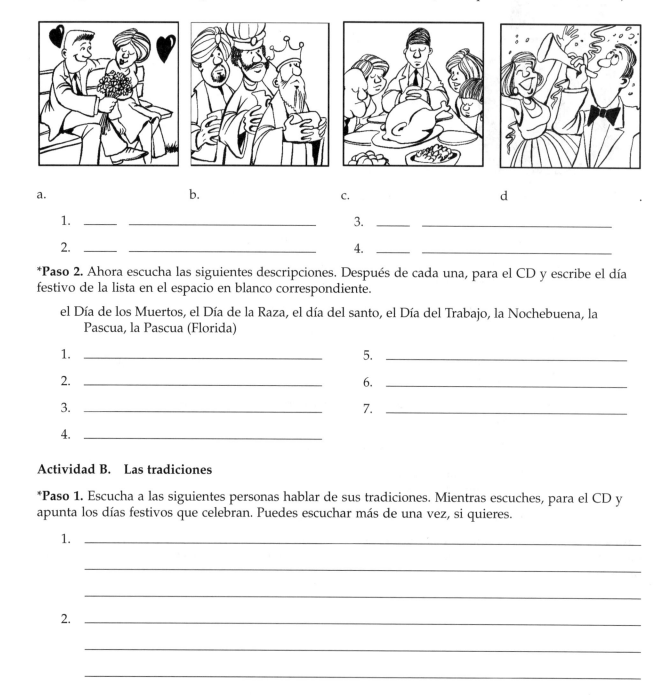

a.   b.   c.   d.

1. ____ _____   3. ____ _____

2. ____ _____   4. ____ _____

*Paso 2. Ahora escucha las siguientes descripciones. Después de cada una, para el CD y escribe el día festivo de la lista en el espacio en blanco correspondiente.

el Día de los Muertos, el Día de la Raza, el día del santo, el Día del Trabajo, la Nochebuena, la Pascua, la Pascua (Florida)

1. _____   5. _____

2. _____   6. _____

3. _____   7. _____

4. _____

Actividad B. Las tradiciones

*Paso 1. Escucha a las siguientes personas hablar de sus tradiciones. Mientras escuches, para el CD y apunta los días festivos que celebran. Puedes escuchar más de una vez, si quieres.

1. _____

_____

_____

2. _____

_____

_____

278 *Capítulo catorce*

Nombre _____ Fecha _____ Clase _____

3. _____
   _____
   _____

Paso 2. Ahora escribe un breve párrafo sobre las tradiciones de tu familia. Cuando puedas, compara las tradiciones de tu familia con las tradiciones de las personas del Paso 1. Puedes volver a escuchar las descripciones del Paso 1, si quieres.

_____
_____
_____
_____
_____
_____

Enfoque estructural

14.1 EL IMPERFECTO DE SUBJUNTIVO; SITUACIONES HIPOTÉTICAS

Práctica A. Formas del imperfecto de subjuntivo

Paso 1. Vas a oír el infinitivo de algunos verbos. Cuando lo oigas, di la forma del verbo en el imperfecto de subjuntivo que corresponda con el sujeto que ves en el *Manual*. (Las respuestas se dan en el CD. Cuando oigas la respuesta correcta, repítela en voz alta.)

MODELO: (oyes) comer
(ves) yo
(dices) comiera

1. yo
2. tú
3. Ud.
4. nosotros
5. Uds.
6. Rosa y Beto
7. tú y yo

Paso 2. Ahora vas a oír algunos verbos en la tercera persona plural del pretérito (P) o del imperfecto de subjuntivo (IS). Indica la forma que oigas en cada caso. Vas a oír cada verbo dos veces. (Las respuestas se dan en el CD.)

1. P IS   4. P IS
2. P IS   5. P IS
3. P IS   6. P IS

Práctica B. Situaciones hipotéticas

Paso 1. Escucha las siguientes oraciones incompletas. Completa cada una según las indicaciones. Usa el condicional del verbo que ves. (Las respuestas se dan en el CD. Cuando oigas la respuesta correcta, repítela en voz alta.)

MODELO: (oyes) Si fuera de una familia hispana...
(ves) celebrar el día de mi santo
(dices) Si fuera de una familia hispana, celebraría el día de mi santo.

1. no poder dárselo
2. dar una gran fiesta
3. no estudiar
4. comprarles sólo un regalo a cada uno
5. estar en Times Square para celebrar la Noche Vieja

Paso 2. Ahora escucha las siguientes preguntas y contesta cada una con una oración hipotética y con oraciones completas. Vas a oír las preguntas dos veces.

MODELO: (oyes) ¿Adónde irías de viaje si pudieras?
(dices) Si pudiera, iría de viaje a Chile.

1. _____
2. _____
3. _____
4. _____
5. _____

14.2 EXPRESANDO LO QUE HABRÍA PASADO: EL CONDICIONAL PERFECTO

Práctica   De no ser... (If it hadn't been for . . .)

¿Qué habrías hecho en otras circunstancias? Escucha las siguientes preguntas y contesta cada una con el condicional perfecto.

MODELO: (oyes) De no venir a esta universidad, ¿a qué universidad habrías ido?
(dices) Habría ido a Harvard.

1. ...   2. ...   3. ...   4. ...

PRÁCTICA ESCRITA

Enfoque léxico: Celebraciones y tradiciones

Actividad A.   Los días festivos

Paso 1. Completa el siguiente cuadro sobre días festivos con información sobre los días en que ocurren, su sentido o significado, las actividades típicas, regalos que se acostumbra hacer en esos días, etcétera. Busca información sobre los días que no conoces.

Nombre _____ *Fecha* _____ *Clase* _____

	FECHA	SENTIDO / SIGNIFICADO	ACTIVIDADES TÍPICAS	REGALOS (SÍ / NO)	OTRAS CARACTERÍSTICAS
el Año Nuevo					
el Día de los Reyes Magos					
el Día de los Enamorados					
el Día de San Patricio					
la Pascua (Florida)					
la Nochebuena					
el Jánuca					
la Navidad					
el Día de la Madre					

Paso 2. Ahora escoge uno de los días del Paso 1 que celebras y escribe un breve párrafo para describir cómo lo celebras.

_____

_____

_____

_____

_____

*Actividad B. Rompecabezas

Paso 1. ¿Puedes resolver los siguientes rompecabezas? Ordena las letras para formar palabras del vocabulario del tema de este capítulo. **¡OJO!** Las divisiones de las respuestas que llevan dos palabras no están bien colocadas.

1. | N | Ñ | A | O | E | | U | O | V |
   |---|---|---|---|---|---|---|---|---|
   | | | | | | ○ | | | |

Capítulo catorce **281**

2. | R | A | M | O | S | D | E | N | O | A |
   | ◯ | | | | | ◯ | | | | |

3. | A | S | P | U | M | E | Ñ | L | O | C |
   | ◯ | | | | ◯ | | | | | |

4. | A | U | A | J | C | N |
   | | | ◯ | | | |

5. | O | S | N | A | T |
   | ◯ | ◯ | | | |

6. | J | A | R | T | O | B | A |
   | | | | ◯ | | | ◯ |

7. | S | T | O | E | M | U | R |
   | | | | | ◯ | ◯ | |

8. | A | D | I | V | A | N | D |
   | | | | ◯ | ◯ | | |

9. | Z | A | A | R |
   | ◯ | ◯ | | |

10. | R | R | A | A | G | A | I | S | D | ■ | C |
    | | | | | | | | ◯ | ◯ | | |

11. | M | E | S | S | R | A | G | ■ | O | Y | E |
    | | ◯ | | | ◯ | | | | | | |

282   *Capítulo catorce*

Nombre _____ Fecha _____ Clase _____

12. | C | A | D | E | E | N | I | E | N | D | I | P | N |
    | ○ | | | ○ | | | | | | | | | |

13. | J | A | N | | H | O | E | I | E | C | V |
    | ○ | | ○ | | | | | | | | |

Paso 2. Ahora ordena las letras del Paso 1 que están en los círculos para formar dos palabras relacionadas con el tema.

1. ☐☐☐☐☐☐☐☐☐☐☐☐

2. ☐☐☐☐☐☐☐☐☐☐

Actividad C. Tradiciones familiares

Escribe un pequeño párrafo sobre tres días festivos o celebraciones importantes para ti y tu familia. ¿Qué se celebra? ¿Cómo lo celebra tu familia? ¿Te gusta esa celebración? ¿Por qué?

1. _____

2. _____

3. _____

Capítulo catorce **283**

Enfoque léxico

¿CUÁL SE USA?

Práctica   Preguntas profundas

Contesta las siguientes preguntas según tu opinión personal.

1. ¿Cuál es el problema actual más difícil de resolver en este mundo?
   _____

2. ¿Cómo pretendes usar tus destrezas (*skills*) en español en el futuro?
   _____

3. ¿Cuáles son las características de un verdadero amigo o de una verdadera amiga?
   _____

4. ¿Por qué crees que a veces la gente finge interés en algo que en realidad no le interesa?
   _____

Enfoque estructural

14.1 EL IMPERFECTO DE SUBJUNTIVO; SITUACIONES HIPOTÉTICAS

***Práctica A.   María Rodríguez**

María Rodríguez, la madre de Raquel, piensa en su hija y sus relaciones con Luis. Completa el siguiente párrafo con el imperfecto de subjuntivo de los verbos entre paréntesis.

Yo no entiendo a mi hija. Si yo _____¹ (ser) ella, saldría con Luis. Él es buen hombre y la quiere. Creo que si no la _____² (querer), no nos llamaría cada vez que vuelve a Los Ángeles. Cuando Raquel estaba en México hace cinco años, yo le sugerí a Luis que la _____³ (visitar) allí. Pero cuando Raquel vio a Luis allí no se puso contenta y me dijo que no quería que yo _____⁴ (hacer) cosa semejante jamás, que ella no necesitaba mi ayuda. Y todo por Arturo. Yo sé que a Raquel le gusta y la trata muy bien. Pero no es lógico que _____⁵ (irse) a la Argentina sin mi hija.

Pero Raquel es como su papá. Fue necesario que yo le _____⁶ (decir) «o nos casamos o rompemos» para que él _____⁷ (pensar) seriamente en el matrimonio. ¡De tal palo, tal astilla!

Nombre _____ Fecha _____ Clase _____

*Práctica B.   Si así fuera...

Paso 1. Lee las siguientes oraciones y vuelve a escribir cada una usando el imperfecto de indicativo y de subjuntivo.

> MODELO: Yo quiero que tú vayas con nosotros a la fiesta. →
> Yo quería que tú fueras con nosotros a la fiesta.

1. El profesor insiste en que todos los estudiantes entreguen sus informes.

   _____

2. Carlos quiere que tú compres un Mercedes deportivo.

   _____

3. Nosotros insistimos en que ella diga la verdad.

   _____

4. Es necesario que estudie todas las noches.

   _____

5. Es importante que asistas a la reunión.

   _____

6. A mi padre le gusta que yo llegue temprano a casa.

   _____

7. Dudamos que nuestro equipo de fútbol gane todos los partidos.

   _____

8. No creo que sea necesario llegar al aeropuerto con tres horas de antemano (*beforehand*).

   _____

9. Es difícil que todas las personas piensen igual.

   _____

10. Es bueno que algunas personas tomen vitaminas.

    _____

Paso 2. Vuelve a escribir las cinco primeras oraciones del Paso 1 como oraciones hipotéticas: Cambia la cláusula principal a una cláusula subordinada con **si** (el imperfecto de subjuntivo) y cambia la cláusula subordinada a una cláusula principal (el condicional).

> MODELO: Yo quería que tú fueras con nosotros a la fiesta. →
> Si yo quisiera, tú irías con nosotros a la fiesta.

1. _____
2. _____
3. _____
4. _____
5. _____

Capítulo catorce

14.2 EXPRESANDO LO QUE HABRÍA PASADO: EL CONDICIONAL PERFECTO

Práctica ¿Qué habrías hecho?

*__Paso 1.__ Imagínate que las siguientes situaciones son tuyas. Escribe una oración para cada una en la que expreses lo que (no) habrías hecho.

MODELO: Compraste un coche demasiado pequeño. →
Yo nunca habría comprado un coche tan pequeño.

1. Te mudaste a Nueva York sin Raquel.
   _____

2. Saliste de España sin Rosario.
   _____

3. Nunca buscaste a tu hermano.
   _____

4. No hacías caso de lo que te decían de Jorge.
   _____

5. Fuiste muy duro/a con tu sobrina.
   _____

Paso 2. Ahora piensa en algunas cosas que te gustaría hacer de otra manera, y escribe cinco oraciones con el condicional perfecto para expresarlas.

MODELO: Habría tomado clases de español desde la escuela primaria.

1. _____
2. _____
3. _____
4. _____
5. _____

Ampliación estructural: Expresando lo que hubiera pasado si...: El pluscuamperfecto de subjuntivo

You have already reviewed the formation of the past perfect tense and used it to refer to events that had taken place before another action happened **(Enfoque estructural 8.1).**

La familia Castillo no lo sabía, pero don Fernando ya **había abierto** una cuenta especial para un orfanato.

The Castillo family didn't know it, but don Fernando had already opened a special account for an orphanage.

Nombre _____ Fecha _____ Clase _____

In this chapter you also reviewed the conditional perfect tense to talk about what would have or might have happened by a certain time or under certain conditions.

> Pati **se habría quedado** en México, pero había problemas en el teatro.
>
> *Pati would have stayed in Mexico, but there were problems at the theater.*

The past perfect subjunctive is used instead of the past perfect indicative when the verb in the main clause requires the use of the subjunctive in the dependent clause. The past perfect subjunctive is formed with the imperfect subjunctive of **haber** and the past participle.

EL PLUSCUAMPERFECTO DE SUBJUNTIVO

hubiera	hubiéramos		
hubieras	hubierais	+	escrito
hubiera	hubieran		

> Los hijos de don Fernando estaban muy contentos de que su padre **hubiera abierto** una cuenta especial.
>
> *Don Fernando's children were very happy that their father had opened a special account.*

The past perfect subjunctive can also be used in the *if* part of contrary-to-fact *if* clauses. The conditional perfect is generally used in the dependent clause.*

> Raquel nunca habría conocido a Arturo si ella no **hubiera ido** a Buenos Aires para la investigación.
>
> *Raquel would never have met Arturo if she hadn't gone to Buenos Aires for the investigation.*
>
> Si Héctor no **hubiera encontrado** la carta, habría sido difícil para Raquel localizar a la familia de Ángel.
>
> *If Héctor hadn't found the letter, it would have been difficult for Raquel to locate Ángel's family.*

*Práctica A. ¿Qué habría sido diferente?

Completa las oraciones a continuación con el pluscuamperfecto de subjuntivo, expresando tu opinión sobre la trama de *Nuevos Destinos*.

MODELO: Lucía no habría resuelto el misterio del segundo codicilo si... →
no hubiera leído el testamento de don Fernando.

1. Don Fernando no habría sabido que Rosario no murió en la Guerra Civil si _____

2. Ángel no se habría ido a vivir a Puerto Rico si _____

3. Juan y Pati no habrían peleado a causa de la carrera de ella si _____

4. Gloria no habría perdido tanto dinero de la familia Castillo si _____

---

*Some speakers of Spanish also use the subjunctive in both parts of such *if* clauses: **Raquel nunca** *hubiera* **conocido a Arturo si no** *hubiera* **ido a Buenos Aires para la investigación.**

Capítulo catorce

5. Arturo no habría culpado a Ángel de la muerte de su padre si _____

6. Ángela no se habría casado con Jorge si _____

7. No habrían rescatado a Roberto de la excavación si _____

8. Luis no habría insistido tanto en salir con Raquel si _____

Práctica B. ¿Cómo sería el mundo si... ?

Completa las oraciones a continuación con el condicional perfecto, indicando lo que crees que habría pasado si (no) hubieran ocurrido los acontecimientos mencionados.

1. Si no se hubiera inventado la bomba atómica, _____

2. Si alguien hubiera encontrado una cura para el cáncer hace muchos años, _____

3. Si los conquistadores del Nuevo Mundo hubieran sido derrotados (*defeated*) por los indígenas, _____

4. Si no se hubiera inventado la electricidad, _____

5. Si desde el principio de la evolución el sexo dominante hubiera sido el femenino, _____

Práctica C. Tu decisión más importante

Paso 1. Escribe cinco oraciones, indicando decisiones importantes que has tomado en tu vida.

1. _____
2. _____
3. _____
4. _____
5. _____

Paso 2. Ahora escoge entre las cinco decisiones indicadas la más importante que has tomado. Escribe un párrafo en el cual explicas de qué forma sería diferente tu vida si no hubieras tomado esa decisión.

_____
_____
_____
_____
_____

Nombre _____ Fecha _____ Clase _____

¡MANOS A LA OBRA!

Actividad Celebraciones y tradiciones

En este capítulo has hablado mucho sobre las celebraciones y tradiciones hispánicas. También hablaste con tus compañeros de clase sobre las celebraciones y tradiciones de los Estados Unidos. Pero en este capítulo has estudiado las celebraciones más difundidas (*widespread*). Hay también otras, especialmente en el mundo hispánico, que se celebran en comunidades pequeñas, como la fiesta del santo patrón en muchos pueblos y ciudades.

Paso 1. Piensa en las celebraciones o tradiciones que conozcas en el mundo hispánico que se limitan a algunas localidades, o busca información en la biblioteca o en el Internet sobre ellas. Debes apuntar las siguientes cosas.

- ¿Cuándo se celebra esta fiesta?
- ¿Dónde se celebra? ¿En qué pueblo/ciudad se celebra? ¿Se celebra en las calles, casas o iglesias?
- ¿Qué se celebra? ¿Un acontecimiento? ¿Un santo? ¿Una tradición?
- ¿Quiénes celebran esta fiesta? ¿Es para los niños? ¿Es una ceremonia religiosa?
- ¿Cómo celebran esta fiesta? ¿Llevan disfraces? ¿Hay cenas, desfiles o actos especiales como parte de esta celebración?

_____
_____
_____
_____
_____
_____
_____

Paso 2. Ahora organiza la información del Paso 1 y úsala para escribir un breve ensayo sobre esta tradición. Imagínate que escribes el ensayo para una clase de estudiantes que estudia esa cultura.

_____
_____
_____
_____
_____
_____
_____
_____

LECTURA 7

Antes de leer

Carlos Fuentes (1928–) es un escritor mexicano contemporáneo. Nació en la Ciudad de Panamá donde su padre era representante diplomático de su país. Vivió en varios países durante su infancia y adolescencia, incluyendo los Estados Unidos, Chile, la Argentina, México y Suiza. En 1991, presentó una serie de programas para la televisión titulada *El espejo enterrado: reflexiones sobre España y el Nuevo Mundo*. Los fragmentos que vas a leer vienen del libro del mismo título, que se publicó un año más tarde.

Actividad

Paso 1. ¿Cuánto sabes de la presencia de los hispanos en los Estados Unidos? Contesta las siguientes preguntas.

1. ¿Quién es hispano?
    a. cualquier persona de ascendencia latina
    b. cualquier persona nacida en un país hispánico
    c. cualquier hispanohablante que sea ciudadano de los Estados Unidos
    d. ¿otro?
2. ¿Cuántas personas, aproximadamente, hablan español en los Estados Unidos?
    a. 18 millones
    b. 22 millones
    c. 34 millones
    d. ¿otro?
3. ¿Cuál es el grupo de hispanos más grande en los Estados Unidos?
    a. los mexicoamericanos
    b. los puertorriqueños
    c. los cubanoamericanos
    d. ¿otro?
4. ¿Qué grupo de hispanos ha tenido la asociación más larga con los Estados Unidos?
    a. los mexicoamericanos
    b. los puertorriqueños
    c. los cubanoamericanos
    d. ¿otro?
5. ¿Qué grupo de hispanos ha alcanzado más prosperidad económica en los Estados Unidos?
    a. los mexicoamericanos
    b. los puertorriqueños
    c. los cubanoamericanos
    d. ¿otro?

Paso 2. El subtítulo del fragmento que vas a leer es «La hispanidad norteamericana». ¿De qué crees que se va a tratar el texto?

1. _____ la influencia de las culturas hispánicas en la cultura de los Estados Unidos

2. _____ las relaciones sociales y personales entre los hispanoamericanos y los norteamericanos

3. _____ la importancia de varios acontecimientos históricos de origen hispánico que se celebran en los Estados Unidos.

Nombre _____ Fecha _____ Clase _____

La hispanidad norteamericana

...Pero el hecho es que ambas culturas poseen infinitos problemas internos así como problemas que comparten, que exigen cooperación y comprensión en un contexto mundial nuevo e inédito.[a] Los angloamericanos y los iberoamericanos nos reconocemos cada vez más en desafíos como las drogas, el crimen, el medio ambiente y el desamparo[b] urbano. Pero así como la sociedad civil anteriormente homogénea de los Estados Unidos se enfrenta a la inmigración de los inmensamente heterogéneos (la nueva inmigración hispánica y asiática), los iberoamericanos[c] vemos los espacios anteriormente homogéneos del poder religioso, militar y político invadidos por la heterogeneidad de las nuevas masas urbanas. ¿Es posible que América Latina y los Estados Unidos acaben por comprenderse más en la crisis que en la prosperidad, más en la complejidad compartida de los nuevos problemas urbanos y ecológicos, que en la antigua pugna[d] ideológica determinada por la estrechez estéril de la guerra fría?

En todo caso, Angloamérica e Iberoamérica participan en un movimiento común que se mueve en todas las direcciones y en el que todos terminamos por darnos algo a nosotros mismos y a la otra parte. Los Estados Unidos llevan a la América Latina su propia cultura, la influencia de su cine, su música, sus libros, sus ideas, su periodismo, su política y su lenguaje. Ello no nos asusta[e] en Latinoamérica, porque sentimos que nuestra propia cultura posee la fuerza suficiente y que, en efecto, la enchilada puede coexistir con la hamburguesa, aunque aquélla, para nosotros otros, sea definitivamente superior. El hecho es que las culturas sólo florecen[f] en contacto con las demás, y perecen[g] en el aislamiento.

Pero la cultura de la América española, moviéndose hacia el norte, también porta sus propios regalos. Cuando se les interroga, tanto los nuevos inmigrantes como las familias largo tiempo establecidas, le dan especial valor a la religión, y no sólo al catolicismo, sino a algo semejante a un hondo[h] sentido de lo sagrado,[i] un reconocimiento de que el mundo es sagrado: ésta es la más vieja y profunda certeza del mundo indígena de las Américas. Pero se trata también de una sacralidad sensual y táctil, producto de la civilización mediterránea en su encuentro con el mundo indígena del hemisferio occidental. Los hispánicos hablan de otro valor que es el del respeto, el cuidado y la reverencia debidos a los viejos, el respeto hacia la experiencia y la continuidad, más que el asombro[j] ante el cambio y la novedad. Y este respeto no se constriñe[k] al hecho de la edad avanzada, sino que se refiere al carácter básicamente oral de la cultura hispánica, una cultura en la cual los viejos son los que recuerdan las historias, los que poseen el don de la memoria. Se puede decir que cada vez que mueren un hombre o una mujer viejos en el mundo hispánico, toda una biblioteca muere con ellos.

Este valor está íntimamente ligado[l] al de la familia, el compromiso familiar, la lucha para mantenerla unida, a fin de evitar la pobreza, y aun cuando no se la venza,[m] para evitar una pobreza solitaria. La familia vista como hogar, calidez[n] primaria. La familia vista casi como un partido político, el parlamento del microcosmos social, red de seguridad[o] en tiempos difíciles. Pero, ¿cuándo no han sido difíciles los tiempos? La vieja filosofía estoica de la Iberia romana persiste de manera profunda en el alma hispánica.

¿Qué traen los iberoamericanos a los Estados Unidos, qué les gustaría retener? Nuevamente, las encuestas nos indican que les gustaría retener su lengua, la lengua castellana. Pero otros insisten: olviden la lengua, intégrense en la lengua inglesa dominante. Otros argumentan: el español es útil sólo para aprender el inglés y unirse a la mayoría. Y otros, más y más, empiezan a entender que hablar más de un idioma no daña a nadie. Hay calcomanías[p] en los automóviles en Texas: "El monolingüismo es una enfermedad curable." Pero, ¿es el monolingüismo factor de unidad, y el bilingüismo factor de disrupción? ¿O es el monolingüismo estéril y el bilingüismo fértil? El decreto del estado de California declarando que el inglés es la lengua oficial sólo demuestra una cosa: el inglés ya no es la lengua oficial del estado de California.

El multilingüismo aparece entonces como el anuncio de un mundo multicultural, del cual la propia ciudad de Los Ángeles en California es el principal ejemplo mundial. Una Bizancio[q] moderna, la ciudad de Los Ángeles recibe todos los días, le guste o no, las lenguas, las cocinas, las costumbres, no sólo

[a]*desconocido* [b]*abandonment* [c]*hispanoamericanos* [d]*conflicto* [e]*no... doesn't scare us* [f]*flourish* [g]*mueren* [h]*deep* [i]*sacred* [j]*fear* [k]*no... is not restricted* [l]*tied* [m]*no... it is not wiped out* [n]*warmth* [o]*red... safety net* [p]*bumper stickers* [q]*Istanbul (former name, Constantinople, seaport city in modern-day Turkey that was once the center of the Byzantine Empire)*

de los hispanoamericanos, sino de los vietnamitas, los coreanos, los chinos y los japoneses. Tal es el precio, o más bien el regalo, de un mundo basado en la interdependencia económica y la comunicación instantánea.

De esta manera, el dilema cultural norteamericano de ascendencia mexicana, cubana o puertorriqueña, se universaliza: ¿Integrarse o no? ¿Mantener la personalidad propia, enriqueciendo la diversidad de la sociedad norteamericana? ¿O extinguirse en el anonimato[r] de lo que es, después de todo, un crisol[s] inexistente? ¿Derretirse[t] o no derretirse? Bueno, quizás la cuestión una vez más es, ¿ser o no ser? Ser con otros o ser solo; y cultural, así como humanamente, el aislamiento significa la muerte y el encuentro significa el nacimiento e, incluso, a veces, el Renacimiento.

[...]

Nuestra modernidad más exigente nos pide que abracemos al otro a fin de ensanchar[u] nuestra posibilidad humana. Las culturas perecen aisladamente, pero nacen o renacen en el contacto con otros hombres y mujeres, los hombres y mujeres de otra cultura, otro credo, otra raza. Si no reconocemos nuestra humanidad en los demás, nunca la reconoceremos en nosotros mismos.

[r]*anonymity* [s]*melting pot* [t]*To melt* [u]*expanding*

Después de leer

Actividad A.   Comprensión

Completa el siguiente bosquejo para resumir el contenido de lo que leíste.

I. problemas que comparten los norteamericanos y los hispanoamericanos

   A. _____

   B. _____

   C. _____

   D. _____

II. algunas de las contribuciones culturales de los Estados Unidos a Latinoamérica

   A. _____

   B. _____

   C. _____

   D. _____

III. algunas de las influencias culturales de Latinoamérica en los Estados Unidos

   A. la religión: _____

   B. la familia: _____

   C. la lengua: _____

Nombre _____ Fecha _____ Clase _____

IV. el dilema cultural norteamericano:

_____

V. conclusión:

_____

Actividad B. Opinión

Indica si estás de acuerdo con las siguientes afirmaciones o no.

	SÍ	NO
1. La diversidad multicultural y multirracial es beneficiosa a la sociedad.	☐	☐
2. Las culturas mueren si se aíslan, pero en contacto con las demás se enriquecen y se renuevan.	☐	☐
3. Cuando dos grupos étnicos se encuentran, son centros de incorporación y no de exclusión.	☐	☐
4. Cuando dos culturas se encuentran, se cuestionan y se critican.	☐	☐
5. Para superar los desafíos sociales (las drogas, el crimen, etcétera), debe haber comprensión y cooperación entre las culturas.	☐	☐

Actividad C. Expansión

1. ¿Cuáles son los problemas principales a los cuales tienen que enfrentarse los hispanos en los Estados Unidos? Indica tus ideas con respecto al tema.

    MODELO: Muchos hispanos tienen que enfrentarse con el aislamiento social y la discriminación racial.

    a. _____
    b. _____
    c. _____

2. Hay muchos hispanoamericanos famosos en los Estados Unidos. Nombra a algunos que son muy conocidos hoy. ¿Cómo han contribuido estas personas a nuestra cultura?

    MODELO: Gloria Estefan es una cantante cubanoamericana de Miami. Ha escrito muchas canciones que son muy populares hoy en día.

    a. _____
    b. _____
    c. _____

3. Escoge a una persona que, en tu opinión, representa bien a este país. Explica brevemente tus opiniones.

    _____
    _____
    _____

Capítulo catorce

CAPÍTULO

15 Pasado, Presente, Futuro

EL VÍDEO

 *Actividad A. **El padre de Lucía**

Paso 1. En este episodio, Lucía ha vuelto a Los Ángeles y habla con Raquel para contarle de la resolución del caso Castillo. Escucha el fragmento en el que le cuenta la historia de lo que pasó entre su padre y don Fernando. Luego, lee las siguientes oraciones falsas. Vuelve a escuchar el fragmento y para el CD para corregir cada oración. Puedes escuchar más de una vez, si quieres.

1. El padre de Lucía trabajaba en la tercera fábrica de don Fernando, en La Gavia.

2. El padre de Lucía inventó un proceso hidráulico y don Fernando se lo compró por mucho dinero.

3. El invento del padre de Lucía fue un fracaso y don Fernando perdió la oportunidad de su vida.

4. Don Fernando le devolvió el invento al padre de Lucía y éste se hizo rico con él.

Paso 2. Ahora empareja frases de las dos columnas para formar oraciones que describen las circunstancias del segundo codicilo.

1. _____ No recompensar a la familia Hinojosa justo después de la muerte de don Fernando
2. _____ Don Fernando murió poco tiempo después de
3. _____ Conocer a Ángela y Roberto
4. _____ Pedro probablemente le pidió a don Fernando que no
5. _____ También necesitaban asegurarse de que

a. se les entregara la herencia a los Hinojosa hasta que todo se calmara.
b. conocer a sus nietos puertorriqueños.
c. fue un golpe para todos los Castillo.
d. hubiera dinero para salvar La Gavia y fundar el orfanato.
e. fue una decisión de último momento.

*Actividad B. ▶ *Hace cinco años* ◀ **En la habitación de don Fernando**

En este episodio final, todos se reúnen en la habitación de don Fernando. Lee los siguientes fragmentos de esa escena y escribe el nombre de la persona que dijo cada uno y el de la persona a quien se lo dijo.
   Ángela, Arturo, don Fernando, Raquel, Roberto

1. _____ le habla a _____: «…eres como un hijo verdadero para mí. Recuerda: ésta es también tu casa, nosotros somos tu familia.»

2. _____ le habla a _____: «Traje esto de Puerto Rico. Lo encontré entre las cosas de papá. ¡Ojalá que sea la prueba que buscas!»

3. _____ le habla a _____: «…me parece que ahora querrá quedarse a solas con sus nietos. Arturo y yo nos queremos despedir.»

4. _____ le habla a _____: «…vamos a acompañarlos al hotel. Luego podemos estar con el abuelo.»

5. _____ le habla a _____: «Acércate. Quiero darte mis gracias una vez más. Hiciste muy bien. Estoy muy contento.»

6. _____ le habla a _____: «…la Sra. Suárez me dijo que Rosario nunca dejó de pensar en Ud., que siempre lo amó.»

Actividad C. Arturo

Paso 1. Mientras hablan, Lucía le pregunta a Raquel cómo van las cosas con Arturo. Escucha el fragmento en el que Raquel le cuenta su situación e indica las oraciones a continuación que la describen. (Las respuestas se dan en el CD.)

1. _____ Arturo no la ha vuelto a llamar.
2. _____ Raquel está segura de que todo saldrá bien.
3. _____ Raquel quiere que Arturo tome esta decisión solo.
4. _____ Raquel sabe que ella no puede cambiar de trabajo o de casa.
5. _____ Raquel sospecha que Arturo tiene otra novia.
6. _____ Raquel dice que Luis aún es una de sus opciones.
7. _____ Es posible que Raquel vaya a Buenos Aires para hablar con Arturo.
8. _____ Arturo es parte fundamental de la vida de Raquel.

Paso 2. Justo cuando Raquel termina de contarle su situación a Lucía, suena el teléfono. ¡Es Arturo! Lee el fragmento en el que Raquel habla por teléfono con él. Sólo ves lo que dice Raquel. Escribe lo que crees que le dice Arturo a Raquel.

RAQUEL: *Hello?*

ARTURO: _____

RAQUEL: ¡Arturo!

ARTURO: _____

RAQUEL: Bien.

ARTURO: _____

RAQUEL: Ya sé, tenemos mucho de que hablar. Por eso yo estaba pensando que si tú quieres, yo podría ir a…

ARTURO: _____

RAQUEL: ¿En un rato? ¿No puedes hablar ahora?

ARTURO: _____

RAQUEL: ¿Que estás en el aeropuerto de Los Ángeles?

ARTURO: _____

Capítulo quince

RAQUEL: ¡Qué alegría, Arturo!

ARTURO: _____

RAQUEL: Ahora mismo salgo a recogerte. ¿En qué terminal estás?

ARTURO: _____

RAQUEL: Estoy allí en treinta minutos y podemos hablar mucho tiempo.

ARTURO: _____

RAQUEL: Sí... hasta ahora.

Paso 3. ¿Qué crees que va a pasar entre Arturo y Raquel? Escribe un breve párrafo en el que explicas cómo será la reunión, qué decisiones tomarán, dónde irán a vivir, etcétera.

_____
_____
_____
_____
_____
_____

¡MANOS A LA OBRA!

Actividad ¿Qué habrán hecho?

Paso 1. Han pasado cinco años desde el día en que Raquel comenzó la investigación original, pero sabes muy poco de lo que le ha ocurrido a la familia Castillo desde el día en que Raquel se despidió de don Fernando. Bueno, sabes algunas cosas... ¡pero seguramente hay más que contar! ¿Qué habrá pasado en la vida de los personajes durante esos años? Escoge una de las parejas o individuos de la lista y apunta algunas cosas que crees que les habrán pasado como, por ejemplo, si ha habido nacimientos, muertes; si han cambiado su situación económica y sus relaciones con otros miembros de la familia, etcétera. ¡Usa tu imaginación!

Nombre _____ Fecha _____ Clase _____

Ángela y Jorge, Carlos y Gloria, Juan y Pati, Mercedes, Ramón y Consuelo, Roberto

_____
_____
_____
_____
_____
_____
_____
_____

Paso 2. Ahora organiza tus ideas del Paso 1 y escribe un resumen de la vida de la(s) persona(s) que escogiste. ¡A ver cuánta imaginación tienes!

_____
_____
_____
_____
_____
_____
_____
_____
_____
_____
_____

Capítulo quince

Apéndice: Clave de respuestas

Capítulo preliminar

EL VÍDEO

Actividad 1. cinco 2. interesante 3. familia 4. mexicano 5. carta 6. muy 7. su 8. información 9. cierta 10. joven 11. trabajo 12. tantos

PRÁCTICA ORAL Y AUDITIVA

Enfoque léxico

Actividad A. I. 1. Cómo está 2. Bien, gracias; a. C b. C II. 1. Buenos días 2. Cómo se llama usted (Ud.) 3. Yo me llamo 4. Mucho gusto; a. F b. F III. 1. Cómo estás 2. Bien, gracias 3. Hasta luego; a. C b. F

Enfoque estructural

P.4 Práctica, Paso 2. 1. F; Francisco es asistente en la oficina de Raquel. 2. C 3. F; A veces necesita preparar informes. 4. F; Francisco canta en un grupo de música rock. 5. C

PRÁCTICA ESCRITA

Enfoque léxico

Actividad B., Paso 1. 1. Paseo del Prado, s/n. 28014 Madrid 2. martes, miércoles, jueves, viernes, sábados, domingos (todos los días, con excepción de lunes) 3. 1,5 euros 4. mayores de 65 años, jubilados, menores de 18 años, miembros de la Fundación Amigos del Museo, voluntarios culturales y educativos y desempleados 5. los sábados de 14:30 a 19:00, los domingos de 9:00 a 14:00, el 18 de mayo, el 12 de octubre y el 6 de diciembre **Paso 2.** 1. Cuál 2. Cuándo 3. Cuántas 4. Cuánto 5. qué

Enfoque léxico

Actividad A., Paso 1. 1. la luz 2. la pizarra 3. la puerta 4. el reloj 5. la estudiante 6. la silla 7. la mochila 8. la mesa 9. el papel 10. el pupitre

Actividad B., Paso 1. 1. estudiante 2. puerta 3. salón 4. profesora 5. pupitre 6. estudiante 7. mochila 8. diccionario 9. computadora 10. mapas 11. libros 12. mesa

¿Cuál se usa?

Práctica A. 1. hora 2. tiempo 3. veces 4. hacen una pregunta 5. tiempo 6. vez; pregunta 7. piden; tiempo

Enfoque estructural

P.1 Práctica, Paso 1. 1. la 2. la 3. los 4. el 5. los 6. la 7. la 8. los 9. la 10. el **Paso 2.** 1. las mesas 2. las pizarras 3. el diccionario 4. los pupitres 5. el mapa 6. las ciudades 7. las fotos 8. el lápiz 9. las manos 10. las aguas **Paso 3.** 1. unas 2. unas 3. un 4. unos 5. un 6. unas 7. unas 8. un 9. unas 10. unas

P.3 Práctica A., Paso 1. 1. Mis 2. su 3. Nuestra 4. Mi; sus 5. mi 6. nuestra

P.4 Práctica A., Paso 1. 1. trabajo 2. contesto 3. leo 4. tomo 5. necesito 6. Trabajas 7. miro 8. entran 9. estudio 10. escribo 11. escucho 12. cambias 13. creo 14. necesitan 15. busco 16. tomamos 17. hablamos

Ampliación estructural

Práctica 1. muchos 2. excelentes 3. una 4. trabajadora 5. divertida 6. primer 7. breve 8. básicos 9. enorme 10. buenos 11. algunos 12. conocidos 13. otras 14. famosos 15. tantas 16. gran

Capítulo 1

EL VÍDEO

Actividad A. 1. oficina 2. Pedro 3. testamento 4. Ramón 5. necesita 6. historia 7. investigación 8. don Fernando 9. Pobre 10. amable 11. Castillo 12. triste 13. unido 14. abogado 15. consejero

Actividad B. 1. C 2. F; Ramón llama a Carlos y a Juan. 3. C 4. C

Actividad C., Paso 1. *Respuestas posibles:* 1. una carta que don Fernando recibió de Teresa Suárez 2. España 3. la Guerra Civil española 4. él creía que ella había muerto en el bombardeo de Guernica

PRÁCTICA ORAL Y AUDITIVA

Enfoque estructural

1.2 Práctica, Paso 2. 1. C 2. F; Francisco se levanta a las 6:00 y hace ejercicio hasta las 6:30. 3. F; Por lo general, no le gusta desayunar hasta las 9:00 ó 9:30. 4. C 5. C

PRÁCTICA ESCRITA

Enfoque léxico

Actividad A. *Respuestas posibles:* 2. Nosotros preparamos un *picnic*. 3. Tú y tus amigas pasean (caminan). 4. Unos niños corren (hacen ejercicios). 5. Otros niños almuerzan. 6. Un hombre hace ejercicios (corre, escucha música). 7. Una mujer duerme. 8. Otro hombre camina (pasea).

Actividad C. 1. Nadie 2. algunas 3. ninguna 4. ningún 5. nada 6. algo 7. nada 8. Alguien

¿Cuál se usa?

Práctica A. 1. presentar 2. juegas 3. juego 4. toco 5. tocamos 6. poner 7. tocar 8. introducir

Enfoque estructural

1.1 Práctica A. *cerrar:* cierras, cierra, cerramos, cierran; *decir:* digo, dice, decimos, dicen; *dormir:* duermo, duermes, dormimos, duermen; *encontrar:* encuentro, encuentras, encuentra, encuentran; *entender:* entiendo, entiendes, entiende, entendemos; *hacer:* haces, hace, hacemos, hacen; *jugar:* juego, juega, jugamos, juegan; *oír:* oigo, oyes, oímos, oyen; *pedir:* pido, pides, pide, piden; *poner:* pongo, pones, pone, ponemos; *seguir:* sigo, sigues, seguimos, siguen; *soñar:* sueño, sueña, soñamos, sueñan; *venir:* vengo, vienes, viene, vienen; *volver:* vuelves, vuelve, volvemos, vuelven

1.2 Práctica. 1. se despierta 2. se levanta 3. se pone 4. se ducha 5. se viste 6. Se quita 7. se pone 8. se divierte 9. se prepara 10. se cepilla 11. se acuesta 12. se duerme

1.4 Práctica, Paso 1. 1. El domingo Mariana va a pasear con unas amigas. 2. Tú vas a dormir hasta muy tarde el sábado y el domingo. 3. El viernes por la noche yo voy a cenar con unos amigos. 4. Los padres de Graciela van a manejar su nuevo coche el domingo. 5. El sábado Benito y Benedicto van a prepararles una cena elegante a sus novias. 6. El domingo nosotros vamos a visitar a la abuela. 7. El profesor / La profesora de español va a descansar todo el fin de semana.

Ampliación estructural

Práctica 1. hay 2. es 3. es 4. tiene 5. está 6. estar 7. es 8. Hay

Capítulo 2

EL VÍDEO

Actividad A. 1. hermano 2. mayor 3. dueño 4. cuatro 5. hijos 6. Mercedes 7. Carlos 8. Juan 9. mayor 10. Juan 11. menor 12. hacienda 13. familia 14. Ramón 15. literatura 16. latinoamericana 17. Florida

PRÁCTICA ORAL Y AUDITIVA

Enfoque léxico

Actividad B., Paso 1. a. Pedro b. don Fernando c. Mercedes d. Ramón e. Consuelo f. Carlos g. Gloria h. Juan i. Pati j. Maricarmen k. Juanita l. Carlitos **Paso 2.** 1. f (Carlos) 2. i (Pati) 3. b (don Fernando) 4. c (Mercedes) 5. d, e (Ramón y Consuelo) 6. k, l (Juanita y Carlitos) 7. a (Pedro) 8. h (Juan)

PRÁCTICA ESCRITA

Enfoque léxico

Actividad A., Paso 1. 1. sobrino 2. tía 3. tío 4. abuela 5. nieto 6. hermana 7. madre 8. primo 9. abuelo 10. sobrina 11. hermano 12. prima

Paso 2. 1. los padres de tu esposo/a 2. la esposa de tu hijo 3. el esposo de tu hija 4. el hermano de tu esposo/a

Actividad B., Paso 1.

	¹P	²A	R	³E	N	T	E	⁴S	C	O
		P		S				O		
		⁵S	E	X	T	O		L		
⁶V		L		A		⁷O	C	T	A	V	O
I		L		D				E		⁸C
⁹U	N	I	D	O		¹⁰M	U	R	I	O	A
D		D		C				O			S
A		O		I					¹¹C		A
				V					U		D
		¹²D	I	V	O	R	C	I	A	D	A
				L					R		
						¹³Q	U	I	N	T	O
										O	

¿Cuál se usa?

Práctica A. 1. conozco 2. Conoces 3. sabe 4. sé; sabe 5. Conoces; sé 6. sabemos

Práctica B. 1. buscar 2. mirar 3. Parece 4. buscas 5. parece 6. miro

Enfoque estructural

2.1 Práctica A., Paso 1. 1. soy 2. Estoy 3. soy 4. Estoy 5. estar 6. son 7. estoy 8. es 9. estoy 10. ser 11. son **Paso 2.** 1. origen 2. sitio 3. profesión (identificación) 4. condición mental 5. sitio 6. rasgos de personalidad 7. condición mental 8. definición/identificación 9. condición mental 10. definición/identificación 11. rasgos de personalidad

2.2 Práctica A., Paso 1. 1. ese 2. Ése 3. estos 4. Éstos 5. aquella 6. Éste 7. esa 8. ese 9. ese

Práctica B. 1. ésas 2. ése 3. ésos 4. ésa 5. ésos 6. ésas

2.3 Práctica A., Paso 1. 1. la 2. lo 3. lo 4. a 5. la 6. a 7. la 8. las **Paso 2.** Lucía llega a la oficina de Raquel y se sienta para escuchar la historia de la familia Castillo. Raquel *la* cuenta con muchos detalles porque Lucía necesita saber*la* antes de empezar el trabajo con la familia Castillo. Las abogadas también hablan de Pedro. Las dos *lo* conocían profesionalmente y *lo* respetaban mucho. Raquel tiene un libro de La Gavia, y *lo* saca para Lucía. Luego, Raquel menciona un artículo sobre don Fernando. Lucía *lo* lee mientras Raquel hace unas llamadas telefónicas.

Práctica B. 1. las contestan 2. la completan 3. la escuchan 4. lo repiten 5. lo miran 6. las escriben

Ampliación estructural

Práctica 1. Están 2. son 3. son 4. están 5. es 6. está 7. Está 8. Estoy 9. es 10. es

LECTURA 1

Antes de leer

Actividad, Paso 1. 1. f 2. b 3. e 4. h 5. g 6. a 7. c 8. d

Después de leer

Actividad A. 1, 6, 4, 7, 3, 2, 5

Capítulo 3

EL VÍDEO

Actividad A., Paso 1. *Sevilla:* Alfredo Sánchez, Elena Ramírez de Ruiz, Jaime Ruiz Ramírez, Miguel Ruiz Ramírez, Miguel Ruiz Suárez, Roberto García *Madrid:* Alfredo Sánchez, Federico Ruiz Suárez, Teresa Suárez   **Paso 2.** 1. d, Sevilla 2. f, Sevilla 3. e, Sevilla 4. a, en el tren de Sevilla a Madrid 5. b, Madrid 6. c, Madrid

Actividad C., Paso 1. 1. h 2. c 3. g 4. e 5. a 6. d 7. f 8. b 9. i   **Paso 2.** 8, 9, 4, 1, 6, 3, 2, 5, 7

PRÁCTICA ORAL Y AUDITIVA

Enfoque estructural

3.3 Práctica, Paso 2. 1. medio de transporte 2. propósito 3. destino 4. destinatario, recipiente de una acción 5. movimiento 6. período de tiempo

PRÁCTICA ESCRITA

Enfoque léxico

Actividad A., Paso 1. 1. el periodista (el reportero) 2. el psiquiatra (el psicólogo) 3. el taxista 4. el veterinario 5. el obrero 6. el carpintero 7. el mecánico

¿Cuál se usa?

Práctica A. 1. se volvió (se puso) 2. hacerse 3. asistió 4. atiende 5. llegar a ser

Enfoque estructural

3.1 Práctica, Paso 1. 1. se sentó 2. empezó 3. pasó 4. Fui 5. busqué 6. encontré 7. pregunté 8. informaron 9. conocí 10. nos sentamos 11. conté 12. habló 13. dio

3.2 Práctica *Respuestas posibles:* Hace sesenta y cuatro años que la señora se casó. Hace dos horas que la señora habla de su pasado (que el chico escucha a la señora). Hace veinte minutos que el hombre espera el autobús. Hace tres horas que los novios caminan por el parque. Hace cuatro meses que los novios se conocieron. Hace más de una hora que el niño duerme.

3.3 Práctica 1. para 2. Para 3. Por 4. Por 5. para 6. Para 7. para 8. por 9. Para

Ampliación estructural

Práctica 1. para 2. Por 3. por 4. para 5. por 6. para 7. por 8. para 9. por 10. por 11. para

Capítulo 4

EL VÍDEO

Actividad A., Paso 2. 1. g 2. b 3. h 4. a 5. e 6. j 7. d **Actividad B., Paso 1.** 1. Fue 2. No ayudó 3. Habló 4. No salió 5. Llamó 6. Compró 7. Empezó 8. No desayunó **Actividad C., Paso 1.** 1. f 2. b 3. e 4. c 5. a 6. g 7. d

PRÁCTICA ORAL Y AUDITIVA

Enfoque léxico

Actividad A., Paso 1.

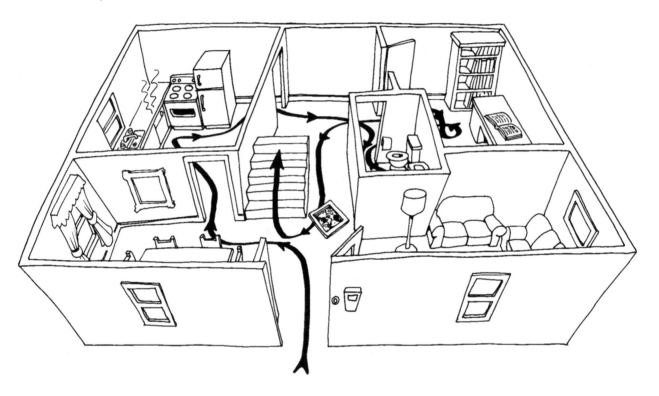

Paso 2. 1. en el comedor 2. en el estudio 3. una copia de *Guernica,* por Pablo Picasso 4. un mensaje en el espejo

Enfoque estructural

4.2 Práctica A. 1. pudo 2. supo 3. dijo 4. murió 5. creyó 6. tuvo 7. puso 8. quiso

PRÁCTICA ESCRITA

Enfoque léxico

Actividad A., Paso 1. *Respuestas posibles (el orden puede variarse):* 1. El horno no debe estar en el baño; debe estar en la cocina. 2. El refrigerador no debe estar en el dormitorio; debe estar en la cocina. 3. La bañera no debe estar en la cocina; debe estar en el baño. 4. La cama no debe estar en el comedor; debe estar en el dormitorio. 5. La mesa de noche no debe estar en el garaje; debe estar en el dormitorio. 6. El inodoro no debe estar en el pasillo; debe estar en el baño. 7. El sillón no debe estar en las escaleras; debe estar en la sala.

Actividad B., Paso 1.

	1										

Crossword answers:
- 1 across: ANDUVO
- 3 across: SACUDE
- 5 across: ALMOHADA
- 7 across: ENFADARSE
- 8 across: COMODA
- 9 across: RECLAMACION
- 12 across: GABINETE
- 13 across: BASURA
- 14 across: TENDER
- 1 down: ARMARIO
- 2 down: GUARDA
- 4 down: CONDUCE
- 6 down: ALFOMBRA
- 10 down: MUEBLES
- 11 down: DGABATOS (DGABINETE column)

Actividad C., Paso 1. *Respuestas posibles:* 1. relajarse: Limpiar, cocinar y quitar la mesa son quehaceres; relajarse se relaciona con el descanso (*rest*). 2. el jabón: El baño, el dormitorio y la cocina son cuartos de la casa; el jabón es una cosa que usamos para limpiarnos. 3. la toalla: La cafetera, el ventilador y el tostador son aparatos; la toalla es una cosa que usamos para secarnos. 4. la plancha: La manta, la sábana y la almohada se relacionan con la cama; la plancha es un aparato para planchar la ropa. 5. la escoba: El ventilador, el calentador y el tostador son aparatos eléctricos; la escoba es una cosa que usamos para barrer. 6. cocinar: Planchar, lavar y secar son quehaceres que se relacionan con la ropa; cocinar es un quehacer que se relaciona con la comida.

¿Cuál se usa?

Práctica A. 1. moverte 2. cambiar de 3. mudarme 4. mueve 5. cambiar de 6. se mueve

Enfoque estructural

4.1 Práctica A., Paso 1. 1. me acuerdo 2. se sienta 3. se llama 4. me siento 5. se portan 6. nos preocupamos 7. se alegra 8. te vas **Paso 2.** 1. acuesta 2. se despiertan 3. me lavo 4. nos bañamos 5. llamo 6. se afeita 7. lava 8. pones 9. nos despertamos 10. afeita

4.3 Práctica, Paso 1. los míos son 2. los suyos están 3. la suya vive 4. los míos viajan 5. el nuestro mordió 6. la mía es 7. el mío es

Apéndice

Ampliación estructural

Práctica B. 1. Lo que 2. lo que (lo cual) 3. lo que (lo cual) 4. lo que 5. lo que 6. lo que (lo cual)

¡MANOS A LA OBRA!

Paso 1. 1. comienza 2. Sale 3. anda 4. va 5. compra 6. Entra 7. hace 8. busca 9. sale 10. hace 11. es

Actividad, Paso 2. 1. comenzó 2. Salió 3. anduvo 4. fue 5. compró 6. Entró 7. hizo 8. buscó 9. salió 10. hizo 11. fue

LECTURA 2

Antes de leer, Actividad 1. a 2. f 3. i 4. b 5. g 6. d 7. e 8. j 9. c 10. h

Después de leer, Actividad A. 1. C 2. C 3. F; La Rima XXXI es trágica y triste. 4. C

Capítulo 5

EL VÍDEO

Actividad B., Paso 2. 1, 3, 5 **Actividad C.** 1. Lucía 2. un artículo de *El Excelsior* 3. los herederos de don Fernando 4. un museo, un parque o ampliaciones del orfanato

PRÁCTICA ORAL Y AUDITIVA

Enfoque léxico

Actividad C., Pasos 1 y 2.

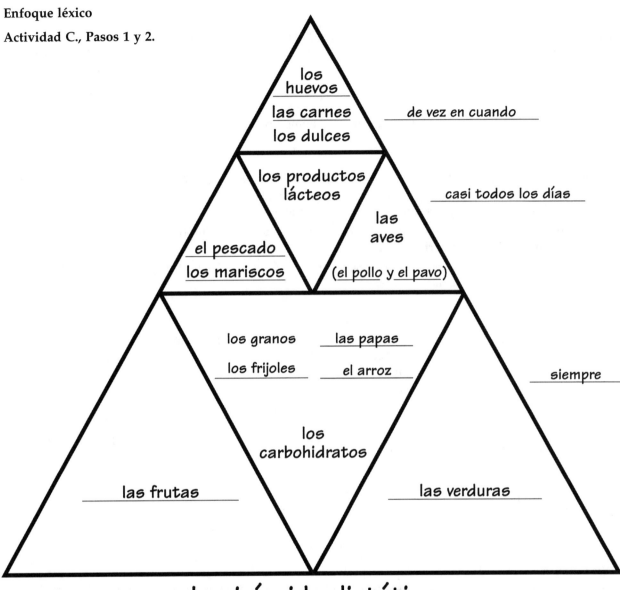

Enfoque estructural

5.1 Práctica B. *Respuestas posibles:* 1. La mujer recibió el brillante. 2. El hombre (Su esposo) le hizo el regalo a la mujer. 3. Un tipo le vendió el brillante al hombre del dibujo. 4. El hombre le pagó quinientas treinta pesetas al tipo que le vendió el brillante. 5. El hombre no le hizo un buen regalo a la mujer porque el brillante no es auténtico.

5.3 Práctica, Paso 3. 1. Se va a la biblioteca. 2. Se hace ejercicio. 3. Se habla español en clase. 4. Se trabaja en parejas. 5. Se aprende palabras nuevas. 6. Se ve el video *Nuevos Destinos*.

PRÁCTICA ESCRITA

Enfoque léxico

Actividad A., Paso 1. 1. el limón, la naranja, la toronja 2. el durazno, la fresa, la uva 3. el apio, el guisante, la lechuga 4. la cebolla, el maíz, la zanahoria 5. el atún, los camarones, la langosta 6. el cerdo, el pavo, el pollo

¿Cuál se usa?

Práctica A. 1. añadiendo (agregando) 2. sumar 3. aumentó 4. picante 5. caliente 6. calor

Enfoque estructural

5.1 Práctica A., Paso 1. 1. le 2. me 3. nos 4. me 5. les 6. te 7. nos **Paso 2.** 1. No, no te voy a llamar esta semana. 2. No, no puedo decirte qué sirven aquí. 3. Sí, les quiero mandar las notas. 4. Sí, va a darme una recomendación para el trabajo. 5. No, no nos quiere hacer un regalo.

5.2 Práctica A. 1. me cae 2. te parece 3. le encantan (fascinan) 4. les importa 5. nos faltan 6. les encanta (fascina) 7. importarle (encantarle) 8. le cae

Práctica B. 1. Les gusta comer en casa. 2. Sí, les importa mucho: sólo un tres por ciento paga más de 12,02 euros. 3. y 4. *Las respuestas variarán.*

Ampliación estructural

Práctica A., Paso 1. 1. acostarse 2. levantar 3. parecer 4. acordarse 5. quitar 6. dormir 7. molestarse 8. asustar 9. preocuparse **Paso 2.** 1. acostarme 2. levantar 3. parece 4. se acuerda 5. quitar 6. duermes 7. se molestan 8. asustan 9. se preocupan

¡MANOS A LA OBRA!

Paso 3. a. 1. vaca 2. cerdo 3. chorizos 4. panceta 5. pimiento 6. tomate 7. cebolla b. 1. quesos 2. pan 3. tipos 4. panceta 5. pollo 6. tinto 7. blanco 8. cebollas 9. pimientos

Capítulo 6

EL VÍDEO

Actividad A. 1. Don Fernando compró La Gavia en 1951. 2. Ramón le dio a Lucía una fotocopia del título de propiedad de la Gavia. 3. Juan nació en La Gavia. 4. La Gavia estaba en muy malas condiciones cuando don Fernando la compró. 5. Don Fernando invirtió mucho dinero en grandes reformas para devolverle a La Gavia la grandeza y el esplendor que tuvo en otra época.

PRÁCTICA ORAL Y AUDITIVA

Enfoque estructural

6.1 Práctica B. 1. descripción 2. acciones en progreso 3. acciones en progreso 4. descripción 5. acción habitual 6. descripción

PRÁCTICA ESCRITA

Enfoque léxico

¿Cuál se usa?

Práctica A. 1. mismo 2. igual/parecido 3. misma 4. parecido/similar/semejante 5. semejante 6. parecidas/iguales 7. parecida 8. iguales 9. mismo

Enfoque estructural

6.1 Práctica A. 1. me levantaba 2. hacíamos 3. pasábamos 4. íbamos 5. prefería 6. dábamos 7. encantaba 8. encontraba 9. sugería 10. sabía 11. podía 12. era 13. teníamos 14. había

6.2 Práctica A., Paso 1. 1. Está escribiendo una carta. 2. Estaban ladrando. 3. Estoy mirando mi programa favorito. 4. Estás respondiendo al mensaje. 5. Estaba cenando con su padre. **Paso 2.** 1. anda buscando 2. está siguiendo 3. continúa mirando 4. voy corriendo 5. estoy esperando **Paso 3.** 1. ¡Oye! ¡Pedro te andaba buscando desde hacía dos horas! 2. El policía estaba siguiendo el coche que iba demasiado rápido. 3. Ese señor me continuaba mirando desde hacía una hora. 4. Siempre que yo iba corriendo, llegaba a tiempo a mis clases. 5. ¿Por dónde andabas, Ricardo? Yo te estaba esperando todo el día.

6.3 Práctica, Paso 1. *Respuestas posibles:* Un hombre tiene frío. Una mujer tiene calor y sed. Un perro tiene hambre. Un chico tiene vergüenza. Una mujer tiene prisa. Un muchacho tiene sueño. La gente tiene miedo.

Ampliación estructural

Práctica A. 1. Estudiar 2. Después de graduarme 3. dejar de fumar 4. insistió en hablar 5. Al ver 6. piensas de asistir 7. sin decírmelo

LECTURA 3

Después de leer

Actividad A., Paso 1. 1. b 2. a 3. e 4. d 5. f 6. c

Capítulo 7

EL VÍDEO

Actividad A., Paso 1. 1. F; Los papeles y documentos que Lucía tiene están en orden. 2. C 3. F; Lucía no llama a Armando porque está de viaje. 4. C 5. C 6. F; Lucía le dice que va a intentar localizar a Raquel en casa.

PRÁCTICA ORAL Y AUDITIVA

Enfoque léxico

Actividad A., Paso 1. 1. el avión 2. el barco 3. el tren 4. el metro 5. el tranvía 6. la camioneta
Paso 2. 1. el puerto 2. la parada 3. la estación de trenes 4. el aeropuerto

Actividad C., Paso 2. 1. La compañía se llama Iberia. 2. Es de España, porque el país está en la Península Ibérica.

Enfoque estructural

7.1 Práctica B., Paso 1. 1. pasé 2. pudiste 3. volamos 4. Fue 5. estaba 6. empezó 7. pasaron 8. salía 9. me acostaba 10. vi 11. me levanté 12. fue 13. conocí 14. tocaba

PRÁCTICA ESCRITA

Enfoque léxico

Actividad A., Paso 1. *Las explicaciones variarán.* 1. c 2. b 3. c 4. c 5. c 6. c 7. c 8. b

¿Cuál se usa?

Práctica A. 1. ya 2. Ya no 3. Todavía no 4. todavía; Ya verás

Práctica B. 1. Ya era hora. 2. Ya, basta. 3. Ya voy 4. ¡Ya! 5. Ya lo creo.

Enfoque estructural

7.1 Práctica A., Paso 1. 1. se conocieron 2. estudiaron 3. hablaban 4. Vivían 5. era 6. estaban 7. tenían 8. se separaron 9. fueron 10. decidió 11. conoció 12. se casaron 13. duró 14. volvió 15. trabajaba

7.2 Práctica, Paso 1. 4. dicho 5. hecho 6. ido 7. muerto 8. puesto 9. resuelto 10. roto 11. sabido 12. terminado 13. visto **Paso 2.** 1. hechos por la madre de Raquel. 2. escrito por Francisco. 3. Las tarjetas postales fueron mandadas por Citlali. 4. La carta de Ángel fue encontrada por Héctor. 5. El artículo fue fotocopiado por Lucía. 6. El enigma de la carta fue resuelto por Raquel.

Ampliación estructural

Práctica A. *Respuestas posibles:* 1. Pati es callada. 2. Estamos preparados para el examen. 3. ¡Esa niña es tan lista! 4. Para mí, es aburrido mirar la televisión. 5. Nuestro campus es seguro. 6. ¡Está rica! 7. Parece que estás borracho, Tomás. 8. Ese señor es ciego. 9. Esa señora es cerrada. 10. Raquel no está segura en cuanto a sus relaciones con Arturo. 11. Don Fernando está vivo. 12. Raquel estaba molesta por la llamada de Luis.

Práctica B. *Respuestas posibles:* 1. Ramón está en contacto con Raquel. 2. Estoy de vacaciones. 3. ¡Están en oferta (liquidación)! 4. Está de mal humor. 5. Están de visita. 6. Está de moda. 7. Estoy a dieta. 8. Están de huelga.

Capítulo 8

EL VÍDEO

Actividad B., Paso 1. 3, 1, 2, 4, 5 **Paso 2.** 1. Raquel 2. la vecina 3. Ángela 4. doña Carmen 5. Ángela 6. la vecina 7. doña Carmen 8. Ángela 9. Raquel

Actividad C. 1. f 2. b 3. c 4. a 5. e 6. h 7. d 8. g

PRÁCTICA ORAL Y AUDITIVA

Enfoque léxico

Actividad A. 1. el *fax* 2. el calendario 3. el archivo 4. el módem

Actividad B. 1. Sí, es un *fax*. 2. No, no es una computadora. 3. No, no es una impresora. 4. Sí, se puede enviar su correo electrónico. 5. Sí, se puede recibir y enviar mensajes.

PRÁCTICA ESCRITA

Enfoque léxico

Actividad A., Paso 1.

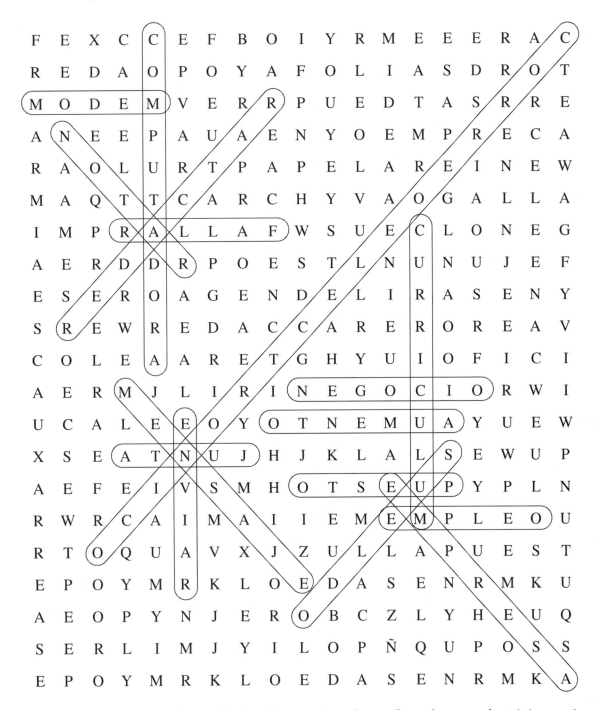

Paso 2. *Grupo 1:* computadora, fallar, módem, ratón, redactar; *Grupo 2:* correo electrónico, enviar, junta, mensaje; *Grupo 3:* aumento, currículum, empleo, empresa, negocio, puesto, sueldo (*Las oraciones variarán.*)

Actividad B. 1. jefa, empresa 2. ha enviado, clientes, junta 3. compañía, sueldos 4. secretario 5. ha redactado, memorándum, colegas, impresoras, ratones

¿Cuál se usa?

Práctica A. 1. pero 2. sino que 3. sino 4. pero 5. pero 6. sino

Enfoque estructural

8.1 Práctica, Paso 1. 1. Raquel ha conseguido una promoción en su trabajo. 2. Raquel se ha pintado el pelo. 3. Raquel ha comprado una casa. 4. Raquel ha empezado a llevar ropa más elegante. 5. *Las respuestas variarán.* **Paso 2.** *Respuestas posibles:* 1. Antes de ir al cementerio, Raquel había consultado (hablado) con una vecina de Ángel. 2. Ángela le explicó a Raquel que su madre había escrito muchos libros para niños / había muerto. 3. Cuando Arturo conoció a Raquel, ya se había casado con y se había divorciado de su primera esposa. 4. Don Fernando siempre creyó que Rosario había muerto en Guernica. 5. *Las respuestas variarán.*

8.2 Práctica A. 1. Ellos se la han comprado. 2. Juanita se la explicaba. 3. Nosotros se lo compramos. 4. El jefe se los prestó. 5. Él se lo redactó. 6. El profesor no se lo asigna. 7. Nosotros se lo imprimimos. 8. El estudiante se lo había dejado.

Práctica B., Paso 1. 1. La abuela me los regaló a mí. 2. Yo se lo regalé al abuelo. 3. Papá y mamá se la regalaron a Susana. 4. Los abuelos te lo regalaron a ti. 5. Nosotros se lo regalamos a los tíos. 6. Tú me la regalaste a mí.

Ampliación estructural

Práctica A. *Respuestas posibles:* 1. se besaron 2. se admiraron 3. se llaman 4. se ven 5. nos deseamos 6. se pelean 7. se miran 8. nos reconocimos

Práctica B. *Respuestas posibles:* 1. Se nos descompuso el coche. 2. Se me manchó. 3. Se le rompieron. 4. Se le olvidaron en casa. 5. Se le cayeron los vasos.

LECTURA 4

Después de leer

Actividad A. 3, 1, 2, 7, 4, 5, 6, 8

Capítulo 9

EL VÍDEO

Actividad A., Paso 1. 1. Raquel 2. Lucía 3. Raquel 4. Lucía 5. Raquel 6. Lucía 7. Lucía 8. Lucía

Actividad B., Paso 1. 1. Ángela 2. tía Olga 3. tío Jaime 4. Raquel 5. doña Carmen

Actividad C. 1. C 2. F: Lucía ya sabía de las relaciones entre Arturo y Raquel. 3. F; Raquel le explica que Arturo está en la Argentina por un congreso. 4. F; Raquel dice que, por si fuera poco, su ex novio Luis la llamó. 5. C

PRÁCTICA ORAL Y AUDITIVA

Enfoque estructural

9.1 Práctica, Paso 3. 1. conózcanos 2. Empiece 3. dénos 4. busque 5. comience 6. Sea 7. pídanos 8. dígaselo

PRÁCTICA ESCRITA

Enfoque estructural

9.1 Práctica A., Paso 1. 1. conózcanos, no nos conozca 2. pídamelo, no me lo pida 3. sépalo, no lo sepa 4. empiécelos, no los empiece 5. dénosla, no nos la dé 6. tóquela, no la toque 7. piérdamela, no me la pierda 8. explíquelo, no lo explique **Paso 2.** *Respuestas posibles:* 1. Sí, cómanlas todos los días. 2. Sí, háganlo con frecuencia. 3. No, no lo tomen todos los días. 4. No, no fumen. 5. No, no descansen sólo cinco horas cada noche.

9.1 Práctica B., Paso 1. *Respuestas posibles:* 1. ¡No duerman en la clase! 2. ¡Aprenda el vocabulario! 3. ¡No copien las respuestas! 4. ¡No haga ruido con los zapatos! 5. ¡No lleguen tarde! 6. ¡No escuche música durante la clase! 7. ¡No hable durante el examen! 8. ¡Pongan sus libros debajo de las sillas!

9.2 Práctica A., Paso 1. 1. vayan 2. sepamos 3. esté 4. es 5. quieran 6. ame 7. estudiamos 8. viaje 9. venga

Ampliación estructural

Práctica A. 1. los 2. la 3. (*no necesita artículo*) 4. la 5. La 6. el 7. (*no necesita artículo*) 8. (*no necesita artículo*) 9. La 10. (*no necesita artículo*)

Práctica B. 1. una 2. (*no necesita artículo*) 3. un 4. (*no necesita artículo*) 5. un 6. (*no necesita artículo*) 7. (*no necesita artículo*) 8. (*no necesita artículo*), un

Capítulo 10

EL VÍDEO

Actividad A., Paso 1. 4, 3, 6, 1, 5, 2 **Paso 2.** 1. Ángela estudió en la universidad en San Germán. 2. Ángela se quedó en San Germán para cuidar a su madre. 3. Antes de la muerte de su esposa, Ángel visitaba a doña Carmen todos los fines de semana. 4. Doña Carmen quiere que Ángela vaya a México para conocer a su abuelo. 5. El hermano de Ángela está en México ahora.

Actividad B., Paso 1. 1. Le hablaba de la Guerra Civil (española). 2. Fue en ruta a la Argentina. 3. Se llevaban como perros y gatos. 4. Escribe que la extraña mucho. 5. Ellos fueron los primeros en decirle que se dedicara a la pintura. 6. Recuerda su ternura, su voz, sus ojos y su hermoso pelo negro. 7. Sus hijos eran lo más importante en su vida.

Actividad C., Paso 1. 1, 3, 4, 8

PRÁCTICA ORAL Y AUDITIVA

Enfoque léxico

Actividad, Paso 2. *Respuestas posibles:* 1. Te recomiendo que no hables mal del estilo de pelo de otros. 2. Te aconsejo que te portes bien en los restaurantes. 3. Te sugiero que no corrijas a las personas cuando hablan. 4. Debes tener más paciencia cuando haces cola. 5. Es imprescindible que les des las gracias a las personas que te hacen regalos.

PRÁCTICA ESCRITA

Enfoque léxico

Actividad A., Paso 1.

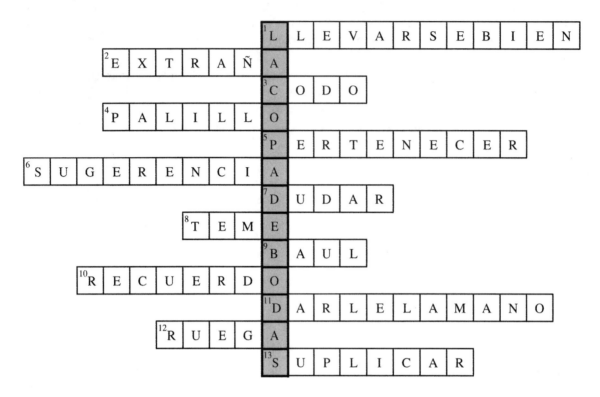

¿Cuál se usa?

Práctica A. 1. apoyar 2. mantener 3. trata de 4. soportar

Enfoque estructural

10.1 Práctica A. 1. Es 2. se enamoren 3. es 4. temo 5. sea 6. se dé 7. tenga 8. intente 9. me alegro 10. esté 11. hablen 12. hagan 13. sea 14. decir 15. escuchar

Ampliación estructural

Práctica 1. No pisar el césped. 2. ¡A cenar! 3. No tirar basura aquí. 4. Lavar las papas y ponerlas en el horno ya calentado. 5. Seguir derecho. 6. No correr en los pasillos. 7. Servir el guacamole con tortillas fritas de maíz. 8. ¡A celebrar!

LECTURA 5

Antes de leer, Actividad 1. h 2. m 3. e 4. g 5. a 6. j 7. l 8. f 9. c 10. b 11. k 12. d 13. i

Después de leer, Actividad A., Paso 1. *Tuvo/Hacía:* islas acantiladas, corría, canto, pañuelo *No tuvo/No hacía:* jardín, no reía, no miraba el horizonte, aposento de marfil, sala de mimbre, vitral **Paso 2.** *Las respuestas variarán.*

Capítulo 11

EL VÍDEO

Actividad A., Paso 2. 1. e 2. c 3. h 4. a 5. g 6. f 7. b 8. d

Actividad B., Paso 1. 1. F; El padre de Lucía murió en un accidente de trabajo. 2. C 3. F; Cuando desapareció el hermano de Lucía, su madre casi se murió de pena. 4. F; Lucía y su hermano nacieron en México. 5. C 6. F; La familia de Lucía se mudó a California porque las cosas en Toluca iban mal. 7. C 8. C

Actividad C., Paso 1. 1. el dinero a Jorge. 2. abrir el teatro en San Juan. 3. trabajar en el teatro también. 4. comprara el teatro él mismo. 5. como su abuela. 6. mucha experiencia. 7. se opone a sus relaciones con Jorge. 8. importarle a Raquel.

PRÁCTICA ORAL Y AUDITIVA

Enfoque léxico

Actividad A., Paso 2. *defensor(a) del medio ambiente:* 2, 4, 5; *defensor(a) de los intereses económicos:* 1, 3

Actividad B., Paso 2. *El medio ambiente:* la capa de ozono, desperdiciar, la energía, la escasez, reciclar, los recursos naturales; *Cuestiones políticas y sociales:* el desempleo, la dictadura, la guerra, la hambruna, la libertad, el sindicato

Actividad C., Paso 2. 1. F; Las personas de 18 años o más pueden votar. 2. C 3. C 4. F; En los Estados Unidos sí hay huelgas y sindicatos. 5. C 6. F; Desafortunadamente, en este país también hay discriminación.

PRÁCTICA ESCRITA

Enfoque léxico

Actividad A., Paso 1. (See crossword puzzle answers on the next page.)

Actividad B., Paso 1. 1. b 2. f 3. e 4. a 5. d 6. c

¿Cuál se usa?

Práctica A. 1. salvaron 2. gastar 3. pasar 4. guardar 5. aprobé 6. ahorrar

Enfoque estructural

11.1 Práctica A., Paso 1. 1. a condición de que 2. a menos que 3. con tal de que 4. antes de 5. a fin de que **Práctica B.** 1. vivamos 2. encontrar 3. sea 4. vean 5. pueda 6. estén 7. necesiten 8. estén

11.2 Práctica, Paso 1. *Respuestas posibles:* 1. Carlos Castillo 2. Juan Castillo / Pati Castillo / Roberto Castillo 3. No existe. 4. No existe. 5. No existe. (**¡OJO!** Aún no se ha finalizado el divorcio de Jorge y Ángela.) 6. Jorge Alonso / Pati Castillo 7. No existe.

Ampliación estructural

Práctica A. 1. h 2. c 3. a, f 4. d 5. b 6. e, g

Práctica C. *Respuestas posibles:* 1. ¿Con quiénes vives? 2. ¿A quién le dedicaste el poema? 3. ¿En quién estás pensando? 4. ¿De quiénes son las fotos? 5. ¿A quiénes visitas? 6. ¿Con quién estás enojada? 7. ¿Para quiénes compras regalos? 8. ¿Quién escribió el libro?

(Enfoque léxico Actividad A., Paso 1.)

¹R																	
E		²M	E	³D	I	O	A	M	⁴B	I	⁵E	N	T	A	⁶L		
C		⁷R			E				O		V				U		
U		E		⁸D	E	S	E	⁹C	H	O	S				C		
R		A			P			O			Q			¹⁰V		H	
¹¹S	O	L	A	R		E		N			U		¹²A	G	O	T	A	N
O		I		¹³P	R	O	T	E	G	E	R		T			R	
S		Z			D		A			S			A			O	
N		O			I		M									N	
A			¹⁴D	I	S	C	R	I	M	I	N	A	C	I	O	N	¹⁵S
T			E			I		N									O
U			S		¹⁶C	A	P	A	D	E	¹⁷E	O	Z	O	N	O	B
R		¹⁸L	E	Y		R		C			N						R
A			M			¹⁹L	I	B	E	R	T	A	D				E
L			P			O		R									P
²⁰E	X	P	L	O	T	A	N		²¹G	U	²²E	R	R	A			O
S			E						I		S						B
		²³P	O	B	R	E	Z	A		A		C		²⁴H		L
							²⁵H	A	M	B	R	U	N	A	
									S			E		C
		²⁶E	S	P	E	C	I	E	S			L		I
									Z			G		O
												A		N

Capítulo 12

EL VÍDEO

Actividad A., Paso 2. 3: en casa de Pedro, 2: en el hospital, 1: en el hotel, 4: en el hospital

Actividad B., Paso 1. 1. Pedro, Raquel, hospital 2. sorprendida 3. agradecido 4. Ángela, saludar, ansiosa 5. bien, descansar 6. Arturo, hablar, muy poco 7. bienvenida **Paso 2.** 1. F; Arturo está contento porque ahora puede resolver el conflicto que tenía con su hermano Ángel a través de sus sobrinos. 2. C 3. C 4. F; Arturo dice que Roberto tiene la misma sonrisa que Ángel. 5. F; Roberto se siente muy bien. 6. C 7. F; Arturo trajo algunas cosas de Buenos Aires para mostrárselas a Ángela y Roberto.

Actividad C., Paso 1. *Respuestas posibles:* 1. Juan es el hijo de don Fernando y Pati es la esposa de Juan. 2. Viven en Nueva York. 3. Juan es profesor de literatura en la Universidad de Nueva York y Pati es profesora de teatro en la Universidad de Nueva York. Ella también es escritora y directora. 4. Hace cinco años, cuando Raquel los conoció, no tenían hijos. Cuando Raquel habla con Lucía en la actualidad, ya tienen un hijo.

PRÁCTICA ORAL Y AUDITIVA

Enfoque léxico

Actividad A., Paso 2. 1. C 2. F; El narrador conoce a Juanjo porque es el nieto de él. 3. F; Juano y Matilde no se casaron porque a los padres de Juano no les gustaba la familia de Matilde. 4. F; Matilde rompió con Juano porque éste no quería enfrentarse con sus padres. 5. C

PRÁCTICA ESCRITA

Enfoque léxico

Actividad A., Paso 1. *Las palabras que se añaden y las oraciones variarán.* 1. cuidar 2. envidioso 3. el cariño 4. el odio 5. tener envidia 6. el compañero 7. el afecto 8. la boda 9. llevarse bien 10. la enfermedad

¿Cuál se usa?

Práctica A. 1. sucede 2. fracasado 3. logramos 4. tiene éxito

Práctica B. 1. reprobó 2. logres 3. suceden 4. Tuve éxito 5. falle 6. fracasaste

Ampliación estructural

Práctica A. 1. veintiún 2. cuatro 3. quinientas 4. cincuenta y una 5. un 6. ochocientos

Práctica B. 1. mujer única 2. pobre niño 3. oro puro 4. nuevo coche 5. cierto encanto 6. viejos amigos

LECTURA 6

Antes de leer, Actividad 1. e 2. i 3. a 4. f 5. c 6. d 7. h 8. b 9. g

Después de leer, Actividad A. *Respuestas posibles:* 1. El mayor dolor de la vida es el de vivir. 2. Dice que las piedras son felices porque no son conscientes. Los árboles apenas sensitivos son felices también. 3. Al poeta le preocupa mucho la muerte.

Capítulo 13

EL VÍDEO

Actividad A., Paso 1. 1. F; Ángela, Roberto, Raquel y Arturo van a visitar a don Fernando juntos. 2. C 3. F; Roberto y Ángela están nerviosos pero contentos. 4. C 5. F; La enfermera les dice que don Fernando se fue a Guadalajara. **Paso 2.** *Respuestas posibles:* 1. Están en el hospital en Guadalajara. 2. Le parece espantosa la comida. 3. Regresan pasado mañana. 4. Le aconseja que sea un buen paciente y que ayude a los médicos. 5. Él mismo tomará el avión de regreso a casa.

Actividad B., Paso 1. 1. un auditor 2. la agente de bienes raíces 3. Ramón 4. Juan 5. Pedro 6. Mercedes 7. Carlos **Paso 2.** 1. juega, dinero 2. varios, San Juan 3. protegerla, deudas 4. escapadas, empresa 5. vergüenza, honorables 6. días, perdido

PRÁCTICA ESCRITA

Enfoque léxico

Actividad A., Paso 1. *Las palabras que se añaden y las oraciones variarán.* 1. c 2. a 3. b 4. c 5. c 6. b 7. c 8. b

Actividad B.

¿Cuál se usa?

Práctica A. *Las oraciones pueden variar.* 1. el cura; La cura y la medicina son cosas que se necesitan cuando uno está enfermo. 2. el coma; La coma y el punto son signos de puntuación. 3. la moda; El modo y la manera son palabras que significan método. 4. la suela; Se camina sobre el suelo y la tierra. 5. el puerto; La puerta y la ventana son aperturas en una casa. 6. el giro; La gira y el guía tienen que ver con el turismo. 7. el bando; Una banda toca música. 8. la capital; El capital es un sinónimo del dinero. 9. el pendiente; Un coche puede subir o bajar por una pendiente. 10. el derecho; La derecha y la izquierda son direcciones.

Práctica B. 1. el mango 2. la pesa 3. la corte 4. el partido 5. el cometa 6. el frente

Enfoque estructural

13.1 Práctica A. 1. será 2. tendrás 3. pedirá 4. darás 5. podrá 6. harás 7. habrá 8. pondrán 9. saldrá

13.2 Práctica A., Paso 1. 1. Mi madre querría descansar en un hotel de lujo. 2. Mi padre y sus hermanos preferirían hacer *camping* en las montañas. 3. Mi hermano Manolo haría turismo en Italia. 4. Pero Ann, la novia de Manolo, iría a Tailandia. 5. Mis abuelos dirían que preferirían un crucero al Caribe.

Ampliación estructural

Práctica A. 1. Don Fernando sería muy viejo cuando murió. 2. ¿Le esconderá algo Raquel a Lucía? 3. Jorge no trataría bien a Ángela después de casarse. 4. Raquel estará preocupada por su situación con Arturo. 5. Gloria regresará cuando haya perdido todo su dinero. 6. ¿Tendría algo que ver con el segundo codicilo Gloria?

Capítulo 14

EL VÍDEO

Actividad A., Paso 2. 1. i 2. h 3. f 4. b 5. j 6. a 7. d 8. g 9. c 10. e   **Paso 3.** 1. cancelar su cita 2. un momento de su vida 3. ningún futuro 4. haya llamado

Actividad B., Paso 1. *Respuestas posibles:* 1. Baja para expresar sus dudas. 2. Quiere hablar con Ángela y Roberto mañana. 3. Mercedes lo ayuda. 4. Le pregunta si trajo la copa de bodas. 5. Es importante mostrarle la copa de bodas porque es una prueba imprescindible del parentesco de Ángela y Roberto con la familia Castillo.   **Paso 2.** 1. C 2. F; Don Fernando abrió una cuenta de ahorros hace tiempo para iniciar una fundación. 3. F; Don Fernando quiere que sólo Mercedes y Carlos organicen y administren la fundación.

Actividad C., Paso 1. 1. Gloria 2. una carta a don Fernando 3. una copia de su certificado de nacimiento 4. su foto 5. codicilos 6. padre de Lucía (Emilio Hinojosa Barranco)

PRÁCTICA ORAL Y AUDITIVA

Enfoque léxico

Actividad A., Paso 2. 1. el Día del Trabajo 2. la Nochebuena 3. la Pascua 4. el Día de la Raza 5. la Pascua (Florida) 6. el Día de los Muertos 7. el día del santo

Actividad B., Paso 1. 1. la Navidad, el Día de Dar Gracias, la Pascua (Florida), el Día de la Independencia, los cumpleaños, el Día del Padre, el Día de la Madre 2. el Jánuca, la Pascua, el Día de Dar Gracias, el Día de la Independencia 3. la Navidad, la Nochebuena, el Día de los Reyes Magos, el Día de los Muertos, el Día de Dar Gracias, los cumpleaños, el día del santo

PRÁCTICA ESCRITA

Enfoque léxico

Actividad B., Paso 1. 1. Año Nuevo 2. Enamorados 3. cumpleaños 4. Jánuca 5. santo 6. Trabajo 7. Muertos 8. Navidad 9. Raza 10. Dar Gracias 11. Reyes Magos 12. Independencia 13. Noche Vieja **Paso 2.** 1. celebraciones 2. tradiciones

Enfoque estructural

14.1 Práctica A. 1. fuera 2. quisiera 3. visitara 4. hiciera 5. se fuera 6. dijera 7. pensara

Práctica B., Paso 1. 1. El profesor insistía en que todos los estudiantes entregaran sus informes. 2. Carlos quería que tú compraras un Mercedes deportivo. 3. Nosotros insistíamos en que ella dijera la verdad. 4. Era necesario que estudiara todas las noches. 5. Era importante que asistieras a la reunión. 6. A mi padre le gustaba que yo llegara temprano a casa. 7. Dudábamos que nuestro equipo de fútbol ganara todos los partidos. 8. No creía que fuera necesario llegar al aeropuerto tres horas de antemano. 9. Era difícil que todas las personas pensaran igual. 10. Era bueno que algunas personas tomaran vitaminas. **Paso 2.** 1. Si el profesor insistiera, todos los estudiantes entregarían sus informes. 2. Si Carlos quisiera, tú comprarías un Mercedes deportivo. 3. Si nosotros insistiéramos, ella diría la verdad. 4. Si fuera necesario, estudiaría todas las noches. 5. Si fuera importante, asistirías a la reunión.

14.2 Práctica, Paso 1. *Respuestas posibles:* 1. No me habría mudado a Nueva York sin Raquel. 2. No habría salido de España sin Rosario. 3. Habría buscado a mi hermano. 4. Habría hecho caso a lo que me decían de Jorge. 5. No habría sido tan duro/a con mi sobrina.

Ampliación estructural

Práctica A. *Respuestas posibles:* 1. Teresa Suárez no le hubiera escrito la carta. 2. hubiera tenido mejores relaciones con su padrastro. 3. Juan se hubiera sentido más cómodo en su propia carrera. 4. no hubiera sufrido de la adicción al juego. 5. Ángel y Martín no se hubieran peleado. 6. se hubiera dado cuenta del tipo de persona que era. 7. hubieran dejado de buscarlo. 8. la madre de Raquel no se hubiera metido en las relaciones entre los dos.

Capítulo 15

EL VÍDEO

Actividad A., Paso 1. 1. El padre de Lucía trabajaba en la primera fábrica de don Fernando, en Toluca. 2. El padre de Lucía inventó un proceso metalúrgico y don Fernando se lo compró por muy poco dinero. 3. El invento del padre de Lucía reportó grandes ganancias y el padre de Lucía perdió la oportunidad de su vida. 4. Don Fernando había comprado el invento del padre de Lucía por una ganga y se hizo rico con él. **Paso 2.** 1. e 2. b 3. c 4. a 5. d

Actividad B. 1. don Fernando, Arturo 2. Ángela, don Fernando 3. Raquel, don Fernando 4. Roberto, Ángela 5. don Fernando, Raquel 6. Raquel, don Fernando

Sobre los autores

Cynthia (Cindy) B. Medina received her B.S. and M.A. in Spanish at The Pennsylvania State University. She continued her studies there, earning an M.Ed. in Counselor Education and a Ph.D. in Curriculum and Instruction, with an emphasis in Bilingual Education. A native of Pennsylvania, Dr. Medina has also lived in Argentina, Ecuador, Panama, and Mexico. Since 1986, she has taught Spanish at York College of Pennsylvania at all levels, from beginning to advanced. She currently serves as foreign language coordinator at York. She has also written numerous articles and reviews and has presented workshops on developing oral and written skills in Spanish. *Nuevos Destinos* is her first book.

Ana María Pérez-Gironés is an Adjunct Assistant Professor of Spanish at Wesleyan University in Middletown, Connecticut, where she teaches and coordinates Spanish language courses. She recently accepted the position of Director of the CTW (Connecticut College, Trinity College, and Wesleyan University) Mellon Project for Language Pedagogy and Multimedia Technology. Professor Pérez-Gironés received a Licenciatura en Filología Anglogermánica from the Universidad de Sevilla in 1985, and her M.A. in General Linguistics from Cornell University in 1988. She is also a coauthor of two other McGraw-Hill texts, *Puntos de partida: An Invitation to Spanish,* and *¿Qué tal?: An Introductory Course.*

José Luis Suárez is Associate Professor of Spanish in the Department of Foreign Languages and Literatures at Colorado State University, Fort Collins. He received his Ph.D. in Spanish from the University of Illinois at Urbana-Champaign and has also taught at the University of Texas at El Paso, where he was Director of the International Spanish Golden Theater Symposium. He has taught Spanish at all levels, and has published many articles and editions of Spanish Golden Age texts, medieval bibliography, poetic and dramatic theory, and contemporary theater. He recently contributed as a writer to the fourth edition of McGraw-Hill's intermediate Spanish series *Pasajes.*